Hans Jürgen Heinecke

Meetings sind Zeitverschwendung

Hans Jürgen Heinecke

Meetings sind Zeitverschwendung

Eine Expedition in die Welt
der Business-Irrtümer

WILEY

WILEY-VCH Verlag GmbH & Co. KGaA

1. Auflage 2014

Alle Bücher von Wiley-VCH werden sorgfältig erarbeitet. Dennoch übernehmen Autoren, Herausgeber und Verlag in keinem Fall, einschließlich des vorliegenden Werkes, für die Richtigkeit von Angaben, Hinweisen und Ratschlägen sowie für eventuelle Druckfehler irgendeine Haftung.

© 2014 Wiley-VCH Verlag & Co. KGaA, Boschstr. 12, 69469 Weinheim, Germany

Alle Rechte, insbesondere die der Übersetzung in andere Sprachen, vorbehalten. Kein Teil dieses Buches darf ohne schriftliche Genehmigung des Verlages in irgendeiner Form – durch Photokopie, Mikroverfilmung oder irgendein anderes Verfahren – reproduziert oder in eine von Maschinen, insbesondere von Datenverarbeitungsmaschinen, verwendbare Sprache übertragen oder übersetzt werden. Die Wiedergabe von Warenbezeichnungen, Handelsnamen oder sonstigen Kennzeichen in diesem Buch berechtigt nicht zu der Annahme, dass diese von jedermann frei benutzt werden dürfen. Vielmehr kann es sich auch dann um eingetragene Warenzeichen oder sonstige gesetzlich geschützte Kennzeichen handeln, wenn sie nicht eigens als solche markiert sind.

Bibliografische Information der Deutschen Nationalbibliothek

Die Deutsche Nationalbibliothek verzeichnet diese Publikation in der Deutschen Nationalbibliografie; detaillierte bibliografische Daten sind im Internet über <http://dnb.d-nb.de> abrufbar.

Printed in the Federal Republic of Germany
Umschlaggestaltung: Torge Stoffers Graphik-Design, Leipzig
Gestaltung: pp030 – Produktionsbüro Heike Praetor, Berlin
Satz: inmedialo Digital- und Printmedien UG, Plankstadt
Druck und Bindung: CPI, Ebner & Spiegel, Ulm
Gedruckt auf säurefreiem Papier.
Print ISBN: 978-3-527-50785-6

Für Brigitte, ohne die meine Expeditionen nicht möglich wären.
Für Lars, Jan und Niklas, die mein Denken lebendig halten.

Inhalt

Die Welt ist eine Scheibe 9

Teil I   An den Klippen der Workaholica
*Von Illusionen, Qualen, lustfressenden Pflanzen und den
großen Mythen* 13

Irrtum 1: Das wahre Leben fängt nach der Arbeit an 15
Irrtum 2: Die moderne Arbeitswelt macht krank 25
Irrtum 3: Ohne Druck keine Ergebnisse 39
Irrtum 4: Mitarbeiter rackern sich ab, die Bosse sahnen ab . . 53

Teil II   Durch die Chefetagen-Wüste
*Von Scheichtümer und Reichtümern, Oasen, Wüstenkriegern
und der ersehnten Fata Morgana* 67

Irrtum 5: Führungskräfte führen und Mitarbeiter arbeiten mit . 69
Irrtum 6: Der Ehrgeiz der Bosse zerstört Arbeitsplätze 83
Irrtum 7: An der Spitze trifft man nur Arschlöcher 95
Irrtum 8: Am Ende macht der Chef doch was *er* will 109

Teil III   Unterwegs auf dem heiligen Hochplateau
*Garantiert über den Wolken – Von Seilschaften, Sherpas,
Basislagern und Gipfeln, die im Nebel liegen* 123

Irrtum 9: Handlungsfreiheit hat man nur an der Spitze . . . 125
Irrtum 10: Die Lehmschicht – Chefs verhindern, dass sich gute
           Ideen der Mitarbeiter durchsetzen 137
Irrtum 11: Über die Karriere entscheidet das Vitamin B . . . 149
Irrtum 12: Ein Himmelreich für klare Kanten – an der Spitze
           wird nur rumgeeiert 161

Teil IV Im Dschungel der Zusammenarbeit
Von energiefressenden Pflanzen, Parasiten, Einsiedlern, Murmeltieren und der großen Sehnsucht 173

Irrtum 13: Meetings sind nur Zeitverschwendung 175

Irrtum 14: Teams sind Einzelkämpfern überlegen 191

Irrtum 15: Das Entscheiden sollte man Experten überlassen ... 203

Irrtum 16: Die Marktforscher kennen den Markt am besten ... 215

Stichwortverzeichnis 227

Die Welt ist eine Scheibe

Wenn mich ausländische Kollegen fragen, wie Business in Deutschland funktioniert, fällt mir immer dieses Bild ein: die Äquatortaufe. Das Ritual geht auf einen Aberglauben portugiesischer Seeleute zurück. Sie fürchteten sich auf ihren Entdeckungsreisen vor den Temperaturen der Äquatorregion. Die Hitze könnte bei einer Überquerung tödlich sein, so die Annahme. Um den Meeresgott Neptun gnädig und milde zu stimmen, wurden die Seeleute gereinigt und getauft, dann erst überquerte man den Äquator.

Seeleute fahren heute mit ihren großen Frachtern und Containerschiffen ohne Neptuns Gnade über den Äquator; einfach so! Getauft wird nur noch auf Kreuzfahrtschiffen, als Spektakel, zur Unterhaltung der Gäste – ein Schiff sucht den Supertäufling. Und die Angst? Die hat sich ein neues Zuhause gesucht: das Wirtschaftsleben. Globalisierung, Vernetzung, exzessive Wirtschaftskrisen, ein Mangel an Gerechtigkeit und ökologische Verantwortungslosigkeit haben das Business vom Rand der Welt ins Zentrum gerückt. Da ist ein fremdes Land entstanden, das sich scheinbar nicht beherrschen, begreifen und verstehen lässt. Es gibt viele Informationen, und dennoch wird heftig spekuliert, vornehmlich über Gefahren. Wahrheiten, Vermutungen und Fehleinschätzungen verbinden sich zu einer verwegenen Melange.

Wie kann man diese Business-Irrtümer überprüfen? Man muss sich auf den Weg machen und die scheinbaren Schrecken persönlich in Augenschein nehmen. Meine Expedition soll Ihnen dabei den Weg weisen. Aufbrechen müssen Sie aber selbst. Nur wer über den Äquator fährt, weiß, ob man sich dabei verbrennt.

So wie Vasco da Gama, auch ein Portugiese. Die Aussicht, den Seeweg nach Indien zu entdecken, ließ ihn die Angst vor der Hitze vergessen. Obwohl seine nautischen und maritimen Kenntnisse bescheiden gewesen sein sollen, machte er sich auf den langen Weg durch den Atlantik zum Kap der guten Hoffnung. Vielleicht war es auch nur die Aussicht, kostbare Gewürze nach Europa zu bringen, die ihn antrieb. Egal! Verzaubert die Aufgabe, so bekommt der Mensch Flügel.

Ich habe mich gleich zu Beginn meiner beruflichen Laufbahn verzaubern lassen. Schwierige, politisch brisante Verlagerungsprojekte in Vorstandsnähe sind sozusagen die Äquatorregion im Business. Natürlich ist mir die Hitze nicht gut bekommen, oder wie es ein langjähriger Kollege formuliert hat: »Du bist mit traumwandlerischer Sicherheit in jedes Fettnäpfchen getreten, das in den Direktionsetagen aufgestellt war!« Ich hatte mir das natürlich alles ganz anders vorgestellt. Ich wollte mein Wissen ausprobieren und mich fachlich profilieren. Und ich erreichte nichts von alledem! Stattdessen: stundenlange Diskussionen über die richtige Formulierung in einem Protokoll; hitzige Debatten über Zuständigkeiten; politische Opportunität statt sachlicher Überzeugungskraft.

Nach acht Wochen hatte ich die Nase voll und bat um einen Termin bei meinem Personaldirektor. Ich schilderte ihm in düsteren Farben meine Erfahrungen aus den ersten Wochen. Dann rückte ich mit meinem Anliegen heraus. »Wir vergessen das Ganze einfach!«, sagte ich. »Wir tun einfach so, als ob ich niemals hier gewesen wäre! Geld brauchen Sie mir auch nicht mehr überweisen.« Ich hielt das für einen fairen Vorschlag. Danach entstand erst einmal eine lange Pause.

Noch heute sehe ich uns beide nebeneinander stehen. Aus dem 11. Stock konnten wir die großen Produktionsanlagen überblicken. Unten dampften die Schlote der Fabrik, neben mir seine Pfeife. Dann schaute er mich direkt an. Ein erfahrenes Business-Gesicht, feine Lachfalten um die Augen herum, mit einem Ausdruck zwischen leichtem Amüsement und mitleidvollem Wissen um die Schwierigkeiten junger Äquatorianer.

»Herr Heinecke«, sagte er mit einem behutsamen Kopfschütteln. »Sie gehen von einer abwegigen Grundannahme aus. Autos bauen ist hier nur Vorwand! Hier geht es um das Leben. Verstehen Sie? Das da ist nicht nur eine Fabrik, das ist Leben, mit allem, was dazu gehört: Leidenschaft, Zuversicht, Enttäuschung, Freundschaft, Intrige ... Alles! Und irgendeinen Vorwand braucht man ja, um das zu erleben. Bei uns sind das nun mal Autos.« Und dann erklärte er mir seine Sicht auf das Unternehmen. Entscheidungen müssen nicht immer logisch fundiert sein. In Unternehmen geht es um alles, nur nicht um die Sache. Und die Wirtschaftlichkeit steht auch nicht immer im Vordergrund ... Das war keine Taufe mehr, das war eine Grundreinigung von den Irrtümern über das Business, die ich im Laufe meiner Ausbildung angesammelt hatte.

Business-Irrtümer entstehen durch lichtstarke Scheinwerfer. Ein kleiner Ausschnitt wird aufgehellt. Der Rest bleibt im Dunkeln und den Ausschnitt hält man für die Wirklichkeit. Das Gespräch hat mich ermutigt, die Laterne selbst in die Hand zu nehmen und alle Ecken des Business auszuleuchten. Seit dieser Zeit sammle ich diese Irrtümer, Fehleinschätzungen und Vorurteile, kurzum alles, was zu verqueren Einschätzungen des Wirtschaftslebens führen kann.

Diese Annahmen erinnern mich an die Vorstellung von der Erde als Scheibe: einfach und übersichtlich, man hält sich von den Rändern fern und auf der Unterseite gibt es nichts zu sehen. Es sind einfache Modelle, mit denen man auch das Schwierige und Unüberschaubare begreifen und beherrschen kann. Die Modelle machen das Leben leichter: Man findet schnell Gleichgesinnte und kann sich sofort verständigen. Das ist der Charme der Scheibe, und immer wenn es schwierig wird, hat sie Konjunktur. Ein einfaches Urteil ist schließlich allemal besser als komplette Ratlosigkeit.

Der Grund, warum sich diese Irrtümer hartnäckig halten: Einfache Urteile wirken plausibel, und irgendetwas Wahres ist immer dran. Sie sind beliebt wie ein bequemer Fernsehsessel. Wir können es uns darin gemütlich machen und einen alten Film anschauen. Handlung und Ausgang sind bekannt. Keine Neuigkeit, keine Überraschung, keine Erschütterung, alles vertraut. Das ist das Schöne daran. Und gleichzeitig das Gefährliche. Sanft entschlummert die Wachsamkeit. Das Neue, Aufregende kann nicht einmal mehr wahrgenommen werden. Da ist mir eine Dosis Ratlosigkeit und Irritation allemal lieber!

Seit der Business-Äquatortaufe am Anfang meiner beruflichen Entwicklung bereise ich die Wirtschaftswelt und habe auf allen Kontinenten Business-Irrtümer entdeckt und kartografiert. Auf meiner Weltkarte verläuft der Äquator durch den heißen Kontinent Workaholica. Hier können Sie Irrtümer über die Arbeit finden. Macht Arbeit krank? Was ist das wahre Leben? Wer verdient?

Schreiten Sie voran zur Chefetagen-Wüste, finden Sie Irrtümer über das Verhalten der Chefs. Sind sie wirklich alle beratungsresistente Ekelpakete, die ausschließlich auf das eigene Geld schauen?

Auf dem heiligen Hochplateau logieren die besten Karriere-Vorurteile. Sie können Kriecher und Schleimer treffen, aber auch gute Leute, denen immer wieder Steine in den Weg gelegt werden. Und Sie lernen die Lehmschicht kennen und besichtigen die klare Kante.

Im Dschungel der Zusammenarbeit begegnen Sie zeitfressenden Pflanzen und treffen die abgedrehte Bande der Wissensarbeiter. Sie lernen, warum Experten keine Entscheidungen treffen, und können sich in den Tiefen des Marktes verirren. Tja, irgendwie werden wir da auch schon wieder rauskommen.

Aber Vorsicht – schon Mark Twain konnte bestätigen: »Reisen ist tödlich ... für Vorurteile.« Wenn Sie sich Ihre Einschätzung über das Business behalten wollen, dann reisen Sie besser nicht mit. Aber beschweren Sie sich dann nicht, wenn Sie auf die Äquatortaufe verzichten müssen!

Teil I
An den Klippen der Workaholica
Von Illusionen, Qualen, lustfressenden Pflanzen und den großen Mythen

Irrtum 1
Das wahre Leben fängt nach der Arbeit an

Zentrale Lebensfragen haben die unangenehme Eigenschaft, dass sie einen in den merkwürdigsten Situation überfallen. Ohne eigenes Zutun sind sie plötzlich da und man wird sie nicht mehr los. So ist es mir neulich bei einer Autofahrt von Hamburg aufs Land passiert:

Freitagnachmittagsverkehr staut sich bei nasskaltem Wetter über die Elbbrücken stadtauswärts. Stoßstange an Stoßstange. Irgendwann kapituliere ich und tausche meinen geliebten Jazz gegen den Sender mit den Verkehrsnachrichten. Ein aufgedrehter Moderator feiert das herannahende Wochenende und kündigt die heißesten Events der Region an. Und dann fällt dieser Satz: »Das wahre Leben beginnt jetzt – wir begleiten euch durch das Wochenende!«

Mal abgesehen davon, dass ich mich ungern von fremden Menschen duzen lasse, erwischt mich dieser Satz wirklich auf dem verkehrten Fuß. Wenn das wahre Leben jetzt beginnt, dann führe ich von Montag bis Freitag ein falsches. Zumindest in den Augen dieses etwas zu lauten Veranstaltungs-Marktschreiers.

> Wenn das wahre Leben jetzt beginnt, dann führe ich von Montag bis Freitag ein falsches.

Ich lasse den heutigen Tag Revue passieren. Ein interessantes Beratungsgespräch am Vormittag mit einem neuen Kunden liegt hinter mir. Jetzt folgt ein Coaching-Gespräch in meinem Lieblingshotel und ich freue mich auf das gemütliche Ambiente und das Gespräch mit meiner Kundin. Nein, für das wahre Leben brauche ich kein Wochenende und keinen öffentlich-rechtlichen Begleiter.

Am Abend berichte ich dann Freunden über diesen merkwürdigen Satz. »Wieso regst du dich auf?«, werde ich gefragt. »Der hat doch recht! Ich freue mich auch auf das Wochenende. Das sind die schönsten Tage!« Auch für meinen Hinweis, dass ich morgen eine ewig lange und viel zu hohe Hecke schneiden muss und mich darauf garantiert nicht freue, ernte ich Unverständnis. Schließlich ist das keine Arbeit, sondern Freizeit und man müsse doch den Garten genießen.

Recht haben meine Freunde. Für mich gilt das Gleiche. Ich genieße meinen Garten, selbst wenn er Arbeit macht. Merkwürdigerweise gilt das aber genauso für meinen Beruf, auch wenn der sehr viel Arbeit macht. Bin ich mit dieser Haltung ein aus der Zeit gefallener Sonderling? Bin ich einfach nur privilegiert durch die Art meiner Arbeit? Wann empfinden wir eine Tätigkeit als Arbeit? Und welche Bedeutung hat sie für den Menschen? Und wann beginnt das Leben? Fängt das wahre Leben wirklich erst nach der Arbeit an?

Wenn der Teufel um die Ecke schaut

In jedem Fall hat Arbeit einen schlechten Ruf. Einen sehr schlechten sogar. Wieder einmal! Den schlechten Ruf hatte sie nämlich schon einmal, in grauer Vorzeit. Die Aussage meines Radiomoderators steht – das wird Sie überraschen – in der Tradition antiker Denker. Für sie war Muße die Voraussetzung für eine bewusste und schöpferische Auseinandersetzung mit Natur und Gesellschaft. Arbeit verhindert Erkenntnis! Diese philosophische Grundannahme war bis weit ins Mittelalter hinein gültig.

Mit der spätmittelalterlichen Haltung »ora et labora« begann vermutlich die Karriere der Arbeit.

»Alles faule Socken«, würden die frommen Benediktiner dazu sagen und ein überzeugtes »ora et labora« entgegenhalten. Mit dieser spätmittelalterlichen Haltung begann vermutlich die Karriere der Arbeit. Der Weg zu Gott wird mit dem Schweiß der Arbeit gebaut, nicht mit Erkenntnis – so lautet die Devise. Selbst das Paradies bleibt nicht verschont, auch dort kann der Mensch nicht ohne eine Beschäftigung sein. Müßiggang wird zum Anfang allen Lasters; der Teufel schaut bereits grinsend um die Ecke und zählt seine zukünftigen Gäste.

Die Huldigung der Arbeit ist aber nicht nur ein religiöses Dogma. Sie findet auch in der philosophischen Diskussion des 18. und 19. Jahrhunderts statt. Arbeit gilt hier als sittliche Pflicht. Für Friedrich Engels ist sie sogar unendlich viel mehr. »Sie ist die Grundbedingung alles menschlichen Lebens!«

Warum eigentlich gibt es kein Menschenrecht auf Müßiggang, Erholung und schrankenlose Faulheit?

Und der krönende Karriereabschluss für die Arbeit, der Adelsstand sozusagen? Die Arbeit ist ein Menschenrecht geworden. Warum eigentlich gibt es kein Menschenrecht auf Müßiggang, Erholung und schrankenlose Faulheit? Ich weiß, ich weiß, es ist ja einem aufrechten Bürger nicht zuzumuten, für die Faulheit Anderer aufzukommen. Aber müssen wir die ganze Angelegenheit gleich zur moralischen Pflicht erheben? Wo sind die Stimmen, die den Müßiggang verteidigen? Vereinzelt gibt es sie schon, die Anwälte des Müßiggangs. Nietzsche zum Beispiel, scharfzüngiger Kritiker jedes intellektuellen Mainstreams (heute hätte er vermutlich einen vielbesuchten Blog bei Spiegel Online), ätzt in seiner fröhlichen Wissenschaft: »Die Arbeit bekommt immer mehr alles gute Gewissen auf ihre Seite: Der Hang zur Freude nennt sich bereits ›Bedürfnis der Erholung‹ und fängt an, sich vor sich selbst zu schämen.« Auch Bertrand Russell, Mathematiker, Philosoph und Literat, schlägt sich auf die Seite der Müßiggänger. Er stimmt ein Loblied auf die Faulheit an. Das ist ihm aber nicht gut bekommen. Er wurde wegen seiner lockeren ethischen Prinzipien von christlichen Fundamentalisten verfolgt, die sogar ein Lehrverbot gegen ihn durchsetzten.

Leider haben die prominenten Fürsprecher wenig bewirkt. Also immer noch ora et labora? Nein! Das Beten ist erheblich zurückgegangen. Aber Arbeit ist immer noch der wichtigste Pflasterstein für bürgerliche Pflichtkarrieren. Wer will denn schon gerne zur »Leisure Class« gehören, zur Kaste der Müßiggänger, die sich mit unnützen Dingen und Statussymbolen schmücken und keinen nützlichen Beitrag für die Gemeinschaft leisten. Wir tragen da einen riesengroßen Rucksack Pflichtgefühl mit uns herum und dieser Rucksack ist angenäht. Kulturelle Sozialisation lässt sich nicht so ohne Weiteres abschütteln. Klar, dass da keine Freude aufkommt. Arbeit ist zu einer entscheidenden Arena für den Kampf um Anerkennung geworden. Sag mir was du arbeitest und ich sage dir, wer du bist.

Arbeit bleibt also erste Bürgerpflicht; eine anstrengende, mühselige und nervenaufreibende Pflicht. Und diese Pflicht kann keinen Spaß machen, oder? Schon die Entwicklungsgeschichte des Wortes Arbeit weist auf Mühsal, Strapaze und Not hin. Das französische »travail« soll sogar auf ein mittelalterliches Folterwerkzeug zurückgehen. Wie man etwas benennt, so wird es auch erlebt.

> Sag mir, was du arbeitest und ich sage dir, wer du bist!

Wir verwenden einen Arbeitsbegriff, in dem der schlechte Ruf schon eingebaut ist. Die klassische volkswirtschaftliche Definition tut ein

Übriges. Für die meisten zeitgenössischen Ökonomen ist Arbeit identisch mit Erwerbsarbeit. Arbeit ist für sie in aller Regel eine »unselbstständige Beschäftigung gegen Entgelt«. Was so heißt, kann nicht zum Leben gehören, es kann allenfalls das Leben finanzieren.

Die verrückte Waagschale

Arbeit und Spaß scheinen einander auszuschließen. Wir haben diesen Gegensatz von Spaß und Arbeit bereits so weit verinnerlicht, dass wir ebenso fest davon überzeugt sind, dass alles, was Spaß macht, keine Arbeit sein kann. Und das führt dann zur Suche nach dem wahren Leben, das nach der Arbeit beginnt.

In der einen Waagschale liegt die Arbeit. Und in der anderen? Nichts verkörpert diese Suche nach dem modernen Gral besser, als der Modebegriff Work-Life-Balance. Keine Diskussion über Arbeit, kein Partygespräch über den Job, ohne dass diese Balance bemüht wird. Ich habe mir angewöhnt nachzufragen, was denn da ausbalanciert werden soll, wenn Menschen diesen Begriff benutzen. Klar, in der einen Waagschale liegt die Arbeit. Und in der anderen? Das Leben selbst kann es nicht sein. Das wahre Leben? Ein anderes Leben?

Was in der zweiten Waagschale liegen soll, wissen die Work-Life-Aufwieger nie. Fest steht nur: Die Arbeit ist zu lang, zu belastend, zu wenig flexibel. Und das möge sich bitte ändern.

Für die einen ist Selbstbestimmung das höchste Ideal, um Arbeit und Leben ins Gleichgewicht zu bringen: Arbeiten, so wie ich es will, wann ich es will und wo ich es will. Diese Arbeitsavantgarde hat das Kaffeehaus als Arbeitsplatz entdeckt – mein Laptop, mein Latte und ich –, selbstständig, in eigener Sache unterwegs, frei, aber immer hart an der Grenze zur Dauerarbeitslosigkeit und Verarmung. Das große Versprechen der Selbstbestimmung hat als ärgerliches Pendant die Notwendigkeit der Selbstbeherrschung. Nach meiner Beobachtung haben nicht alle Mitglieder der Kaffeehausfraktion diese Kompetenz. Selbstständigkeit setzt sich halt aus »selbst« und »ständig« zusammen. Wer einer permanenten Verführung durch Entgrenzung nicht klare Grenzen entgegensetzen kann, der hat verloren.

Die anderen wiederum wünschen sich, insgesamt weniger zu arbeiten. Einfach früher Schluss machen, jeden Tag und natürlich auch im Arbeitsleben, eine alte Forderung von Gewerkschaften und europäischen Sozialisten. Auch der Wunsch nach einer längeren Auszeit ist ein typisches Beispiel – Sabbatical nennen wir das neuerdings. Was machen die Menschen wohl mit dieser gewonnen Zeit?

Es gibt nach meinem Wissen darüber noch keine wirklich zuverlässigen Aussagen. Aber ich kann über ein kleines Gedankenexperiment berichten, dass ich in meinen Coachings und Führungsseminaren immer wieder einsetze.

Stellen Sie sich bitte einmal vor: Ein Wunder ist geschehen! Eine gute Fee hat Ihnen ein ungeheuer wertvolles Geschenk gemacht. Nein! Nein! Nicht die berühmten drei Wünsche. Viel wertvoller! Sie hat Ihnen ein zusätzliches Lebensjahr geschenkt. Stellen Sie sich einfach vor, dass ein Jahr zweimal stattfindet. 12 Monate, 52 Wochen, 365 Tage wundervolle zusätzliche Zeit. Was würden Sie damit machen?

Russell würde vermutliche Faulheit empfehlen.

Mein Moderator sicherlich ein ewig währendes Event-Wochenende.

Und meine Klienten?

Die obligatorische Weltreise kommt immer wieder vor, zumeist an erster Stelle, aber bitte nicht ein ganzes Jahr lang. An zweiter Stelle mehr Zeit für die Familie, vor allen Dingen für die Kinder. Aber dann auf den folgenden Plätzen: Gartengestaltung, Hausumbau und Sanierung, Weiterbildung und Zusatzstudium; kurzum in der Mehrzahl nützliche Tätigkeiten, die sich nicht wesentlich von den Anforderungen im Beruf unterscheiden. Müßiggang? Fehlanzeige! Grenzenlose Party? Auch Fehlanzeige! Mein Moderator ist entsetzt. Russell wendet sich mit Grauen ab.

Müßiggang? Fehlanzeige! Grenzenlose Party? Auch Fehlanzeige!

Work-Life-Balance-Idealisten haben noch eine dritte Idee, wie man in den Waagschalen ein Gleichgewicht herstellen könnte: »Flexibilisierung der Arbeit« nennen sie das.

Aus Liebe

Ich bin auf dem Weg von meinem Orthopäden zu einem von mir sehr geschätzten Kaffeehaus bei nasskaltem Erkältungswetter. Auf dem breiten Boulevard stehen mehrere Gewerkschafter vor dem Laden mit dem Apfel. Eine Frau kommt auf mich zu, ein Klemmbrett in der Hand, natürlich mit der Frage, ob ich mich den Forderungen nach Verbesserung der Arbeitsbedingungen anschließen möchte. Am besten durch eine Unterschrift.

»Vorsicht, ich bin der Klassenfeind!«, entgegne ich. »Ich arbeite nicht nur mit den Produkten dieser Firma, ich berate auch noch Unternehmen wie dieses!« Ein kurzes Zögern, dann antwortet sie: »So sehen Sie aber nicht aus!« »So kann man sich täuschen. Sie sollten sich ein paar Minuten Wärme gönnen, sonst gibt es eine Erkältung. Ich lad' Sie zu einem Kaffee ein und dabei erkläre ich Ihnen, warum ich nicht so aussehe.«

Überraschenderweise nimmt sie die Einladung an und schon bald kreist unser Gespräch um die Bedeutung der Arbeit, die Flexibilisierung und die Gefahr der Entgrenzung. Ihre wesentliche Forderung: Die Organisation der Arbeit möge sich bitte an die veränderten gesellschaftlichen Rahmenbedingungen anpassen.

»Wofür würden Sie denn den gewonnen Spielraum nutzen?«, frage ich sie. Für eine bessere Betreuung der Kinder, für Weiterbildung, für die Unterstützung ihrer Mutter bei der Pflege des Großvaters ... »Aber das ist doch auch wieder Arbeit!«, entfährt es mir. Jetzt ist sie erstaunt. »Aber das ist doch keine Arbeit! Das macht man doch freiwillig und aus Liebe!«

Stimmt, denke ich, aber auch Arbeit aus Liebe ist Arbeit und kann genauso zur Last werden! Ein Einzelfall? Ich glaube nicht. Es gibt viele Beispiele dafür, dass Unternehmen bereits heute ihre Arbeitsorganisation an veränderte gesellschaftliche Herausforderungen anpassen. Aber die gewonnene Zeit wird hauptsächlich für nützliche Tätigkeiten bis hin zum ehrenamtlichen Engagement eingesetzt. Muße hat man uns wohl ein für alle Mal ausgetrieben. Sie findet in unserer Nützlichkeits-Gesellschaft nicht mehr statt.

Also liegt in beiden Waagschalen Arbeit. Nichts ist es mit Work-Life-Balance. Das ist eine lupenreine Work-Work-Kiste! Da hat es eine ganze Horde von Pflichtapologeten geschafft, uns Arbeit als Freizeit zu verkaufen und als liebevolles Engagement zu tarnen. Geniale Strategie! Und jetzt sitzen wir da und reden uns ein, dass das wahre Leben nach der Arbeit beginnt. Da wird ehrenamtliches Engagement zur Freizeit verklärt, genauso wie das Durchboxen der schulischen Karriere unserer Kleinen und der Prestige-Wettkampf im Garten. Auch Hobbygärtner können Karriere machen, best garden in town! Konkurrenzkampf wohin man schaut. Was unterscheidet die Rankings in den Photo-Communities oder die sorgfältig gezählten Facebook Daumen und Twitter-Follower noch von dem Kampf um einen angemessenen Platz in der betrieblichen Hierarchie?

Nichts ist es mit Work-Life-Balance. Das ist eine lupenreine Work-Work-Kiste!

Mit den Hühnern flüstern

Die Freizeit-Arbeit hat die Herrschaft übernommen und die so genannte Erwerbsarbeit ist der Sündenbock. Warum spielen die Menschen dieses Arbeit-in-der-Freizeit-Spiel mit? Durchschauen sie diese Strategie denn nicht? Warum empfinden viele Menschen anspruchsvolle, anstrengende und manchmal auch belastende Tätigkeiten als Teil des Lebens, die klassische Arbeit im Beruf dagegen als frustrierend? Die schlichte Realität ist: Diese Arbeit nach der Arbeit wird einfach nicht als Arbeit empfunden, obwohl sie genau so belastend sein kann.

Der amerikanische Psychoanalytiker Jay B. Roehrlich hat herausgefunden, dass nicht die Art der Tätigkeit darüber entscheidet, ob wir etwas als Arbeit empfinden. Entscheidend ist unsere Grundhaltung zu dieser Tätigkeit. Die Grundhaltung des Arbeitens ist Beherrschung, das kontrollierte und bewusste Gestalten-Wollen. Ein definiertes Ziel wird angesteuert; Nicht-Erreichen gilt als Versagen. Ich glaube, dass dies ein wichtiger Grund dafür ist, dass wir bestimmte Tätigkeiten nicht als belastende Arbeit empfinden. Wir können nicht versagen. Es ist ein zusätzlicher Dienst an der Gemeinschaft oder an geliebten Personen. Die Tätigkeit selbst wird anerkannt, nicht das Ergebnis.

Diese Arbeit hat eine hohe Bedeutung für Andere und für uns selbst. Bedeutung schafft einen unmittelbaren Sinn, ohne dass ein Ziel bewusst konstruiert werden muss. Nur so kann man sich erklären, dass bei der »wahren Arbeit« Bedingungen hingenommen werden, die man in keinem offiziellen Beschäftigungsverhältnis akzeptieren würde. Wir legen die Rahmenbedingungen dieser Arbeit selbst fest, zumindest in vielen Fällen, auch wenn es manchmal nur eine gefühlte Selbstbestimmung ist.

Ich habe diesen Unterschied hautnah in meiner Kindheit erleben können. Stolz waren wir damals, sehr stolz sogar, als meine Großeltern, meine Eltern und ich unser erstes eigenes Haus bezogen. 1957 war das. Genau genommen war es nur eine Haushälfte und genau genommen war es auch gar nicht unser eigenes Haus. Es war nur gemietet, aber mit einer Kaufoption, die wir einige Jahre später einlösten. Es war auch ein kleines Haus zugegebenermaßen. 85 qm für fünf Personen und drei Generationen sind eine Herausforderung; aber eine verdammt gemütliche, wie sich in all den Jahren zeigte.

> Hätte man die Menschen in unserer Siedlung nach dem wahren Leben gefragt, ein ungläubiger Blick wäre die Antwort gewesen.

Ich bekam ein eigenes Zimmer – ein Kohleofen-beheiztes-7-qm-Paradies. Aber es war meines. Es gab ein Wohnzimmer, ein Esszimmer und eine kleine niedrige Küche. Es gab sogar eine kleine Schneiderwerkstatt für Großvater, der auf diese Weise nicht unerheblich dazu beitrug, dass es uns gut ging. Hinter der Küche, drei Stufen tiefer begann eine andere, eine viel spannendere Welt: der Stall. Hier war Platz für Schweine, Hühner und vieles andere mehr und das mitten in der Stadt. Das war die ganz normale Situation in einer Bergarbeitersiedlung in den Fünfzigern. Nach der Schicht unter Tage begann die Schicht über Tage, mit einem Schwätzchen bei einer Pulle Bier an der Trinkhalle dazwischen. Selbstversorgung, das war eine Menge anstrengender Arbeit für die Menschen in unserer Siedlung. Hätte man sie nach dem wahren Leben gefragt, ein ungläubiger Blick wäre die Antwort gewesen, bestenfalls mit dem Angebot: »Ich glaub' du brauchst eine Pülleken!«

Wenn ich in späteren Jahren meine Eltern und die alte Nachbarschaft besuchte (Nachbarschaft wird in diesen Siedlungen ganz groß geschrieben), dann wurden immer wieder diese herrlichen Geschichten erzählt, von der Sau, die auf der Straße eingefangen werden musste, von dem Hahn, der aufs Dach geflogen war, aber allein nicht mehr herunter kam und von Herbert, der jeden Abend eine halbe Stunde mit seinen Hühnern flüsterte, weil er glaubte, dass sie dadurch mehr Eier legten und der dabei genauso regelmäßig einschlief. Alles was man machte hatte ein Bedeutung und ein unmittelbares Resultat. Vor allen Dingen war es selbstbestimmt.

Für mich ist Selbstbestimmung der Schlüssel für die Unterscheidung von Erwerbsarbeit, die ätzend belastend empfunden wird und Freizeit-Arbeit, die trotz Anstrengung inspirierend wirkt. Wenn wir also etwas ausbalancieren, dann ist es nicht Work and Life, sondern Fremd- und Selbstbestimmung. Und wer in der Arbeit nicht leben will, der verkümmert auch im Leben – langsam, aber unaufhörlich –, oder er macht das restliche Leben zu seiner zentralen Gestaltungsaufgabe, zur eigentlichen Arbeit. Dann ist die Erwerbsarbeit nur noch störend.

Übrigens: Ich bin mir sicher, dass mein Dampfplauderer aus der Radiofraktion gar nicht Freizeitarbeit gemeint hat, als er vom wahren Leben sprach. Vermutlich hat er auch nicht Muße gemeint, sondern Amüsement. Leider ist uns auch das wieder zur Arbeit verkommen. Ein überzeugender Auftritt in der Clubszene will beherrscht sein und ähnelt sehr stark einer Marketingkampagne. Er ist harte Arbeit und kostet genauso viel Vorbereitungsarbeit. Man könnte es als späte Rache der puritanisch-calvinistischen Ethik an unserer freizügigen Kultur sehen. Wenn schon hedonistisch, dann bitte mit ordentlich viel Arbeit und Schweiß. Der Teufel grinst noch einmal um die Ecke.

Wenn schon hedonistisch, dann bitte mit ordentlich viel Arbeit und Schweiß.

Irrtum 2
Die moderne Arbeitswelt macht krank

Werden Sie durch Walgesänge inspiriert?

Rauschen Sie am liebsten mit der Rutsche in die Kantine?

Möchten Sie Ihre Meetings in Gondeln oder Iglus abhalten?

Nein? Dann haben wir das vorab schon mal geklärt: Das europäische Hauptquartier von Google in Zürich ist mit Sicherheit nicht der richtige Arbeitsplatz für Sie. Da gibt es nämlich das komplette Arbeitsplatz-Eventprogramm. Abgedunkelte Räume mit Badewannen (ohne Wasser) und Massagestühlen zum Entspannen. Über den Dächern von Zürich in einem Hängestuhl dem nächsten Kreativitätsschub entgegenschaukeln. »Wann arbeiten die eigentlich?«, habe ich mich gefragt, als ich den ersten Film über diese gigantische Arbeits-Spaß-Landschaft sah. »Blöde Frage«, wurde mir augenblicklich klar. »Die arbeiten immer!« Wenn der Arbeitsplatz attraktiver ist als das Zuhause (wenn Digital Natives so etwas überhaupt noch haben), dann bleibt man im Büro.

Eine exotische Ausnahme? Nicht ganz! Tendenzen gleicher Art beobachte ich in vielen Unternehmen. Ohne ein betreutes Fitness-Center und Massage am Arbeitsplatz sehen Arbeitgeber heute ziemlich alt aus. Wer bei Great-Place-to-Work vorne mitspielen will, der muss schon das gesamte Verwöhnprogramm im Angebot haben. Die jährlichen Mitarbeiterbefragungen mutieren zu Bestellaufträgen. Wir wünschen, die Arbeitgeber liefern.

> Ohne ein betreutes Fitness-Center und Massage am Arbeitsplatz sehen Arbeitgeber heute ziemlich alt aus.

Pampern für das Ranking!

Wie wär's mit einem betriebseigenen Pflegeheim? Bitte möglichst in Arbeitsplatznähe. Oder mit einem Nachhilfecenter für den schulisch aus dem Ruder laufenden Nachwuchs. Alles schon gehört!

Schöne neue Arbeitswelt. Eigentlich müsste es uns doch gut gehen bei dem Rundum-Wohlfühlprogramm. Denkste! Das Gegenteil ist der Fall. Die Arbeit macht uns alle krank. So heißt es zumindest vielerorts in den Medien. Eine Hiobsbotschaft jagt die nächste. Die psychischen Erkrankungen sind explodiert. Für den DGB ist eindeutig klar: Der Arbeitsplatz ist der Stressmacher Nummer eins. Die Arbeitsbedingungen sind schuld. Flugs wird eine Anti-Stress-Verordnung gefordert. Macht die moderne Arbeitswelt wirklich krank? Brennen wir alle aus?

Mode und Krankheit

Passt alles irgendwie nicht zusammen! Da wird in ein umfassendes Arbeitsplatz-Wohlfühlprogramm investiert. Der Arbeitsplatz im Büro wird zum daily event. Moderne Werkstätten und Fabrikgebäude sind sauber und sicher. Helles Licht, blitzblank, man kann fast vom Fußboden essen. Die Arbeitsunfälle sind seit Jahren konstant rückläufig. Unfallzahlen und Krankenstände in die Zielvereinbarungen der Produktions-Manager aufzunehmen, gehört heute in das Standardprogramm gut geführter Unternehmen.

Und dann werden wir alle krank. Vorsicht! Dieser Trend ist nicht eindeutig. Zumindest der offizielle Krankenstand ist seit Jahren auf einem niedrigen Wert: knapp unter 5 Prozent, branchenübergreifend. Diese Statistik müsste eigentlich beruhigend wirken. Tut sie aber nicht: Die Leute trauen sich nur nicht, krank zu werden, hört man aus dem Gewerkschaftslager. Was so viel heißt wie: Es gibt auch einen inoffiziellen Krankenstand, und der ist deutlich höher. Die Ausgangslage ist also verworren, die Informationen widersprüchlich. Es lohnt sich also, sie genauer unter die Lupe zu nehmen.

Mobbing, Workaholics, Burnout – jede Zeit scheint ihre eigenen Belastungsmoden zu haben. Ich konzentriere mich dabei auf die psychischen Erkrankungen, denn um die geht es hauptsächlich bei den Katastrophennachrichten. Mit 14 Prozent Anteil an den Gesamterkrankungen sind sie eigentlich zweitrangig; medial sind sie aber ein A-Promi. Also alles nur eine Modeerscheinung? Nein! Psychische Erkrankungen nehmen zu. Sie zu ignorieren wäre fahrlässig. Andererseits gibt es natürlich Moden, welche Art der psychischen Erkrankung gerade im öffentlichen Fokus steht.

Mobbing, Workaholics, Burnout – jede Zeit scheint ihre eigenen Belastungsmoden zu haben, die dann nach den Gesetzen des medialen

Lebenszyklus irgendwann verschwinden. Psychologische Hula-Hoop-Reifen: Sie wackeln nur einen Sommer!

Midlife-Crisis war die erste Belastungsmode, die meinen Weg kreuzte. Gail Sheehy hat sie Mitte der 1970er erfunden. Gute Journalistin! Mit einem sechsten Sinn für den ultimativen Smash. Mit einem Gespür für den Zeitgeist. Verrückte Männer, die hysterisch auf die Mitte ihres Lebens reagieren und vor der Vergänglichkeit flüchten: forever young. Wer liest so etwas nicht gern? Ihr Buch war ein internationaler Bestseller.

Wenn erst einmal eine überzeugende Erklärung im Raum steht, dann findet man überall Beispiele. Da steigt jemand als Verlagsmanager aus, verkauft seine Anteile und wird Heilpraktiker. Das kann nur die Midlife Crisis sein. Und die Trennung von seiner Frau passt ins Bild. Auch wenn die Ereignisse zeitlich auseinanderliegen. Was macht das schon? Manfred Köhnlechner wurde so zum ersten Midlife-Crisis-Promi. 30 Buchveröffentlichungen zu alternativen Heilmethoden später hat wohl jeder kapiert: Er hatte keine Krise, sondern verwirklichte konsequent seinen Lebenstraum. Damals interessierte das niemanden.

> Wenn erst einmal eine überzeugende Erklärung im Raum steht, dann findet man überall Beispiele.

Einige Jahre später konnte ich das Original lesen: Daniel Levinsons Lebensphasen-Modell für Männer. Und siehe da, von Krise war dort keine Rede. Sondern von Übergängen. Reflexionsphasen, in denen die Position im Leben überprüft wird. Ein Modell, mit dem ich im Coaching immer noch arbeite. Als ich Levinson für mich entdeckte, war die Mode um die Midlife-Crisis schon wieder abgeblasen.

So geht es mit den Belastungsmoden von Workaholics bis zum Mobbing. Wichtige Themen, grell übertüncht, bis sie zum Hype werden. Leider!

Und jetzt eine neue mediale Pandemie rund um das Phänomen Burnout. Im zweiten Anlauf übrigens – in den 1980ern war es schon einmal für kurze Zeit auf der Agenda. Menschen zerbrechen unter Belastungen. Ein ernstes Thema. Als Zeitgeist-Accessoire völlig ungeeignet. Und dennoch ist es ein Modethema geworden. »Wir Ausgebrannten«, hat der Journalist Hilmar Klute gehöhnt. Über Modethemen darf man sich lustig machen, der Problemkern kann darunter nur leiden.

Die Schuldigen sind schnell ausgemacht. Arbeit oder Arbeitsplatz sind die universellen Schurken. Sie stecken hinter allen Belastungen dieser Welt. Das Kernübel ist außerhalb von uns. Es steckt in den Umständen. Wir Ausgelieferten. Das haben wir auch schon einmal anders gesehen. Zu Zeiten der Workaholica-Mode. Da war die Einstellung zur Arbeit das universelle Problem. »Nicht-aufhören-können« als individuelle Sucht. Ich finde beide Sichtweisen wichtig, um Überlastung richtig zu verstehen.

Arbeit ist als Krankmacher die unangefochtene Nummer eins!

In einem Punkt unterscheiden sich Sucht und Ausbrennen allerdings nicht: Schuld ist immer die Arbeit. Arbeit ist als Krankmacher die unangefochtene Nummer eins!

Diese Pauschalverurteilung der Arbeit hilft nicht. Aus zwei Gründen.

Erstens: Die sonstigen Belastungen einer modernen Gesellschaft werden ausgeblendet. Nichts mit Doppelbelastung Arbeit und Familie, nichts mit den Pflegeverpflichtungen aus der Generationenfolge oder den Belastungen, wenn man die Kinder durch ein skurril-selektives Bildungssystem manövrieren muss. Es ist die Arbeit. Auf einem Auge blind! Und schon sind viele Lösungsmöglichkeiten nicht mehr im Blickfeld.

Zweitens: Arbeit unterscheidet sich. Ganz erheblich sogar! Erst recht, wenn es um Belastungen geht. In der Werkstatt machen »die Knochen« nicht mehr mit, im Büro hat man einen Burnout und Lehrer haben am Ende ihrer Karriere eine Erschöpfungsdepression. Aber Rückenschmerzen haben halt kein Talent zum Medienstar, und die Werkstatt ist nicht die richtige Bühne für ein Burnout-Drama. Überprüfen Sie es einmal selbst. Verfolgen Sie die Fallgeschichten. Sie werden feststellen, Burnout ist ein Drama des Büros und nicht der Werkstatt.

Mal angenommen, es ist etwas dran an der ganzen Aufregung: Was hat sich an der Arbeit geändert? Warum gibt es dieses erhöhte psychisch-mentale Krankheitsrisiko im Büro? Warum ist vor allen Dingen die Berufsgruppe der Wissensarbeiter betroffen?

Drei Gründe sind für mich entscheidend: Wissens- und Büroarbeit wird immer virtueller. Sie verliert ihre Ganzheit, und sie hat ihren Glanz eingebüßt.

Was man sich nicht vorstellen kann

»Was hast Du eigentlich schon gebaut?« Es gibt Fragen, die mich irritieren, und Fragen, die mich sprachlos machen. Diese Frage gehörte eindeutig zu den Sprachlos-Machern. Mein Sohn Jan sitzt mir gegenüber, knapp sieben Jahre alt. Und er wartet auf eine Antwort. Wenn er dieses ernsthaft-nachdenkliche Gesicht macht, dann muss es eine gute Antwort sein. Aber mir fällt keine ein. Ehrlich gesagt habe ich noch nicht einmal die Frage verstanden. Also behutsam herantasten: Es gibt da einen neuen Freund. Marcel. Marcels Vater ist Maurer, Polier beim örtlichen Bauunternehmer. Und wenn Marcel und Jan einträchtig nebeneinander durchs Dorf radeln, dann zeigt Marcel immer wieder mit Stolz auf ein Haus: »Das da! Das hat mein Vater gebaut!« Nach dem gefühlt hundertsten Haus hat Marcel dann gefragt: »Und was baut dein Vater?« Ehrlicherweise hat Jan geantwortet: »Mein Vater baut nichts!« Ein freundschaftsgefährdendes Bekenntnis, wenn der andere ein überzeugter Maurersohn ist. »Was macht er dann?« Jetzt wird die Sache schwierig für Jan. »Er fährt in Hotels und trifft Leute.« Diese Antwort hat vor Marcel keinen Bestand: »Das ist keine Arbeit, das ist Urlaub!« Jetzt sitzt mir Jan gegenüber und will wissen, was ich arbeite. Einem Siebenjährigen Beratung zu erklären, ist anspruchsvoller als die Moderation einer Vorstandsklausur. Siebenjährige lassen keine Ungereimtheiten durchgehen. Ich habe es irgendwie hinbekommen.

»Mein Vater baut nichts!«

Aber was sagt das eigentlich über meine Arbeit? Sie ist abstrakt, nicht greifbar, und das Ergebnis der Arbeit ist flüchtig. So geht es Millionen anderer Menschen, die nichts Konkretes mehr herstellen, die nicht mehr sagen können: Das ist meins, das habe ich geschaffen. Es geht vor allen Dingen um die klassischen Dienstleistungen: Versicherungen, Banken, Verwaltungen, Handel. Die typische Büroarbeit. Gut, diese Arbeit war nie Handwerk. Selbstgebaute Häuser konnte man nicht vorweisen. Dennoch war das Ergebnis früher greifbar. Einfaches Beispiel Urlaubsreise:

Früher: Der obligatorische Gang ins Reisebüro. Erstes Beratungsgespräch. Einkreisen der Urlaubswünsche. Katalog mitnehmen. Ausführliches Studium. Entscheidungsprozess. Ein fundamentaler Familienkonflikt ist in Reichweite, Einigung. Zweiter Gang ins Reisebüro.

Detailberatung mit Auswahl Hotel und Flug. Vorfreude. Dritter Gang ins Reisebüro. Reiseunterlagen holen. Ab jetzt große Vorfreude. Fazit: Viel Kontakt und Begegnung. Zumindest symbolisch kann man in Form des Katalogs und der Reiseunterlagen die Urlaubsreise anfassen.

Heute: Erste Festlegung des Zielgebiets. Recherche im Internet. Was empfehlen andere. Hotelvergleich direkt am Bildschirm durch Videospots, viele bunte Bilder und Kundenbewertungen. Verfügbarkeit in der Preisvergleichsmaschine checken. Vorhaben in Facebook posten. Resonanz positiv. Die Community hat keine Bedenken. Es gibt bereits erste Restaurant-Empfehlungen. Endrecherche nach dem günstigsten Preis. Die Buchung ist nur ein Klick. Und die Tickets liegen im Passbook.

Leider sehen viele schlaue Köpfe das Ergebnis ihrer Arbeit nicht.

Ich weiß! Viele Kunden gehen nach wie vor lieber ins Reisebüro; das wird auch noch eine Zeitlang so bleiben. Früher gingen viele Kunden auch lieber in die Buchhandlung ... Dennoch ist dieser neue Buchungsprozess ein gutes Beispiel für die Virtualisierung von Arbeit. Das Reiseangebot wird entwickelt, häufig aus Bettendatenbanken und Flugangeboten automatisch zusammengestellt. Natürlich tagesaktuell. Die Regeln, nach denen diese Zusammenstellung funktioniert, sind in einem komplexen Produktionssystem hinterlegt. Die Produktentwicklung ist ein automatisierter Standardprozess, dessen Ergebnis auf eine Internetplattform gestellt wird. An den Klicks kann man das Interesse sehen. Die Kunden sieht man nicht. Viele schlaue Köpfe sind beteiligt, damit die Plattform und der Buchungsprozess funktioniert. Leider sehen sie alle das Ergebnis ihrer Arbeit nicht. Es ist ein flüchtiges Ergebnis.

Arbeit wird virtuell, und die Vorstellungskraft kommt an Grenzen. Was passiert, wenn man sich das Ergebnis der Arbeit nicht mehr vorstellen kann? Keine Ergebniskontrolle, keine Möglichkeit, im direkten Kontakt mit dem Kunden zu lernen. Die Maschine gibt die Rückmeldungen. Kundenbewertungen sind ebenfalls digital, meistens anonym und damit besonders heftig. Die Herrschaft des Daumens.

Virtualität belastet. Mitarbeiter können ihre Arbeitsprozesse nicht mehr durchgehend kontrollieren. Aus Kontrollverlust entsteht das Gefühl des Ausgeliefertseins. Wenn alles mit allem zusammenhängt, aber nicht mehr mit mir, dann sind das die perfekten Voraussetzungen für Überlastung.

hinterlässt Scherben

hat auch die Büros erreicht. Die Arbeitsbedingungen haben sich dramatisch geändert. Was in den Werkstätten schon lange üblich ist – jetzt wird es auch in den Büros Realität. Beispiel Reklamationsbearbeitung. Lange Zeit galt die Devise: Jede Beschwerde ist die Chance für ein Neugeschäft. Das setzt voraus, dass Kunden einen Ansprechpartner vorfinden, der die Emotionen entschärft, Zusagen machen kann und Bindung erzeugt. Wenn Sie heute als Kunde eine Beschwerde haben, dann lernen Sie einen neuen Mitarbeiter kennen: den digitalen Workflow. Universell einsetzbar und durch nichts zu erschüttern. Das macht diesen Mitarbeiter so beliebt. Sie rufen eine Kundendienstnummer an (Neudeutsch: Customer Care Center). Stellen sie sich bitte auf die Warteschleife eines Callcenters ein. Wenn Sie Glück haben, bekommen sie ein Serviceticket. Wenn sie weiter vom Glück verfolgt werden, dann ruft man sie auch zurück. Leider wird man bei ernsten Beschwerden oder Reklamationen feststellen, dass doch ein Experte erforderlich ist. Wenn sie unverschämtes Glück haben, meldet der sich, kennt sich aus und kann Ihnen helfen.

Für Sie als Kunden ist das ganze unbefriedigend. Für die Mitarbeiter ist es grausam. Ihr Arbeitsprozess ist fragmentiert, nach Kompetenzen unterteilt und durch die Logik der Ticketbearbeitung bestimmt. Ticket offen heißt Druck, viele Tickets offen heißt Stress. Die ganzheitliche Bearbeitung eines Vorgangs ist Schnee von gestern. Jeder bearbeitet seine Teilaufgabe und sorgt dafür, dass er nicht in Rückstand kommt. Da ist eine mentale Fließbandarbeit entstanden. Und das Kuriose: Es werden die gleichen Fehler gemacht wie in der Frühzeit der Montagefließbänder: keine Puffer, jede Störung schlägt auf den individuellen Arbeitsplatz durch! Ein Fehler, und die ganze Kette kommt unter Druck. Jeder kann die Vorgänge in der Warteschleife sehen. Jeder ist darauf angewiesen, dass der Vorgänger liefert und der Nachfolger in der Kette abnimmt. Ein permanentes Gefühl der Abhängigkeit entsteht. Gute Voraussetzungen für Überlastung.

> Da ist eine mentale Fließbandarbeit entstanden.

Die Entzauberung des Krawattensilos

Was für ein Aufstieg! Bernd konnte von seiner Fräsmaschine in die Arbeitsvorbereitung wechseln. Keine finanziellen Vorteile, keine wirklich spannenden Aufgaben, noch nicht einmal mehr Verantwortung! Trotzdem: Bernd galt als gemachter Mann. Lange her? Nein! Noch in den Nuller-Jahren war das so. Die Karriere kannte nur eine Richtung – von der Werkstatt in die Verwaltung, vom Blue Collar zum White Collar.

Und heute: Der Krawatten-Silo ist entzaubert. In manchen Branchen ist das sogar amtlich. Beispielsweise in der Metall- und Elektroindustrie. Da gibt es seit mehr als zehn Jahren den einheitlichen Entgelt-Rahmen. Ziel war es, die Unterschiede zwischen Arbeitern und Angestellten abzuschaffen. Daher auch der etwas gestelzte Begriff Entgelt. Er ist der Ersatz für Lohn und Gehalt. Diese sprachgewordene Unterscheidung hielt man nicht mehr für zeitgemäß.

Ich halte die Entwicklung für vollkommen richtig. Es war noch nie einzusehen, dass gut ausgebildete Facharbeiter mit einer hohen Verantwortung für Maschine und Material finanziell schlechter gestellt sein sollen als Mitarbeiter, die einfache Verwaltungsroutine bearbeiten.

> Ich würde es Normalisierung nennen, wenn da die Angst nicht wäre.

Dennoch: Entzauberung tut weh! Neben der zunehmenden Belastung durch Virtualisierung und digitale Workflows kommt auch noch reduzierte Wertschätzung. Ich würde es Normalisierung nennen, wenn da die Angst nicht wäre. Einfache Verwaltungsjobs sind zunehmend von Auslagerung bedroht. Wer hat Anfang des Jahrtausends damit gerechnet, dass bald ein Teil der Buchhaltung in Indien stattfindet? Mitarbeiter in den Fabriken haben sich an diesen permanenten Vergleich mit angeblich attraktiveren Standorten gewöhnt. Ich erlebe häufig die Haltung: Lass' die da oben mal nachdenken. Wir wissen, was wir können; wir haben schon so manche ambitionierte Verlagerung scheitern sehen.

Aber in den Verwaltungen geht die Angst geht um. Und sie hat hart zugeschlagen, weil man doch dachte, der Verlust von Arbeitsplätzen in Deutschland beträfe nur die Blauen.

Veränderungen und Reorganisationen belasten die Mitarbeiter zur Zeit am stärksten, so der Befund des Stressreports Deutschland der Bundesanstalt für Arbeitsschutz und Arbeitsmedizin. Hinter dem Begriff Reorganisation versteckt sich die neue Anforderung: permanente Anpassung an veränderte Technologie und Markterfordernisse. Kein Mitarbeiter kann sich dem entziehen. Auch eine Anti-Stress-Verordnung wird diese Anforderung nicht per Dekret abschalten können.

Aus dem Schlafsaal, so nannte einer meiner Klienten die Verwaltung in seinem Unternehmen, ist eine Fabrik geworden, eine Informations-Verarbeitungsfabrik, mit virtuellen und fragmentierten Leistungsprozessen. Ein Produktivitätsbrennpunkt. Zunächst waren nur einfache Verwaltungstätigkeiten von dieser Veränderung betroffen. Jetzt erwischt es die Mitarbeiter der Finanzwirtschaft, und auch die akademisch vorgebildete Edelgarde des Business wird irgendwann von diesen Veränderungen eingeholt.

An dieser Kombination von Virtualisierung, Fragmentierung, Entwertung und permanenten Veränderungen haben Mitarbeiter in den Büros heftig zu schlucken. Die Regeln für das Arbeitsleben haben sich komplett verändert. Aber die Kompetenz, nach den neuen Regeln zu arbeiten, ist noch nicht vorhanden. Daher hat das Stresspotenzial eine kritische Größe erreicht.

Es gibt also objektiv vorhandene Stressfaktoren. Aber ob sie tatsächlich Stress auslösen – das hängt immer davon ab, wie das Individuum damit umgeht.

Belastungstest

Aus der Stressforschung wissen wir, dass prinzipiell jede Situation Stress auslösen kann, auch wenn sie auch noch so einfach und übersichtlich ist. Entscheidend ist immer die individuelle Verarbeitungskapazität.

Ein typisches Beispiel ist der Umgang mit Störungen im Verlauf einer Reise. »Der Zug hat 45 Minuten Verspätung wegen Störungen im Betriebsablauf!« »Verdammte Sch…, vorhin waren es nur 30! Jetzt verpasse ich meinen Anschlusszug nach Berlin!«, brüllt jemand neben mir. Andere Fahrgäste bleiben gelassen – offenbar sind ihre Reisepläne nicht in Gefahr.

<small>Bedeutung, Verarbeitungskapazität und Lösungszuversicht entscheiden darüber, ob eine Situation belastend und bedrohlich wird.</small>

Auch ich will nach Berlin, zu einem wichtigen Kundengespräch. Eine der kleinen Wunder-Apps zeigt mir auf meinem Smartphone, dass auch die Anschlussverbindung in Hannover eine Verspätung von 35 Minuten hat. Wir werden sie also erreichen. Mit dieser Information reduziert der Brüller neben mir zumindest seine Lautstärke.

Die kleine App und meine langjährige Erfahrung mit Zugreisen gaben mir die Verarbeitungskapazität, um mit der Störung umzugehen. Dazu kommt, dass ich ein unverbesserlicher »Irgendwas-geht-immer-Optimist« bin. Deswegen konnte ich trotz Zugverspätung gelassen bleiben.

Bedeutung, Verarbeitungskapazität und Lösungszuversicht entscheiden darüber, ob eine Situation belastend und bedrohlich wird.

Das gilt auch für die Verarbeitung neuer Regeln im Arbeitsleben. Weil Arbeit eine hohe Bedeutung hat und die Verarbeitungskapazität für Veränderungen noch nicht vorhanden ist, werden die Entwicklungen bedrohlich und belastend. Es wäre also dringend nötig, die Fähigkeit jedes Einzelnen zum Umgang mit den Veränderungen im Arbeitsleben zu stärken. Damit diese keinen Stress mehr auslösen.

Die gegenteilige Auffassung gibt es auch. Das will ich nicht verschweigen. Aus dem gewerkschaftlichen Lager wird immer wieder gefordert, dass die Arbeitssituation selbst verändert werden muss. Es kann nicht sein, so die Argumentation, dass immer nur die Belastbarkeit der Mitarbeiter weiter trainiert wird, damit sie die Zumutungen der Arbeit besser aushalten. Irgendwann muss doch mal Schluss sein. So redlich diese Forderung sein mag, so weltfremd ist sie auch. Niemand wird die Veränderungen stoppen können, die zu den Belastungen führen. Sie entstehen ja nicht willkürlich, durch die Launen der Bosse. Es sind Kunden, die bestimmte Leistungen einfordern. Wissen Sie, was das Verrückte ist? Es können die gleichen Menschen sein. Tagsüber unter Virtualität und Anpassungsdruck leiden und abends auf Zalando das neueste Schnäppchen ordern. Täter und Opfer sind nicht mehr zu unterscheiden.

Wenn über den Krankmacher Arbeit gesprochen wird, das war meine Ausgangsthese, dann geht es um psychische Erkrankungen. Der Fokus ist Büroarbeit. Die Anpassungsbelastung ist dort tatsächlich sehr hoch. Aber deshalb die Arbeit als Krankmacher Nummer eins zu verurteilen, ist meiner Ansicht nach zu kurz gesprungen. Arbeit als Zivilisationsgeißel: Arbeite nicht und du lebst länger. Stimmt garantiert nicht. Ohne Arbeit zu sein, ist mindestens genauso belastend!

Nicht die Veränderungen in der Arbeitswelt sind die Geißel, sondern die fehlende Verarbeitungskapazität für diese Veränderung. Wie aber ist diese Verarbeitungskapazität zu schaffen? An welchem Punkt ist es sinnvoll anzusetzen?

Für mich ist dieser Punkt ganz klar derjenige, bei dem die größte Destabilisierung der bisherigen Lebensweise zu erkennen ist und der die größte Unsicherheit auslöst: die Entgrenzung zwischen Arbeit und den übrigen Lebensbereichen.

Totale Entgrenzung

»Warum soll ich hier unproduktiv herumhängen, wenn im Büro die Hütte brennt?« Wir sind gerade aus der Mittagspause zurück in den Konferenzraum gekommen. Zwölf Führungskräfte, mit denen ich die Umsetzung einer Reorganisation erarbeiten soll. Wir hatten einen guten Start in den Workshop. Gut gelaunt waren wir gemeinsam zum Mittagessen gegangen. Gute Stimmung, gutes Essen, guter Start. Was will man mehr? Allerdings fehlte ein Teilnehmer beim Essen.

Der saß dann bereits auf seinem Platz, als wir zurückkehrten; bedrückt wirkte er, nachdenklich und abgelenkt. Ich kann so eine Veränderung nicht auf sich beruhen lassen. Mein Quälgeist heißt Neugier! Also nachfragen und prompt ist mir der Satz mit der Unproduktivität um die Uhren geflogen. »Was brennt denn?«, frage ich ihn. Und erfahre: Nicht in seinem Büro brennt es, sondern zuhause. Er hat in der Mittagspause eine E-Mail von seiner Frau bekommen. Angehängt ein Scan mit dem Kommentar eines Lehrers im Heft des ältesten Sohnes. Tenor: Zu geringe Leistungsbereitschaft, deutlich mehr Anstrengungen, sonst wird das nichts mit einer weiterführenden Schule. Und das zu Beginn der 3. Klasse. Der bürgerliche Tod droht schon im 9. Lebensjahr. Die Qualität dieser pädagogischen Napalmbombe war surreal. Real war die Störung in unserer Arbeit. Natürlich haben wir das diskutiert und zu Recht hat es uns auch am Abend beschäftigt.

> Die Qualität dieser pädagogischen Napalmbombe war surreal. Real war die Störung in unserer Arbeit.

Das Private erreicht das Business und das Business durchdringt das Private. Nach einer Studie der DAK sind die Hälfte der Arbeitnehmer auch außerhalb der Arbeitszeit für Kollegen oder Chefs erreichbar, ein harter Kern sogar permanent. Ich stelle dem eine Behauptung entgegen, die durch viele Beobachtungen gestützt wird: Alle Arbeitnehmer, die über ein Handy verfügen, sind auch während der Arbeitszeit permanent auf Privatempfang.

Wer Grenzen abbaut, schafft Durchlässigkeit in beide Richtungen. Mir kann niemand erzählen, dass in die eine Richtung nur Belastungen gesendet werden und in die andere ein privates Motivations- und Aufbauprogramm. Alles, belangloser Kommunikationsmüll ebenso wie kleine und große Tragödien, kreist durch den digitalen Orbit. Freundschaften werden in der Frühschicht per SMS aufgekündigt und die Trennung wird bereits in der Mittagspause auf Facebook gepostet. Chefs, die den Ausgang aus ihrem Büro nicht mehr finden (oder zu Hause unerwünscht sind), schreiben um 22:00 Uhr E-Mails. Im Anhang die Unterlagen für das Meeting am nächsten Morgen. Lesen erwünscht.

Die totale Entgrenzung wird von allen Beteiligten gesucht und unterstützt. Trotzdem empfinden wir es anders: Das Private ins Geschäftsleben mitzunehmen ist toll. Die andere Richtung stört. Das Business ist also schuld am Dauerstress der ständigen Erreichbarkeit.

Ich bin überzeugt: Es liegt weder am Privaten noch am Business. Beides zusammen macht uns verrückt. Warum schalten wir nicht ab? Handy aus! Offline! Raus aus der Reihe. Nichts tun. Kontemplation pur. Ist doch einfach. Trotzdem funktioniert es nicht. Die meisten bleiben ständig auf Sendung und 50 Prozent, so die DAK-Studie, sind auch für das Business jederzeit erreichbar.

> In einer kommunikativ entgrenzten Gesellschaft ist die Fähigkeit zur Abgrenzung ein Überlebensprogramm.

In einer kommunikativ entgrenzten Gesellschaft ist die Fähigkeit zur Abgrenzung ein Überlebensprogramm. Ein Programm, das wir alle lernen müssen! Warum fällt das so schwer?

Wegen einer Kuriosität! Unsere Gesellschaft besteht im Wesentlichen aus Egomanen, zumindest wenn man den einschlägigen

Veröffentlichungen traut. Und dann soll es diesen »Nur-an-sich-selbst-Denkern« schwer fallen, sich abzugrenzen? Für mich eine ganz und gar unwahrscheinlicher Zusammenhang.

Ich biete Ihnen stattdessen meine kuriose Gleichung an: Es geht nicht um Egoismus. Es geht um Selbstinszenierung.

Schauspieler brauchen den Applaus des Publikums wie die Luft zum Atmen. Selbstinszenierer brauchen die Resonanz ihres sozialen Netzwerks, wenn sie sich auf der Alltagsbühne selbst darstellen. Selbstinszenierung braucht eine Bühne und die Bühne braucht eine Inszenierung. Das zurzeit beliebteste Theaterstück heißt: Meine Arbeit macht mich krank.

Das Ironische: Dieses Stück sorgt selbst für seine Fortsetzung. Denn seine Inszenierung hindert die Menschen daran, sich gegenüber der Anforderung von permanenter Erreichbarkeit abzugrenzen. Warum? Wer sich abgrenzt, geht das Risiko ein, seine kleine Bühne zu verlieren. Sich abgrenzen heißt, nicht mehr dabei sein. Man verpasst etwas, garantiert! Viele Menschen können das nicht mehr aushalten. Der Resonanzbedarf wird zur Abhängigkeit. Dann lieber online bleiben, alles mitbekommen und ... schon ist man in der Falle. In der »Jochen-Falle«.

Ich habe sie so getauft. Obwohl ich Jochen nie persönlich kennengelernt habe, weiß ich viel über ihn.

Regio-S-Bahn nach Bremen. Eine Mischung aus Berufspendler-Zug und ICE-Zubringer. Eng und stickig. Als Hühnerfarm würde der Zug geschlossen. Wegen Verstoßes gegen die Geflügelhalteverordnung. Aber es ist unterhaltsam und ich bekomme alles mit. So auch das Gespräch zwischen zwei jungen Damen, beide angemessen präpariert für den täglichen Auftritt auf der Bürobühne. »Also, ich weiß nicht, warum du das mit dir machen lässt!«, sagt die eine. »Ich weiß es auch nicht«, sagt die andere. »Beim nächsten Mal sag ich Nein. Darauf kannst du dich verlassen. Es reicht jetzt!« Im Laufe des Gesprächs erfahre ich, dass es um ungeplante Überzeiten und Mehrarbeit geht. Und es geht auch um Jochen. Wenn man den Beschreibungen der beiden trauen darf, dann handelt es sich bei Jochen um eine moderne Form des Lehnsherrn, dem alle Büroinsassen

> »Beim nächsten Mal sag ich Nein.«

zu freiwilligem Vasallendienst verpflichtet sind. Übler Typ, dieser Jochen. Ich leide mit. Dann klingelt das Telefon. Die Jochen-Mitarbeiterin nimmt ab. Sie hört die Stimme und ihr gerade noch grimmiges Gesicht bekommt einen freundlich-verklärten Ausdruck. Dreimal dürfen Sie raten, wer anruft. Klar! Jochen-Lehnsherr. Und jetzt hören Sie sich diesen Dialog an: »Hallo Jochen! ... Na klar habe ich heute Abend Zeit! ... Du, das ist doch selbstverständlich!« »Du hast doch nicht wieder Ja gesagt?« fragt die Andere. Doch, hat sie. Eigentlich sei es abends doch immer ganz nett. Jochen würde ja auch immer die Gleichen fragen. Und wenn sie nicht zusage, dann würde er wahrscheinlich Melanie fragen. Und sie wäre draußen und das ginge gar nicht. Jochen hat's raus! Clevere Lehnsherrn und -frauen haben schon immer mit Grenzen spielen können. Und genau das ist das Problem:

> Nicht die Veränderungen in der Arbeitswelt sind die Geißel, sondern die fehlende Verarbeitungskapazität.

Solange wir Abgrenzung nicht beherrschen, ist Entgrenzung Gift! Dabei habe ich überhaupt nichts dagegen, dass die Trennlinien zwischen Beruf und Freizeit durchlässig geworden sind. Diese Flexibilität bringt viele Vorteile. Aber nur, wenn wir bewusst damit umgehen. Wenn jeder für sich selbst entscheidet: Bis hierher vermische ich die Bereiche, und nicht weiter. Wo Grenzen flexibel werden, muss jeder Mensch seine Grenze selbst ziehen. Und sich daran halten. Sonst droht ihm wirklich Stress. Nicht durch die Arbeit, aber durch seine Unfähigkeit, mit den veränderten Arbeits- und Lebensbedingungen umzugehen.

Erinnern Sie sich noch an den alten Stones-Song? Gute Anleitung: You better stop, look around ... Here it comes. Here comes your nineteenth nervous breakdown.

Was uns krank macht, ist nicht die Arbeit. Sondern die Gesamtinszenierung unseres Lebens. Ein entgrenztes Theaterstück: zu viele Inszenierungen, zu viele Bühnen und viel zu wenig Abgrenzung. Die Arbeit ist ein herausgehobener Teil der Inszenierung. Attraktiv, aber mit tückischen Belastungen. Die Schauspieler sinken erschöpft zu Boden. Die Arbeit wird zum Schurken erklärt! Der Vorhang senkt sich.

Irrtum 3
Ohne Druck keine Ergebnisse

Der freundliche Mitarbeiter am Empfang hatte ihn mir zu lesen gegeben. Auch die Assistentin hatte die Zeitung hochgehoben, auf den Artikel gezeigt und resigniert den Kopf geschüttelt. Und jetzt liegt die Zeitung aufgeblättert auf dem Besprechungstisch vor meinem Gesprächspartner. »Ich bin fest entschlossen, das Unternehmen zurück in die Gewinnzone zu bringen!« steht da im Wirtschaftsteil der überregionalen Zeitung in fetten Buchstaben über einem Interview.

Eine Mischung aus Hilflosigkeit und Wut sitzt mir gegenüber. »Er redet mit uns wieder mal über Bande. So macht er das immer. Wenn er hier nicht weiter kommt, dann redet er mit seinen Freunden bei der Wirtschaftspresse. Und wir erfahren es dann aus der Zeitung. Toll, was? Wenn Sie ihm das nicht abgewöhnen, dann sollten wir das Projekt nicht starten!«

Seine Philosophie: Am Ende erzielt man ohne Druck keine Ergebnisse.

Es geht um ein Reorganisationsprojekt in der Produktion, von dem sich das Unternehmen einen erheblichen Produktivitätszuwachs verspricht. Dem Sprecher der Geschäftsführung geht alles nicht schnell genug. Offensichtlich neigt er zu indirekten Drohungen. Notfalls spannt er auch die Presse ein. Um Drohungen geht es auch in dem Interview, das jetzt aufgeschlagen vor uns auf dem Tisch liegt. Von einem alternativlosen Projekt ist da die Rede. Wenn die Produktivitätsreserven nicht zügig und konsequent erschlossen würden, dann sei eine Verlagerung von Arbeitsplätzen nicht zu vermeiden. Bombenabwurf nenne ich diese Art von Drohung. Ich habe den Chef auf dieses Vorgehen angesprochen. Die Aufregung konnte er überhaupt nicht verstehen. In seinen Augen war das Ganze ein genialer Schachzug. Große Managementkunst. Seine Philosophie: Am Ende erzielt man ohne Druck keine Ergebnisse. Und wenn die strategische Ausrichtung auch von renommierten Wirtschaftsjournalisten geteilt wird, dann müssten doch auch die letzten Schlafmützen im Unternehmen wach werden.

Es war mir sofort klar, dass ich ihm das niemals abgewöhnen würde. Also habe sich unsere Wege einige Gespräche und Wochen später getrennt. Für Bombenabwürfe liefere ich keine Munition.

Andererseits: Jeder kennt die Beziehung von Druck und Ergebnis. Nehmen wir dieses Buch als Beispiel. Ohne konkreten Abgabetermin hätte ich es niemals fertig geschrieben. Hat der Bombenwerfer also doch Recht? Was ist dran an dieser Drucktheorie? Wie kann man überhaupt Druck machen?

Die Druckmacher

Mir ist schon klar, was mein Bombenwerfer erreichen möchte: Die Mitarbeiter sollen sich mit seinen Zielen identifizieren und sie mit aller Kraft verfolgen. Und das bitte pronto! Vorsichtige Annäherung wird als Uneinsichtigkeit oder Verweigerung gedeutet. Also muss man Druck aufbauen, dann wird es schon vorangehen. Wenn er sich da nicht mal täuscht. Zumal er eine besonders heikle Form gewählt hat, das Drohen. Gibt es weitere?

Ja! Fünf sind in Managementkreisen sehr beliebt. Ich nenne sie das Druckmacher-Quintett. Beliebt heißt aber noch lange nicht wirkungsvoll. Lassen Sie uns gemeinsam überprüfen, was das Quintett bewirkt.

Druckmacher Nr. 1: Verhalten kanalisieren

Max Webers bürokratische Herrschaft ist der Ahnherr dieses Druckmachers. Durch Spielregeln, Verfahrensvorschriften und Verhaltensanweisungen soll der Handlungsspielraum der Mitarbeiter eingeengt werden. Da nicht wenige Leute der Auffassung sind »Regeln sind dazu da, umgangen zu werden«, muss es etwas geben, das den Regeln Autorität verleiht: ein abgestuftes System von Strafen. So wie die Blitzer am Straßenrand. Deren Effektivität ist umstritten wie die von jedem Regelsystem. Die Kritiker sagen: Weiß doch sowieso jeder, wo die Blitzer stehen. Da wird dann für eine kurze Zeit die Höchstgeschwindigkeit eingehalten und danach wird wieder gerast. Die Befürworter halten dagegen: Wenn man die Blitzer an den Unfallbrennpunkten aufstellt, dann reicht schon eine vorübergehende Reduzierung der Geschwindigkeit, um die Unfallhäufigkeit zu reduzieren.

»Wer nach den Prozessvorschriften arbeitet, ist selber schuld!«

So ist das mit Regeln, Vorschriften und Anweisungen: Durch Sanktionen kann man ihre Einhaltung allenfalls situativ garantieren. Es sei denn, man entschließt sich zu einer flächendeckenden Überwachung. Und in den Unternehmen?

Verfahrensvorschriften und Verhaltensanweisungen, so weit das Auge schauen kann. Wie beantragt man den Urlaub? Wie ist mit der Gleitzeit umzugehen? Wie ist ein Fertigungsplan zu erstellen und ein Werkstück zu bearbeiten? Und dann die Gegenseite: »Wer nach den Prozessvorschriften arbeitet, ist selber schuld!« Ein Leitsatz, den ich schon häufig gehört habe. Konsequenzen und Sanktionen sind selten.

Also diesen Druckmacher kann man getrost vergessen. Sanktionierte Spielregeln und Vorschriften entfalten nur einen mäßigen Druck. Gleichzeitig stimulieren sie die fantasievolle Suche nach dem Schlupfloch, durch das man sich den Regeln entziehen kann. Das deutsche Steuerrecht ist dafür ein Paradebeispiel.

Druckmacher Nr. 2: Verbrüderung

Das ist eine klammheimliche Form der Einflussnahme. Durch Zuwendung, Interessenvertretung und eine Strategie der Wertschätzung wird Bindung erzeugt. Aus Bindung entsteht Loyalität. Fred, ein interner Kollege, war Weltmeister darin, solche Verpflichtungsstrukturen zu knüpfen. Er betreute das Nachwuchs-Förderungsprogramm seines Unternehmens. Über Jahre hinweg unterstützte er die Teilnehmer, wo immer es ging. Er hat ihre Karriereinteressen im Unternehmen sehr wirkungsvoll vertreten. Natürlich ist daraus eine starke Bindung zu Fred erwachsen. Er stellte ein attraktives Alumni-Programm zur Verfügung. Alte Teilnehmer, die bereits Karriere im Unternehmen gemacht hatten, trafen neue Nachwuchskräfte. Sie können sich vorstellen, dass interessante Verknüpfungen entstanden. Und Fred, der große Verbrüderer, zog die Fäden.

Loyalität ist ein Beziehungskapital, das immer wieder verzinst wird. Verbrüderung wirkt auf die gleiche Weise. Und wie werden die Zinsen ausgezahlt? Die Interessen der Bruderschaft werden berücksichtigt. Man verpflichtet sich, in ihrem Sinne zu agieren. Tut man es nicht, dann wird dieses Verhalten durch Entzug der Zugehörigkeit bestraft.

Und Freds Bruderschaft? Ein außergewöhnlich starker Zusammenhalt mit einem klaren Verhaltenskodex: Wir beeinflussen das Unternehmen in unserem Sinne. Was nicht immer im Sinne des Unternehmens war. Durch Verbrüderung war ein Machtfaktor mit hohem Einflusspotenzial herangewachsen, der sich der offiziellen Kontrolle entzog. Mit Fred als heimlichem Personalleiter.

Verbrüderung ist eine sehr indirekte Form der Einflussnahme, die aber hochwirksam ist und starken Druck auf die Mitglieder der Bruderschaft ausübt. Leider ist sie kaum zu steuern, wie man an dem Beispiel sieht. Diese Form des Drucks ist also auch nicht zu empfehlen, wenn man Ergebnisse im Sinne des Unternehmens erzielen will!

Druckmacher Nr. 3: Einlullen

Kühe, die mit Namen angeredet werden, geben mehr Milch.

Ein Druck, der ganz verdeckt wirkt. Zugegeben! Meine Bezeichnung »Einlullen« ist zugespitzt. Eigentlich geht es um Zufriedenheit. »Glückliche Kühe geben mehr Milch.« Die letzte Nachricht von der Universität Newcastle: Kühe, die mit Namen angeredet werden, geben noch mehr Milch. Leider kann man die Kühe nicht nach ihren Beweggründen fragen.

Die Nummer mit den Kühen soll angeblich auch bei Mitarbeitern funktionieren. Zufriedene Mitarbeiter geben mehr Leistung, ein Führungs-Perpetuum-Mobile. Nachweisen konnte man das bislang allerdings nicht. Es gibt keine einigermaßen haltbare Verbindung zwischen Zufriedenheit und Leistungsindizes, weil weder Leistung noch Zufriedenheit wirklich zuverlässig zu messen sind. Wenn ich mich selbst als zufrieden einstufe, bin ich dann tatsächlich mit meiner Arbeitssituation zufrieden oder einfach nur bescheiden geworden? Resignative Arbeitszufriedenheit nennt man das. Ein Klient von mir formulierte es drastisch: »Du kannst den Rhein aufwärts fahren und du triffst nur beschissene Unternehmen. Du kannst den Rhein abwärts fahren und du triffst nur beschissene Unternehmen. Also bleibe ich in diesem Scheißladen!«

Trotzdem: Diese Perpetuum-Mobile-Hoffnung kann man Führungskräften nicht ausreden. Also hinein in das Thema Zufriedenheit. Maßgeblich wird sie durch die Arbeitssituation beeinflusst, da sind sich die Zufriedenheitsforscher ziemlich sicher. Arbeitssituation, das sind soziale Faktoren wie Anerkennung, Autonomie und Kooperationsklima. Aber auch emotionale Faktoren wie Stolz und Spaß; intellektuelle Faktoren wie Herausforderungen und Sinnhaftigkeit und letztlich auch materielle Faktoren wie Arbeitsbedingungen, Organisation, Abläufe und objektive Entlohnung.

Ganz schön viele Einflussgrößen, oder? Wenn man alle Studien auswertet, dann kommt man gut und gerne auf ein halbes Hundert Faktoren. Das ist schon unübersichtlich genug. Reicht aber noch nicht. Menschen reagieren unterschiedlich auf Situationen. Sie haben Präferenzen. Für die einen ist Autonomie wichtiger, für die anderen Geselligkeit. Sie nehmen Situationen auch unterschiedlich wahr. Was für den einen eine schöne Herausforderung ist, mag für einen anderen schon Belastung sein. Hinzu kommt, dass Arbeit und die damit verbundenen Ziele für jeden eine andere Bedeutung haben …

Strich darunter. Eigentlich wollen uns doch die vielen Untersuchungen mit ihren hunderten Variablen nur sagen: Wir wissen nicht, wie es funktioniert.

Unternehmen verhalten sich entsprechend. Sie versuchen alles und jedes. Das Gießkannenprinzip. Angeheizt wird das immer wieder durch Kassandra-Rufe. Der Gallup-Engagement-Index weist aus, dass ein Viertel der Mitarbeiter keine Bindung zum eigenen Arbeitsplatz hat. Rundstedt legt noch eins drauf: 46 Prozent würden ihren Arbeitgeber verlassen, wenn ihnen ein besseres Angebot vorläge. Und die Hay-Group prognostiziert bereits für 2018 eine durchschnittliche Fluktuationsrate von 15 Prozent.

> Wenn die Bequemlichkeit immer noch größer ist als die Unzufriedenheit, dann kann das Elend nicht so groß sein.

Nun ist der Arbeitsmarkt für Fachkräfte überdurchschnittlich gut. Eigentlich müsste eine regelrechte Wanderungsbewegung einsetzen. Tut sie aber nicht. Wenn die Bequemlichkeit immer noch größer ist als die Unzufriedenheit, dann kann das Elend nicht so groß sein.

Also Fehlanzeige: Ein Zusammenhang zwischen Zufriedenheit und guten Ergebnissen ist nicht nachzuweisen. Und ob die Mitarbeiter bleiben, weil sie zufrieden sind oder nur bequem, weiß auch keiner ganz genau. Hab' ich doch gesagt, würde mein Bombenwerfer sagen, dieses ganze Zufriedenheitsgesülze bringt nichts! Erzeugt keinerlei Druck auf die Ergebnisse. Dieses Mal gebe ich ihm Recht!

Druckmacher Nr. 4: Überreden

Was haben Budapest (die Sache mit dem Ausflug der Versicherer) und Google gemeinsam? Sie setzen auf den gleichen Mechanismus.

Materielle Anreize von außen! Nur die Bedürfnisse der Zielgruppe sind andere. Was der Anreiz in Budapest war, dass ist ja in den Medien ausführlich breitgetreten worden. Und Google? Ein eigenes Büro-Biotop, eine Mischung aus Disneyland und New York City. Videokonferenzen in Riesenstrandkörben, Besprechungen in nachgebauten Flugzeugkabinen (Hamburg) oder Iglus (Zürich). Arbeit als Dauer-Event.

Mitarbeiter werden in beiden Fällen durch Anreizsysteme zu Leistungen überredet. Leistungen zu »incentivieren« ist eine Allzweck-Droge. Wobei manche Incentivierung haarscharf an der Bestechung vorbei schlittert. Kurzfristig kann Überreden Leistung stimulieren; langfristig setzt man sich mit dieser Strategie auf eine schiefe Ebene und rutscht in Richtung immer ausgefallenerer Incentives und Belohnungen. Das Alte wird nach kurzer Zeit fad und das Neue muss noch ausgefallener und spektakulärer sein.

Überreden ist Einflussnahme mit kurzem Verfallsdatum. Überreden ist Einflussnahme mit kurzem Verfallsdatum. Wenn viel Geld da ist, kann man bei diesem Incentive-Spiel eine Zeit lang mitmachen. Die Wirkung? Nur vorübergehend beachtlich. Und der Druck? Kaum zu spüren!

Druckmacher Nr. 5: Drohen

Kanalisieren bringt wenig. Verbrüderungen können nach hinten losgehen. Einlullen und Überreden bringen so gut wie gar nichts. Warum dann nicht gleich ein härteres Druckkaliber auffahren und drohen, so wie es der Bombenwerfer getan hat: Wenn ihr bei der Veränderung nicht mitspielt, dann verlagere ich die Arbeitsplätze ins Ausland. Natürlich erzeugt diese harte Einflussnahme Wirkung. Allerdings gibt es zwei Effekte, die ihre Wirkung erheblich reduzieren.

Der erste Effekt: Wer droht, muss auch exekutieren können und wollen. Manchmal stellt man fest, dass man sich durch das Exekutieren auch selbst erheblich schadet. So wie in einer kleinen Familienkrise, deren Zeuge ich vor einigen Monaten wurde. Ich saß in einem Café, als das Drama seinen Lauf nahm. Am Nebentisch Eltern mit Sohn. Sohn geschätzt 13, also kurz vor der Pubertät und damit tendenziell schwierig. Normale Maulligkeit und eine demonstrativ zur Schau gestellte Unlust. Das Gespräch eskaliert, als die Sprache auf die Schule kommt. Sohnemann ist mit einer schlechten Note nach Hause gekommen. Katastrophale Deutscharbeit. Pauken ist jetzt angesagt, sagt der Vater. Sohnemann sieht das nicht ein. Da platzt dem Vater der Kragen. »Wenn du dich heute Nachmittag nicht hinsetzt und deine Hausaufgaben machst und die Arbeit korrigierst, dann gehen wir heute Abend nicht in *Der kleine Hobbit*!« Vaters Drohung erzeugt eine mittelprächtige Wirkung. Kurz darauf wird Sohnemann von Mutter losgeschickt, um noch eine Besorgung zu machen. Jetzt Mutter und Vater allein. Sie reden über den abendlichen Kinobesuch. Eigentlich freut sich Vater am meisten darauf. *Der kleine Hobbit* ist sein Lieblingsbuch, das erste, das er selbst gelesen hat. Er ist gespannt wie ein Flitzebogen, wie Peter Jackson das umgesetzt hat. Ist das nicht irre? Warum droht dieser Mann etwas an, unter dem er selbst am meisten zu leiden hat? Alternative: Vater und Mutter gehen allein, Sohnemann bleibt zu Hause. Und wenn die beiden zurückkommen, bitte in den höchsten Tönen von dem Film schwärmen. Klingt brutal? Mag sein! Wer Schiss vor der Exekution hat, der sollte auch nicht drohen.

Und im Business? Gleiches Spiel, andere Spieler! Eine typische Situation hat mir ein Personalleiter berichtet: Da ist eine Führungskraft sehr unzufrieden mit einem Mitarbeiter. Nach Rücksprache mit Kollegen wird deutlich, dass auch aus deren Sicht das Arbeitsverhalten nicht tragbar ist. Selbst der Betriebsrat ist irritiert über das Verhalten. Als auch eine Abmahnung nichts verändert, wird die Kündigung eingeleitet. Im letzten Moment bekommt der Chef kalte Füße. Warum? Er hat Sorge, dass er keinen Nachfolger findet. Der Rückzug bewirkt, dass die Leistungen des Mitarbeiters noch unterirdischer werden. Jetzt weiß er ja, dass er es mit Papiertigern zu tun hat.

> Wer Schiss vor der Exekution hat, der sollte auch nicht drohen.

Der zweite Effekt ist genauso kritisch. Er hat mit dem alten Prinzip Actio gleich Reactio zu tun. Sie kennen das, auch wenn der Physikunterricht schon etwas verblasst ist. Isaac Newtons drittes Gesetz: Übt ein Körper auf einen anderen Körper eine Kraft aus, dann wirkt eine gleich große, aber entgegen gerichtete Kraft zurück. Das Prinzip gilt natürlich für alle Formen der Einflussnahme. Beim Drohen kann man es besonders gut beobachten.

Mit vollgeschissenen Hosen kannst du nicht weit springen!

Drohen erzeugt Gegenkräfte, die in zwei Richtungen wirken können. Die eine Richtung: Mitarbeiter mobilisieren das individuelle Notprogramm. Sie ziehen sich zurück und schützen sich. Anpassung, Unterordnung und Gehorsam sind die Konsequenz. Taktisches Verhalten dominiert. Sie überlegen sich ganz genau, was sie sagen und tun. Nichts ist es mit der erwarteten Ergebnissteigerung! Mit vollgeschissenen Hosen kannst du nicht weit springen, hat mir mein Vater mit auf den Weg gegeben. Das Gleiche gilt für Mitarbeiter, die mit Angst auf Drohungen reagieren. Weit springen tun die auch nicht mehr!

Die andere Richtung: aktiver Widerstand gegen geplante Maßnahmen. Der Betriebsrat wird mobilisiert, das Engagement geht zurück, der Fehlstand steigt und in allen Meetings wird geschimpft. Die Kompromissbereitschaft geht zurück. Überzeiten werden abgebaut. Pünktlich Schluss machen als Vorstufe zum Dienst nach Vorschrift.

So war das auch im Unternehmen unseres Bombenlegers. Die Auseinandersetzung mit dem Zeitungsinterviews kostete so viel Zeit, dass die Produktivität sofort zurückging. In den Tagen danach konnte man beide Gegenkräfte in Reinkultur beobachten. Am Ende hatte die ganze Aktion nur den Effekt, dass Produktivitätsziele über Wochen hinweg nicht erreicht wurden.

Eine Drohung macht viel her! Tatsächlich ist sie aber eine sehr brüchige Einflussnahme. Wenn diese Strategie überhaupt erfolgreich sein soll, dann muss ein dauerhaftes Drohpotenzial aufgebaut werden. Ein hoher Preis für einen sehr geringen Effekt. Ergebnisse und Leistung können durch diese Strategie nicht gesteigert werden.

Der wundersame schwarze Kasten

Na! Was sagen Sie jetzt zu dem berühmten Druckmacher-Quintett? Interessante Musik! Vielseitig. Umschmeichelnd beim Überreden und Einlullen, mit strengem Rhythmus beim Einengen, emotionalisierend durch Verbrüderung und mit ordentlichem Getöse beim Drohen. Chefs lieben diese Musik, Mitarbeiter sind gelegentlich beeindruckt. Leider bewegt sie nichts. Wenn die Coda verklungen ist, löst sich die Wirkung in Wohlgefallen auf! Woran liegt das?

Der Fehler liegt in der Grundannahme. Das gesamte Druckmacher-Quintett geht davon aus, dass Menschen sich von außen beeinflussen lassen. Ich glaube, dass ist eine Fehleinschätzung. Hinter der Fehleinschätzung steht ein kurioses Menschenbild.

Sie kennen diesen Schnack? »Wenn die Arbeit in mein Büro kommt, dann verhalte ich mich ganz leise und hoffe, dass sie von allein wieder verschwindet.« Klassischer Fall, werden viele sagen. So ticken Menschen nun einmal. Der Mensch hat eine angeborene Abneigung gegen Arbeit. Sobald die Anstrengung naht, neigt er zur Flucht. Führung heißt dann: Türen abschließen, Druck aufbauen und durch Einflussnahme von außen zur Arbeit verpflichten. Douglas McGregor hat diese Annahme als Theorie X bezeichnet. Sie funktioniert wie ein sich selbst erfüllendes Menschenbild. Wer so über Menschen denkt, wird sofort Beispiele finden, die ihn bestätigen. Zweifellos ist der Bombenwerfer ein Anhänger dieser Theorie. Leider funktioniert sie nicht. Vermutlich hat sie seit dem Ende der Leibeigenschaft nicht mehr funktioniert.

McGregor stellt dem ein anderes Menschenbild gegenüber, die Theorie Y. Menschen arbeiten gerne und haben ein tief in ihrem Selbst verankertes Leistungsmotiv. Klingt sehr idealistisch. Hat dem guten Douglas auch viel Kritik eingebracht, wie man ja die gesamte Humanistische Psychologie der Naivität beschuldigt hat. Douglas ist eingeknickt und hat mit der Theorie Z einen Kompromissvorschlag unterbreitet. Gott sei Dank war das Alphabet dann zu Ende.

Dennoch sind die Überlegungen von McGregor bedenkenswert. Aus der Systemtheorie wissen wir, dass alle lebendigen Systeme selbstreferenziell sind. Sie verarbeiten externe Steuerungsimpulse nach einer internen Logik, die einer Programmierung von außen nicht zugänglich ist. Also vergessen wir einfach die Idee, dass man Mitarbeiter von außen unmittelbar beeinflussen kann. Und zwar so, dass sie gewünschte Ergebnisse erreichen. Was bewegt sie dann?

<small>McGregor ist eingeknickt und hat mit der Theorie Z einen Kompromissvorschlag unterbreitet. Gott sei Dank war das Alphabet dann zu Ende.</small>

Überzeugen ist für mich immer noch die Einflussnahme mit der größten Wirkung. Allerdings ist sie mühselig, denn letztlich soll der Mitarbeiter aus eigenem Wollen und mit tiefer Überzeugung ein bestimmtes Ziel anstreben. Nicht weil er

<small>Kann man sich wirklich darauf verlassen, dass Überzeugung wirkt?</small>

belohnt wird oder Sanktionen zu befürchten hat, übernimmt er eine Aufgabe, sondern weil er es will, weil er es als seine Pflicht ansieht und überzeugt ist, dass er dies dem Unternehmen schuldet. Klingt archaisch, oder? Eine reichlich konservative Wertstruktur aus Pflicht, Einsicht und Wollen. Vielleicht fällt es vielen Führungskräften gerade deswegen so schwer, sich auf diesen Prozess der Einflussnahme einzulassen. Ich muss gute Argumente dafür haben und die auch noch glaubwürdig transportieren. Nur dann habe ich eine Chance, überzeugend zu wirken. Kann man sich wirklich darauf verlassen, dass Überzeugung wirkt?

Verlassen kann man sich auf gar nichts. Menschliches Verhalten ist keine Trivialmaschine. Mit Überraschungen ist zu rechnen. Meine eigenen Führungs- und Arbeitserfahrungen haben aber immer wieder bestätigt, dass man dem Leistungsmotiv vertrauen kann. Und Vertrauen ist erforderlich, denn sehen kann man es nicht.

Ich verwende das Bild der Black Box. Man kann sehen, was in die schwarze Kiste hineingeht, und man kann beobachten, was herauskommt. Aber was drinnen vor sich geht, das entzieht sich dem neugierigen Blick. Für die meisten Menschen ist der Computer oder das Smartphone so eine typische Black Box. Mit grenzenloser Zuversicht geben sie ihre Daten ein und hoffen auf das gewünschte Ergebnis. Das die kleine Box sich selbstständig macht, ein Bewegungsprofil entwickelt und dann seinem eigentlichen Herrchen schickt, steht auf einem anderen Blatt. Ehrlich gesagt vertraue ich Menschen mehr als diesen Kisten.

Auch der Prozess der Leistungserbringung ist so eine Black Box. Wünsche, Sehnsüchte, Ziele, Verhalten, Kompetenzen, Rahmenbedingungen und vieles andere mehr geht in die schwarze Kiste hinein und Spitzenleistungen kommen heraus. Aber warum gerade diese Kombination von Inputs diese Art von Leistungen hervorbringt, bleibt unklar. Geben wir dieser Black Box einfach den Namen Leistungsbereitschaft oder Leistungsmotiv.

Für David McClelland, Psychologe und Mediziner an der Harvard Medical School, ist das Leistungsmotiv eines der »Großen Drei«, so hat er sie getauft. Die beiden anderen sind das Macht- und das Zugehörigkeitsmotiv. Natürlich kann man über diese Einengung auf drei zentrale Motive streiten. Aber immerhin konnte er nachweisen, dass die Anregung dieser Motive mit der Ausschüttung von Neurotransmittern verbunden ist. Sie sind also locker gesagt fest verdrahtet.

Überzeugen bedeutet, auf dieses Leistungsmotiv vertrauen und den Mitarbeiter in eine Selbstverpflichtung bringen. Glauben Sie mir, diese Selbstverpflichtung löst einen viel stärkeren Druck aus, als es fremde Einflussnahmen jemals könnten. Es hat ja auch wenig Sinn, auf eine Black Box Druck auszuüben, oder? Wir wissen ja noch nicht einmal genau, ob die Box den Druck überhaupt wahrnimmt.

Für mich bleibt es dabei: Überzeugen ist die wirksamste Methode, Einfluss auszuüben. Wer von seinen Mitarbeitern gute Ergebnisse und Spitzenleistungen erwartet, der kommt um Überzeugungsarbeit nicht herum!

Heißt das: Jeder Mitarbeiter, der morgens ins Büro oder in die Werkstatt geht, ist leistungsbereit?

Das große Missverständnis

Vorsicht: großes Missverständnis. Jeder, der da rein schleicht, verfügt über ein mehr oder weniger stark ausgeprägtes Leistungsmotiv. Aber nicht jeder kommt zur Arbeit, um etwas zu leisten. Das ist eines der ganz großen Missverständnisse rund um die Arbeit. Chefs nehmen an, dass die Mitarbeiter zur Arbeit kommen, um etwas zu leisten und dabei Geld zu verdienen. Das mag für sie selbst zutreffen, aber bei Mitarbeitern kann es auch anders sein. Wenn sie nichts leisten wollen, warum sollten Menschen dann zur Arbeit gehen, werden Sie fragen.

Ich kann Ihnen sofort ein weiteres starkes Motiv sagen: Geselligkeit und Zugehörigkeit. Man lernt interessante Leute kennen. Arbeit strukturiert den Tag und beugt der Langeweile vor. Man kann sich selbst präsentieren (Machtmotiv) und manchmal kann man sich auch selbst verwirklichen. Und vor allen Dingen, man gehört irgendwie dazu (Zugehörigkeitsmotiv). Ein wertgeschätztes Mitglied einer attraktiven sozialen Gemeinschaft zu sein ist ein starkes Motiv. Das zeigen auch Studien mit Langzeitarbeitslosen; denn genau das geht denen verloren.

> Arbeit strukturiert den Tag und beugt Langeweile vor.

Es gibt noch einen weiteren wichtigen Grund, zur Arbeit zu gehen. Die Arbeit ist eine Sphäre, in der man sein Entertainment-Bedürfnis ausleben kann. Die daily reality soap! Ich spiele mit und bekomme sogar ein Honorar, einen Beitrag zur unerlässlichen Absicherung des Lebensunterhalts. Einige träumen sogar von der Hauptrolle in dieser oder einer anderen Soap. Man nennt das dann Karriere.

Wenn Geselligkeit und Zugehörigkeit nicht mehr funktionieren, dann kommen Mitarbeiter einfach nicht mehr gerne zur Arbeit, selbst wenn sie etwas leisten wollen. Aber wer sagt schon gerne: Die Arbeit ist nicht mehr gesellig und unterhaltsam. Da ist es doch viel kommoder zu sagen: Wir fühlen uns nicht richtig motiviert und werden bei nächster Gelegenheit die Soap wechseln.

Die Leistungsbereitschaft wendet sich bei diesem Kuddelmuddel genervt anderen Lebenssphären zu.

Und jetzt passiert das zweite große Missverständnis. Die Chefs nehmen die Mitarbeiter beim Wort und versuchen sich als Motivationskünstler. Meistens greifen sie in das materielle Füllhorn. Überredung pur! Ab auf die schiefe Ebene und gemeinsam rutschen wir nach Budapest. Oder wohin auch immer. Aber garantiert nicht in Richtung höherer Zufriedenheit und besserer Ergebnisse.

Und die Leistungsbereitschaft? Die bleibt bei diesem abenteuerlichen Kuddelmuddel auf der Strecke und wendet sich genervt anderen Lebenssphären zu.

Ein typisches Beispiel: Ich war zufällig Zeuge eines Gesprächs zwischen einigen Führungskräften. Es ging darum, festzulegen, wer an einem Förderprogramm teilnehmen sollte. In einem Punkt war man sich schnell einig. Dieter nimmt nicht teil. Zu wenig Engagement, zu wenig Einsatzbereitschaft. Dem fehle das Energiepotenzial. Einer verstieg sich sogar zu der humorig gemeinten Aussage, dem könnte man im Laufen die Schuhe besohlen.

Ich bin Dieter dann einige Wochen später begegnet. In einem Waldstück in der Nähe des Hotels, in dem ich immer übernachte, wenn ich für diesen Kunden arbeite. Ich quälte mich gerade durch eine bescheidene Joggingrunde, als er mich mit hohem Tempo überholte. Er erkannte mich, und wir sind dann einige Meter nebeneinander her getrabt. Er laufe Ultramarathon und sei in den letzten Vorbereitungen auf das nächste Rennen, deswegen müsse er gleich wieder in seinem üblichen Tempo weiterlaufen, entschuldigte er sich und gab Gas. Von wegen Schuhe besohlen! Ich bezweifle, dass seine Chefs eine Chance gehabt hätten, ihm auf einem Fahrrad zu folgen. Selbst als geübte Radfahrer nicht.

Und das ist das dritte Missverständnis. Chefs schließen gerne von dem aktuellen Leistungsverhalten ihrer Mitarbeiter auf das Leistungsmotiv. Wenn Mitarbeiter mit reduziertem Engagement arbeiten, dann sind sie nicht motiviert. Und dann wollen sie Dieter die Schuhe besohlen. Blödsinn! Das Leistungsmotiv verschwindet nicht. Es hat sich nur entschlossen, ein anderes Aktionsfeld zu suchen. Eines, auf dem es willkommen ist. Und in welchem Umfeld fühlt sich das Leistungsmotiv willkommen? Autonomie ist wichtig: selbstbestimmtes Arbeiten, eigenverantwortliche Entscheidungen und eine ganzheitliche Aufgabenstellung. Man kann zeigen, was man drauf hat: Die persönliche Kompetenz ist gefordert. Identifikation ist möglich: Man kann sich mit dem, was man tut verbinden, mit Haut und Haaren. Und das Ganze ist auch noch sinnvoll und hat eine hohe Bedeutung. Autonomie, Kompetenz, Identifikation und Bedeutung sind die Ingredienzien, die bewirken, dass das Leistungsmotiv richtig Gas gibt. Ein selbstbestimmter Flow. Dieter hat diesen Flow beim Marathon gefunden. Seine Chefs sollten ihm nicht die Schuhe besohlen, sondern sich besser eingestehen, dass sie das Leistungsmotiv vergrault haben.

Summa summarum: Die Aussage »ohne Druck keine Ergebnisse« ist ein Scheinirrtum. Der Bombenwerfer hat recht mit dem Druck, aber er irrt, wenn er glaubt, er könne ihn erzeugen. Das Druckmacher-Quintett entpuppt sich als Scheinriese so wie Herr Tur Tur in Michael Endes Jim Knopf. Aus der Ferne imposant, wenn man es sich näher anschaut: echt harmlos.

> Der Bombenwerfer hat recht mit dem Druck, aber er irrt, wenn er glaubt, er könne ihn erzeugen.

Bombenwerfen macht Krach, bringt aber nichts. Da kann das Leistungsmotiv deutlich mehr Druck erzeugen, wenn es sich willkommen fühlt. Leider entscheidet es völlig unabhängig vom Willen der Bosse, wo es sich niederlässt: in der Arbeit, in der Freizeit, im Sport, bei unseren Hobbys, in der Familie oder wo auch immer. Wird Zeit, dass Bosse diese Trivialweisheit auf den Schirm bekommen. Sie sollten ihr

Druckmacher-Quintett einmotten und sich darauf konzentrieren, die Rahmenbedingungen für den Flow zu verbessern.

Überzeugen statt Druck machen wäre ein guter Anfang!

Irrtum 4
Mitarbeiter rackern sich ab, die Bosse sahnen ab

Meistens verschweige ich auf Partys meinen Beruf. Wenn ich gefragt werde, dann überlege ich mir eine nichts sagende Antwort. Oder etwas ganz Kurioses, das von der Frage ablenkt. Meine Lieblingsantwort: »akademischer Gelegenheitsarbeiter«. Gelächter, Ablenkung, nächstes Thema.

Warum ich das mache?

Antworte ich wahrheitsgetreu mit »Management-Berater und Coach«, dann werde ich garantiert in ein Gespräch über Wirtschaft und die Ungerechtigkeiten des Business verwickelt. Berater und Coach, das sind in den Augen der Partygäste ja Menschen, die sich im Business auskennen. Denen kann man mal sagen, was man immer schon loswerden wollte; stellvertretend sozusagen. Tenor: Das Business ist ungerecht und wird von fiesen Typen regiert. Wenn ich da nicht aufpasse, gibt es eine verbissene Diskussion mit schlechte-Laune-Garantie. Dann lieber »akademischer Gelegenheitsarbeiter« sagen, in fragende Gesichter schauen, die Irritation nutzen und das Thema wechseln.

Neulich fühlte ich mich wieder einmal der Wahrheit verpflichtet, und prompt bin ich in ein typisches Ungerechtigkeits-Gespräch hinein gestolpert. Ich hatte gestanden, dass ich auch Topmanager berate. »Die Typen sahnen doch nur ab!«, erboste sich mein Gegenüber, und schon waren wir mitten in der Diskussion um die Gehälter industrieller Spitzenverdiener. Stein des Anstoßes war Martin Winterkorn. Die Kernaussagen: So viel Geld hat niemand verdient. Das Ganze ist eine schamlose Selbstbedienung.

> Die Kernaussage: So viel Geld hat niemand verdient.

Die üblichen Vorschläge kamen auf den Tisch: Die Gehälter der Topmanager sollten in einer fest definierten Relation zum Durchschnittsgehalt ihrer Mitarbeiter stehen. Oder der Gesetzgeber sollte sie von vornherein begrenzen.

In der Regel kann ich sehr genau vorhersagen, welche Gehaltsobergrenze mein Gesprächspartner für akzeptabel hält. Ich muss nur abschätzen, was das Durchschnittsgehalt der Partygäste ist. Das Zehnfache davon wird mein Gegenüber mir als Obergrenze nennen. Ich habe mir schon überlegt, ob ich das nicht als Gebrauchsmuster schützen lassen sollte – mit »factor ten« als Markenname.

Es gibt viele gute Gründe gegen diese gesetzliche Begrenzung: von Vertragsfreiheit bis zum Gleichbehandlungsgebot. Aber da hilft kein noch so gutes Argument: Bei Gehaltsfragen werden selbst eingefleischte Befürworter der Marktwirtschaft zu Salon-Sozialisten. »Diese Gehälter sind einem hart arbeitenden Mitarbeiter am Band nicht mehr zu vermitteln«, heißt es dann. Insgeheim frage ich mich, wann die wohl das letzte Mal mit einem Band-Mitarbeiter gesprochen haben.

Hilft alles nichts! Die Aussage steht im Raum: Mitarbeiter rackern sich ab und die Bosse sahnen ab. Ist das wirklich so?

Arbeit und Spiele

Solche Debatten sind für mich erstaunlich undifferenziert. Wessen Gehälter sollen begrenzt werden? Die von allen Topverdienern? Wohl nicht! Man hat sich auf Unternehmensleiter eingeschossen. Aber auch da sind nicht alle im Visier der Kritiker. Geschäftsführende Gesellschafter mittelständischer Betriebe verdienen als Unternehmer deutlich mehr als Vorstände großer Publikumsgesellschaften. Im *managermagazin*-Ranking der 500 reichsten Deutschen finden sich mit Paul Achleitner und Rolf Breuer die ersten angestellte Topmanager auf den letzten Plätzen, wenn man vom Privatier Wendelin Wiedeking einmal absieht. Der Rest ist Unternehmer oder Erbe. Bis auf Rang 175, das ist ein Sportler. Aber 497 dieser Topverdiener spielen in der Diskussion über zu hohe Gehälter keine Rolle.

> Sollte Sebastian Vettel auch nur das Zehnfache des Durchschnittsgehalts seiner Mechaniker verdienen?

Man hat sich auf die Vorstandsgehälter in den großen Publikumsgesellschaften eingeschossen. Der Rest interessiert nicht. Also kann es auch nicht um die absolute Höhe des Einkommens oder Vermögens gehen. Ich mache mir das übrigens zunutze und habe einen Trick entwickelt, wie ich diese stimmungstötenden Party-Gehaltsgespräche abrupt beenden kann. Ich frage dann etwas naiv in die Runde: »Ihr seid also der Auffassung, dass Sebastian Vettel auch nur das zehnfache des Durchschnittsgehalts seiner Mechaniker verdienen sollte?« Dazu muss man wissen, dass der gute Sebastian 2013 deutlich mehr verdient hat als Martin W. aus W. Ich ernte nur Kopfschütteln. »Das hat doch überhaupt nichts miteinander zu tun. Das eine ist Sport, das andere ist Business!«

Dann bohre ich weiter: »Dann ärgert ihr euch also nicht darüber, wie viel jemand verdient, sondern wer's verdient und ob er's verdient. Und es gibt Menschen, die haben's verdient! Richtig?« Durch diesen Satz entsteht entweder eine echte Diskussion anstelle des verbalen Tomatenwerfens. Oder mein Gesprächspartner wechselt schnell das Thema, und ich kann mich wieder entspannen. In jedem Fall habe ich wieder Spaß an der Party.

Der sprachliche Blödsinn erfüllt aber noch einen weiteren Zweck, denn er weist auf eine entscheidende Frage hin:

Was ist gemeint? Geht es darum, wie viel Geld ein Mensch einnimmt, oder darum, ob er es auch durch seine Leistung verdient? Denn die Einkünfte sind in vielen Bereichen der Gesellschaft deutlich höher als in der Wirtschaft. Nehmen wir den Sport: Philipp Lahm und Sebastian Schweinsteiger von Bayern München sind mit 10 Millionen Jahresgehalt Spitze in der Fußballbundesliga. Pah! International allenfalls Mittelfeld. Samuel Eto'o von Chelsea führt unter den Fußballern in puncto Einkommen mit 20 Millionen. Sebastian Vettel toppt das mit 25, wird aber in Gehaltsfragen locker von Fernando Alonso mit 35 überholt. Womit bewiesen wäre, dass auch im Sport Leistung allein nicht zählt. Gehaltsspitze im Sport ist das aber noch nicht. Die wird durch die beiden Basketballstars Lebron James und Kobe Bryant markiert, irgendwo bei 45 bis 50 Millionen. Und über allen männlichen Sporthelden schweben zwei Damen, allerdings außerhalb des Sports, Lady Gaga und Madonna. 70 Einkommensmillionen schwer die eine und irgendwo über 100 die andere. Und was vermuten Sie? Wer liegt auf Rang 175 des Reichen-Rankings? Das ist Michael Schumacher.

> Geht es darum, wie viel Geld ein Mensch einnimmt, oder darum, ob er es auch durch seine Leistung verdient?

Regt das irgendjemanden auf? Nein! Ich zumindest kriege es nicht mit. Aber ein erfolgreicher Manager aus Wolfsburg muss sich Jahr für Jahr beschimpfen lassen. Vom Feuilleton bis zur Politik wird der moralische Untergang beklagt und Kavallerie-Peer Steinbrück sattelt bereits die Pferde. Warum wird das eine zum Ärgernis und das andere erzeugt auf den Sport- und Kulturseiten allenfalls ein bewunderndes Raunen? Ganz schön schiefe Maßstäbe! Aber woher kommen sie?

Ich könnte es mir einfach machen und vordergründig mit dem römischen Dichter und Satiriker Juvenal argumentieren: Panem et Circenses. Brot und Spiele. Juvenal wollte mit dieser boshaften Argumentation die Entpolitisierung der römischen Bürger karikieren: Wenn sie zu essen und spannende Unterhaltung haben, dann denken sie nicht mehr über die Verhältnisse nach. Später hat man Panem et Circenses als Anleitung für Diktatoren umgedeutet. Volksverdummung, könnte man diesen Effekt nennen. Nein! Juvenal hat die Bürger selbst gemeint und nicht die Herrscher.

Wer mich gut unterhält, dem sehe ich vieles nach.

Dieses Panem et Circenses pur kann man auch auf den Absahner-Irrtum übertragen: Wer mich gut unterhält, dem sehe ich vieles nach. Die Spitzenverdiener aus Sport und Showbiz stehen für gute Unterhaltung, und die ist allemal ihren Preis wert. Mit Stefan Raab und einer Tüte Chips lachen entschädigt für den Alltag. Wen interessiert schon, dass unser aller Stefan am Ende mehr verdient als ein durchschnittlicher Vorstand? Noch aggressiver hat es der österreichische Künstler Wolfgang Flatz mit seiner berühmten Postkartenaktion aufs Korn genommen: Fressen, ficken, fernsehen – die heilige bürgerlich Drei»f«tigkeit.

Ich will es mir aber nicht einfach machen. Neben der Vorliebe für Circenses gibt es weitere Gründe, warum Topmanager im Mittelpunkt der Gehaltskritik stehen.

Der Realitätsbezug ist einer davon. Was sehen wir vom Handeln der Prominenten im Alltag? Auf der Bühne im Stadion, wo auch immer: Alles, was sie tun, ist eine Inszenierung. Das restliche Leben findet in den Klatschspalten einschlägiger Gazetten statt. Das sogenannte Privatleben wird als Homestory aufgeführt. Und wenn das Leben der Stars mal aus den Fugen gerät, dann wird auch die Entziehungskur noch als Beichte inszeniert. Dass diese glitzernde und manchmal flammensprühende Vorführung mit der Realität kaum etwas zu tun hat, ist jedem klar. Stars aus Musik, Film und Sport bewegen sich in einer fantastischen Scheinwelt. Deswegen stört es auch niemanden, wenn ihr Einkommen ebenso fantastisch ist.

Manager bewegen sich dagegen in der realen Welt des Normalbürgers. Selbst wenn sie sich entschieden haben, die oberen Stockwerke des sogenannten Bullshit Castles zu bewohnen, abgeschirmt vom profanen Business – wenn nicht in Person, so begegnen sie doch mit ihrer Wirkung den Mitarbeitern: mit ihren Entscheidungen und Nichtentscheidungen, mit ihren Aussagen und Ankündigungen. Ihre Leistungen werden im Alltag überprüft. Werden die Ankündigungen mit konkreten Maßnahmen verwirklicht? Und sind sie so erfolgreich, dass es dem Unternehmen und damit auch den Mitarbeitern gut geht? Permanenter Realitätscheck. Im Gegensatz zum Entertainment. Wenn da auf der Bühne von der großen Liebe gesungen wird, dann ist es den Zuhörern doch schnurzegal, ob Sänger oder Sängerin im Alltag liebenswürdig oder gar liebesfähig sind.

Die Leistungen der Manager werden im Alltag überprüft – im Gegensatz zum Entertainment.

Jetzt hat es aber in den letzten Jahren eine verblüffende Wendung gegeben. Das Business selbst ist ein mediales Ereignis geworden. Hunderttausende verfolgen jetzt das Handeln von Managern, die sie gar nicht kennen. Sie betrachten deren Realwelt, als ob sie eine Bühne wäre. Eine Bühne, auf der gerade ein Schurkenstück aufgeführt wird. Und dann kommt es zu dem Phänomen der Empörung aus der Distanz. Das Interessante ist: Diejenigen, die mit den Geschmähten unmittelbar oder mittelbar zusammenarbeiten, empören sich nicht.

So hängen die Manager zwischen Baum und Borke. Horrender Imageverlust im Urteil aus der Distanz und ein hohes Glaubwürdigkeitsrisiko bei den eigenen Mitarbeitern. Die können Authentizität und Nachhaltigkeit des Managementhandelns jederzeit überprüfen. Zumindest glauben sie das.

Warum diese Einschränkung? Sie führt zum zweiten wichtigen Grund, warum Managergehälter mit anderen Maßstäben gemessen werden.

Elliott Jaques, ein kanadischer Psychoanalytiker und Organisationsforscher, hat auf ein Phänomen hingewiesen, dass er »time span« nennt. Betriebliche Führungsebenen unterscheiden sich erheblich durch den zeitlichen Entscheidungshorizont. Vereinfacht: Der Erfolg von Entscheidungen an der Unternehmensspitze kann erst in einigen Jahren wirklich beurteilt werden. Ist es sinnvoll, in e-mobility zu investieren? Wird sich die Ausweitung des Produktportfolios bewähren? Ist es klug, den amerikanischen Markt mit einem Joint Venture zu erschließen? Alles Fragen, die nicht unmittelbar nach einer Entscheidung zu beurteilen sind, sondern erst mit zeitlicher Distanz.

Mitarbeiter haben auf jeden Fall einen kürzeren Entscheidungshorizont, zumindest im Business. Sie überprüfen, ob sich sofort etwas tut. Sie wollen unmittelbare Konsequenzen sehen. Die Enttäuschung ist groß, wenn nichts passiert. Die da oben sind mit sich selbst beschäftigt, so der Vorwurf. Hoch bezahlter Büroschlaf mit gelegentlichen Wachphasen, um die Tantiemen anzulegen. Entspricht zwar ganz und gar nicht der Realität und Arbeitsbelastung an der Unternehmensspitze, aber so ein Spruch kommt immer gut an: Schmunzeln und Kopfnicken.

Bei Managern sind Handeln und Erfolg zeitlich entkoppelt. Darin besteht ein gravierender Unterschied zu dem Handeln von Sport- und Showstars. Deren Wirkung ist unmittelbar und sofort zu erleben. Eine Inszenierung für den Augenblick, emotional und mitreißend. Da dürfen durchaus ein paar Millionen für die Verpflichtung des neuen Stürmerstars ausgegeben werden. Die Show ist es wert!

Bei Managern sind Handeln und Erfolg zeitlich entkoppelt. Das ist der zweite Grund, warum der Verdienst von Managern mit anderen Maßstäben in der Öffentlichkeit gemessen wird.

Den letzten Grund nenne ich spürbares Versagen. All die hochgepriesenen Superstars aus Management, Sport und Show haben eines gemeinsam, sie können einen schlechten Tag erwischen, ihr Programm gefällt nicht mehr oder noch schlimmer der Stern verblasst und stürzt ab. Das war's aber auch schon mit der Gemeinsamkeit.

Schlechte Performance der Showstars? Wir wechseln einfach das Programm. Wenn das Publikum ganz erbost ist, dann wird ein shitstorm inszeniert. Markus Lanz hat es im Dezember 2013 hautnah erleben müssen. Aber nach wenigen Wochen hat sich die Aufregung gelegt – the show must go on! Gegebenenfalls mit neuen Stars. Schlechte Leistungen eines Sportlers? Er fliegt »nur« aus der Fußballmannschaft! Schlecht für ihn; uns ist es aber egal! Hauptsache, der eigene Verein holt die nächsten Punkte.

Das Handeln der Topmanager hat dagegen unmittelbare Konsequenzen für die Mitarbeiter. Falsche Entscheidungen kosten Arbeitsplätze. Unterlassene Entscheidungen verschlechtern die Erfolgschancen im Wettbewerb. Und die Mitarbeiter müssen beides durch Einsparprogramme ausbaden, die dann auch noch so malerische Namen tragen wie »fit for tomorrow«. Angewandter Organisations-Zynismus.

Eigentlich ist die Rechnung ganz einfach: Die einen unterhalten mich im Alltag. Die anderen nerven mich. Sie gefährden meinen Arbeitsplatz, bekommen dafür auch noch ein exorbitantes Gehalt, und wenn es schiefgegangen ist, dann erhalten sie noch eine vergoldete Sänfte in das Leben als Privatier. Daumen hoch bei den einen, runter bei den anderen. Den Bossen sind wir ausgeliefert – sie gefährden unser Panem. Über das Circenses entscheiden wir selbst.

Zusammengefasst: Die absolute Höhe des Einkommens spielt keine Rolle für seine gesellschaftliche Akzeptanz. Sonst müssten auch die hohen Gagen und Prämien der Stars aus Sport und Show permanent in der Diskussion sein. Denn auf der internationalen Hitliste der Absahner belegen Manager allenfalls einen Mittelplatz. Es gibt viele Absahner in der Gesellschaft, aber Manager haben ein deutlich höheres Glaubwürdigkeits- und Akzeptanzrisiko. Was auch völlig in Ordnung ist, denn ihr Handeln kann auf unseren Lebens- und Arbeitsalltag dramatische Auswirkungen haben. Ein hoher Legitimationsdruck der Stakeholder ist also völlig in Ordnung.

Die absolute Höhe des Einkommens spielt keine Rolle für seine gesellschaftliche Akzeptanz.

Aber wie kommt es eigentlich zu diesen exorbitant hohen Gehältern? Ist das wirklich schamlose Selbstbedienung?

Ein Versagen der Kontrolleure?

Die Topgehälter deutscher Manager bestehen zu einem großen Teil aus variablen Vergütungen, und die sind nun einmal Segen und Fluch zugleich. Ich kann mich noch gut erinnern, wie zu Beginn der Nuller-Jahre über die verkrustete Deutschland-AG gehöhnt wurde. Fixe Gehälter, keine Leistungsorientierung und erst recht keine systematische Unterstützung der Unternehmensziele in der Entgeltfindung. Die Personalausschüsse der Aufsichtsräte, in Aktiengesellschaften verantwortlich für Vorstandsbestellungen und -verträge, waren wechselseitig besetzt.

Mein Aufsichtsrat ist Vorstand in einem Unternehmen, in dem ich Aufsichtsrat bin. Wir sind beide im Personalausschuss und verhandeln unsere Gehälter wechselseitig. Passt schon! In dieser Situation wurden deutschen Managern angelsächsische Modelle unter die Nase gerieben.

Die Entgeltwelt hat sich seitdem radikal gewandelt. Die Prinzipien für gute Unternehmensführung (Corporate Conduct) verbieten dieses Überkreuz-Schachern. Die Vergütung an der Spitze ist leistungsorientiert. Das Ziel ist es, Anreize zu geben, das Unternehmen im Sinne der Eigner zu führen. Und damit fangen die Probleme an.

Das Wohl der Anteilseigner ist nicht unbedingt das Wohl der Mitarbeiter. Arbeitsplatzsicherheit haben die wenigsten Shareholder auf der Agenda. Institutionelle Anleger sind an der Verzinsung des von ihnen eingelegten Kapitals interessiert. Sie verwalten es ja häufig nur. Lebensversicherungen sind ein klassisches Beispiel.

> In den gleichen Gazetten, die seinerzeit ein angelsächsisches Gehaltsmodell eingeklagt haben, wird jetzt die Empörung über Gehaltshöhen inszeniert.

Der Erfolg des Unternehmens kennt keine Grenzen. Wenn ein Unternehmen einen guten Lauf hat, dann sprudeln die Erträge. Apple ist so ein Beispiel mit Gewinnmargen von 40 Prozent. Aber auch VW ist hoch profitabel. Ist die Vorstandsvergütung am Betriebsergebnis (operating profit) gekoppelt, dann kennen auch die Gehälter kein Limit, es sei denn die Limitierung ist vertraglich vereinbart. Selbst eine zeitliche Streckung der variablen Vergütung ist keine Limitierung, wenn der Erfolg nachhaltig ist. Das erklärt, warum die Vorstandsgehälter in den letzten zehn Jahren im Vergleich zu den Mitarbeitergehältern explodiert sind.

Was als Antwort auf den Filz der alten Deutschland AG gefordert wurde, läuft jetzt aus dem Ruder – zumindest in den Augen der Öffentlichkeit. In den gleichen Gazetten, die seinerzeit ein angelsächsisches Gehaltsmodell eingeklagt haben, wird jetzt die Empörung über Gehaltshöhen inszeniert. Ein leichtes Schmunzeln kann ich mir nicht verkneifen.

Selbstbedienung? Fehlanzeige! Das geschieht alles auf der Basis von Verträgen. Wenn sie unsittlich wären, dann könnte man von Amts

Bonus-Irrtum

Gutes Qualitätsmanagement verhindert immer Fehler – ein Beispiel aus der Verlagspraxis

Verlage sind wie andere Unternehmen der Qualität verpflichtet. Ziel ist es, dem Kunden ein optimales Produkt zu bieten, das ihm Freude bereitet. Alle Prozesse sind deshalb auf die Sicherung der Qualität ausgerichtet. Ganz getreu der Überzeugung, dass gutes Qualitätsmanagement Fehler verhindert. Aber funktionieren solche Null-Fehler-Strategien wirklich? Leider nein. Es handelt sich dabei um einen klassischen Business-Irrtum – eindrucksvoll belegt durch das in diesem Buch auf Seite 31 zu findende Beispiel aus der Verlagspraxis.

Fragmentierung hinterlässt Scherben

Fragmentierung hinterlässt Scherben

Arbeitsteilung hat auch die Büros erreicht. Die Arbeitsbedingungen haben sich dramatisch geändert. Was in den Werkstätten schon lange üblich ist – jetzt wird es auch in den Büros Realität. Beispiel Reklamationsbearbeitung. Lange Zeit galt die Devise: Jede Beschwerde ist die Chance für ein Neugeschäft. Das setzt voraus, dass Kunden einen Ansprechpartner vorfinden, der die Emotionen entschärft, Zusagen machen kann und Bindung erzeugt. Wenn Sie heute als Kunde eine Beschwerde haben, dann lernen Sie einen neuen Mitarbeiter kennen: den digitalen Workflow.

COACH AUTOR
VERÄNDERUNGSARCHITEKT

Hans J. Heinecke kennt beide Seiten der Beratung – als Manager und als Berater. Seit mehr als dreißig Jahren begleitet er Prozesse des Wandels und alle Herausforderungen, die daraus entstehen. Für den einzelnen Menschen, für Teams und für Unternehmen!

Seit 1995 arbeitet er als Coach.

Zusatzausbildungen in den Bereichen Gesprächstherapie, Gestalttherapie, Gruppendynamik, Systemaufstellung und Organisationsberatung bilden sein fachliches Fundament.

1989 hat er TPO gegründet.

TPO Consulting steht für maßgeschneiderte Lösungen und für innovative und glaubwürdige Konzepte.

Die Arbeitsschwerpunkte:

- Überprüfung und Neugestaltung von Strategien und Geschäftsmodellen
- Reorganisationen und die Gestaltung/ Optimierung der Führungsorganisation
- Optimierung von Geschäftsprozessen
- Integrationsprozesse nach Zusammenschlüssen oder Zukauf
- Begleitung strategische Projekte

tpo-consulting.de
business-irrtuemer.de

wegen dagegen einschreiten. Kann man aber nicht. Es sein denn, man definiert Privatmoral als neues Sittlichkeitskriterium.

Warum begrenzt man nicht einfach die Gehälter? Das wird ja immer wieder vorgeschlagen. »Bei einer Million muss Schluss sein!«, wurde auf meiner speziellen Ungerechtigkeits-Party gefordert. Denken Sie bitte an meinen »factor ten«; wir bewegen uns auf der Party also im Einhunderttausender-Gehaltsumfeld, gehobene Bürgerlichkeit.

Was ist von dieser Deckelung zu halten? Selbst wenn man alle juristischen Bedenken wegen Einschränkungen der Vertragsfreiheit beiseiteschiebt: Ich glaube, man würde sich ein unglaubliches Chaos einhandeln. Wer soll denn alles unter diese Regel fallen? Gilt das auch für Fußballspieler, Schauspieler oder andere Stars? Ich glaube, selbst der formidabel wirtschaftende FC Bayern München könnte sein Stadion abschließen und sich für eine halbe Ewigkeit aus der Champions League verabschieden. Wird nicht passieren! Da bin ich mir sehr sicher. Den Begrenzungs-Apologeten würde der Volkszorn um die Ohren fliegen. Circenses wird nicht angelangt! Warum soll dann in einem Bereich gelten, was im anderen ausgeschlossen wird?

Die Idee mit der Begrenzung der Spitzengehälter auf ein Vielfaches der Mitarbeitergehälter führt in die gleiche Irre. Darf dann ein Autor nur das x-Fache des Durchschnittsgehalts seiner Leser verdienen und ein Fußballstar nur das y-Fache des Durchschnittsgehalts seiner Zuschauer? Oder ich als Berater das z-Fache des Durchschnittsgehalts meiner Klienten? Wenn ich mich ökonomisch vernünftig verhalten würde, dann müsste ich zunächst alle meine Projekte mit sozialen Einrichtungen einstellen und durch normale Beratungen ersetzen, damit erhöhe ich dann meine Verdienstgrenze. Alles Quatsch! Wird auch alles nicht passieren!

Der Gesetzgeber ist stattdessen auf ein verschärftes Prangerprogramm verfallen. Passt zum Zeitgeist. Anprangern ist in, am besten digital. Jetzt also Einzel-Abstimmung über die Vorstandsgehälter in der Hauptversammlung von Aktiengesellschaften. Eine schwachsinnige Shownummer aus dem Populisten-Arsenal! Die Hauptversammlung spiegelt wie der Aufsichtsrat die Mehrheitsverhältnisse der Unternehmenseigner wider. Die Interessen sind ähnlich: Prosperität und Zukunftssicherung des Unternehmens. Leistungs-

Anprangern ist in, am besten digital.

abhängige Vorstandsgehälter, das ist ja die Grundüberzeugung, fördern die Erreichung dieser Ziele. Natürlich können auch falsche Anreize gesetzt werden. Kurzfristige Gewinnziele, die letztlich nichts anderes sind als ein Raubbau an der Unternehmenssubstanz. Aber das wird man auch durch eine weitere Abstimmungsschleife nicht verhindern können. Das einzige, was man erreicht, ist ein zusätzliches Empörungspotenzial, kombiniert mit Vertrauensverlust.

Wer tatsächlich etwas ändern will, der muss den Prozess der Vertragsgestaltung beeinflussen. Im Gegensatz zur Hauptversammlung ist der Aufsichtsrat paritätisch besetzt. Der Aufsichtsrat ist letztlich für Bestellung und Verträge der Vorstände zuständig. Das ist im Aktiengesetz festgelegt. Wir haben einen demokratischen Prozess in den Unternehmen installiert, der den Arbeitnehmern ein Mitbestimmungsrecht sichert. Die Mitarbeiter sind im Aufsichtsrat vertreten. Bei VW sind das sechs Betriebsräte, drei hochrangige Gewerkschafter und der Vertreter der leitenden Angestellten. Bei Daimler, wenn wir einen Augenblick in dieser Branche bleiben, sieben Betriebsräte, zwei Gewerkschafter und wieder der Sprecher der leitenden Angestellten.

Auch wenn die Arbeitnehmerseite nicht aktiv an der Gestaltung von Vorstandsverträgen beteiligt ist, sie wird die Konditionen im Rahmen ihrer generellen Kontrollpflicht mitbekommen. Das Mandat wird offensichtlich nicht genutzt, um für eine Deckelung der Vorstandsgehälter zwecks Verbesserung der gesellschaftlichen Akzeptanz einzutreten. Und wissen Sie was? Ich finde das vollständig richtig! Die Arbeitnehmerseite im Aufsichtsrat ist verpflichtet, die Entwicklung des Unternehmens zu fördern und die Interessen der Mitarbeiter zu vertreten. Mehr nicht! Die Kontrolleure versagen nicht. Es ist nicht ihr Job, die gesellschaftliche Angemessenheit von Gehältern zu überprüfen. Aufsichtsräte sind keine Boxarena, um gesellschaftliche Interessenkonflikte im Nahkampf auszutragen.

Alles rechtens, alles vertragskonform. Wieder zusammengefasst: Nichts mit schamloser Selbstbedienung. Alles rechtens, alles vertragskonform. Leider ist die erfolgsabhängige Entgeltfindung nicht leicht zu steuern, zumindest was die Höhe der Gehälter angeht. Diesen Geist wird man nicht mehr in die Flasche zurückbekommen. Die Vorschläge für Gehaltsdeckelungen sind bei näherer Betrachtung populistisch, unrealistisch und allenfalls dazu geeignet, den Volkszorn zu besänftigen.

Sind hohe Managergehälter also eine Ungerechtigkeit, mit der man sich einfach abfinden muss? Sind sie überhaupt eine Ungerechtigkeit?

Prinzipiell ungerecht!

»Dich hätte ich schon vor zehn Jahren enteignet! Wir rackern uns ab und du sammelst die Dollars ein!« Über diesen Satz kommt Jörg, mein Coachee, immer noch nicht hinweg. Er ist ihm auf der 40-Jahr-Feier seiner alten Grundschulklasse (damals noch Volksschule) um die Uhren geflogen.

Nun muss nicht alles, was im Ruhrgebiet an Drohungen ausgestoßen wird, auf die sprachliche Goldwaage gelegt werden. In »Kumpelland« formuliert man gerne deftig. Aber nahe gegangen ist es ihm dennoch. Vor allen Dingen die anschließende Diskussion. Natürlich geht es um Gerechtigkeit. Zusammengefasst war die Mehrheit der Auffassung, dass sein Erfolg ein typisches Beispiel für die himmelschreienden Ungerechtigkeiten des Business ist. Natürlich hat Jörg versucht, sich zu verteidigen. Aber er ist mit seinen Argumenten überhaupt nicht durchgedrungen. Jörg war eines der wenigen Arbeiterkinder, das aufs Gymnasium konnte, weil seine Eltern und vor allen Dingen der Chef seines Vaters das unterstützt haben. Ungerecht? Ja.

Natürlich musste er sich auf den Hosenboden setzen. Eigentlich hatte er kaum Chancen, gegen die bürgerlichen Schulkameraden anzulernen. Aber er war beliebt und ihm wurde geholfen. Hat mit Gerechtigkeit wenig zu tun. Am Ende der Gymnasialzeit lernte er durch Zufall einen Unternehmer seiner Heimatstadt kennen. Die beiden haben sich gut verstanden und er hat Jörg auf den richtigen Studienweg gebracht. In der Uni hat er nach kurzer Zeit einen kauzigen Typen in einer Kneipe kennengelernt. Großes Abendgelage mit Zwillingsabsturz. Das kann ja doch nicht ungerecht sein, oder? Doch! War es aber. Denn der Kauz war einer der einflussreichsten Lehrer an dieser Uni. Klar, dass Jörg sein studentischer Mitarbeiter und später Assistent wurde. Die Chance hat halt nicht jeder.

Ich kürze ab: Der ganze Lebensweg von Jörg ist eine Ansammlung von Ungerechtigkeiten. Jetzt ist er erfolgreich. Chef eines großen mittelständischen Unternehmens, an dem er zwischenzeitlich auch beteiligt ist. Ungerechterweise ist das Unternehmen am Markt sehr erfolgreich, und Jörg verdient immer mit.

Und dennoch, ich finde das völlig in Ordnung. Jörg ist ein klasse Typ. Er rackert für drei. Er ist verbindlich, beliebt und hilfsbereit, und so schafft er sich immer wieder Situationen, die für seine Entwicklung günstig sind. Er ist ein erstklassiger Beziehungshändler, der viel in Beziehungen investiert, dafür aber auch einen stattlichen Gegenwert erhält. Und er hat ein extrem gutes Gespür für den richtigen Kurs seines Unternehmens. Das alles schlägt sich in seinem Preis, seinem Einkommen nieder. Rackern allein treibt den Preis nicht nach oben. Bezahlt werden Leistung oder seltene Kompetenzen. Aber ohne Rackern geht es eben auch nicht!

Mit Gerechtigkeit hat das alles nichts zu tun. Preise bilden sich auf freien Märkten nach Angebot und Nachfrage. Das Talent von Jörg ist selten, ein rares Angebot, und das katapultiert den Preis nach oben. Manchmal ist es auch die Nachfrage, die den Preis bestimmt. Warum verdient ein erstklassig ausgebildeter Klassikmusiker deutlich weniger als die meisten (auch zweitklassigen) Popikonen? Letztere werden einfach häufiger nachgefragt. Ist das gerecht? Wenn man auf das musikalische Talent schaut, sicherlich nicht.

Die Logik von Angebot und Nachfrage erzeugt keine Gerechtigkeit und erst recht keine Gleichheit. Deswegen ist man gut beraten, bestimmte Lebensbereiche wie Schule und Grundausbildung aus dem freien Markt herauszunehmen.

Aber man erzeugt damit neue Ungerechtigkeiten. Warum verdient die Leitung einer sozialen Einrichtung deutlich weniger als eine untere Führungskraft, beispielsweise der Meister eines Montageabschnitts am Band? Ist das gerecht? Natürlich nicht. Und ich würde es sofort ändern! Wenn man ehrlich ist, dann liegt das daran, dass soziale Einrichtungen wie Kindertagesstätten, Beratungseinrichtungen für Kinder mit Lernschwierigkeiten oder Einrichtungen für Senioren in einem preislich stark reglementierten Markt arbeiten. Die Kosten können nur mühsam gedeckt werden. Menschen, die diese Leistungen in Anspruch nehmen müssen, können auch nicht mehr bezahlen und sind auf Unterstützung angewiesen. Aber ist es gerecht, wenn die Mitarbeiter das ausbaden müssen?

Meine Beobachtung: Durchschnittlich verdienen Menschen in freien und durch die Tarifvertragsparteien gestalteten Arbeitsmärkten besser als in geschützten Einrichtungen in öffentlicher, gemeinnütziger oder kirchlicher Trägerschaft, das heißt fast immer nicht-marktkonforme Gehälter. Die eine Hälfte zahlt die Einrichtung, die andere der heilige Geist oder der Glaube an das Gute. Ist das wirklich gerecht?

Nein! Arbeitsmärkte sind auch nur Märkte, auf denen sich Preise frei bilden können. Mit Gerechtigkeit hat das alles nichts zu tun.

Ein letztes Mal zusammengefasst: An der Spitze wird nicht abgesahnt. Die Gehälter sind vertraglich vereinbart. Sie richten sich nach Angebot und Nachfrage und sind an Erfolgsfaktoren gekoppelt. Erfolg ist das, was die Weiterentwicklung des Unternehmens fördert. Erfolgskriterien werden durch die Eigentümer festgelegt. Man mag das bedauern: Wenn sich Unternehmen gesetzestreu verhalten, dann hat die Gesellschaft in marktwirtschaftlichen Strukturen keinen unmittelbaren Zugriff auf die Definition der Erfolgskriterien.

> Arbeitsmärkte sind auch nur Märkte, auf denen sich Preise frei bilden können. Mit Gerechtigkeit hat das nichts zu tun.

Und wie steht es mit der Gerechtigkeit? Natürlich kann man mehr Gerechtigkeit in die Entgeltfindung einbauen, aber nicht indem man die Gesetze des freien Marktes aushebelt. Eine der klügsten Ideen, die ich in letzter Zeit gehört habe, ist es, die Verträge umzugestalten und neben einer Bonus- auch eine Malus-Regelung einzuführen. Wer Erträge versenkt, muss zahlen! Variable Vergütung würde dann bedeuten, dass Boni erst am Ende der Vertragslaufzeit ausgezahlt und gegen Mali verrechnet werden. Das Management der Verrechnungszeiträume ist allerdings sehr schwer.

Und: Gute Leute werden sich dieses Risiko bezahlen lassen. Ich bin mir nicht sicher, ob das Gehalt in Wolfsburg am Ende nicht noch einmal höher ausfiele.

Die Wahrheit ist: Die Debatte über zu hohe Managergehälter ist hinfällig.

Teil II
Durch die Chefetagen-Wüste
Von Scheichtümer und Reichtümern, Oasen, Wüstenkriegern und der ersehnten Fata Morgana

---

Irrtum 5
Führungskräfte führen und Mitarbeiter arbeiten mit

Einmal wurde er dabei sogar beobachtet. Von mehreren Führungskräften. Üblicherweise führte mein Chef Gespräche dieser Art sehr diskret. Aber dieses Mal sah man die beiden zusammensitzen. Über eine Stunde. Im Gespräch vertieft. »Die kriegen noch nicht einmal mit, dass sie beobachtet werden«, empörte sich einer meiner Kollegen. »Wenn ich einen Termin bei dem haben will, dann dauert das zwei Wochen, so dicht ist sein Kalender. Und dann sitzt er mit Jupp herum und verplempert seine Zeit. Als Chef dieses Werkes. Das darf man doch keinem erzählen!«, stimmte ein anderer ein.

Ja, unser Chef hatte seine Marotten. Und eine davon führte regelmäßig zu heftigen Kontroversen am Mittagstisch. Wenn Entscheidungen anstanden, suchte unser Chef das Gespräch. Und wählte dabei, nun ja, nicht gerade das Leitungsteam als Anlaufstelle. Sein wichtigster Gesprächspartner war Jupp. Seinen Nachnamen habe ich zum ersten Mal beim 50-jährigen Dienstjubiläum gehört – und sofort wieder vergessen. Jupp war Pförtner. Aber nicht irgendein Pförtner! Er bewachte das Haupttor unseres Werkes wie Petrus die Himmelspforte. Und er war der dienstälteste Mitarbeiter des Werkes.

»Der hat das Ohr auf der Schiene«, erklärte mir mein Chef, als ich ihn nach seinen Jupp-Konferenzen fragte. »Wenn ich mit dem Jupp gesprochen habe, dann kann ich gut abschätzen, wie die Resonanz der Mitarbeiter sein wird.« Meine Kollegen waren völlig anderer Auffassung. »Der soll mit uns reden und sich nicht von unten beeinflussen lassen! Wir Führungskräfte führen doch das Werk, oder?« In ihren Augen sind die Rollen klar verteilt: Führungskräfte führen und Mitarbeiter arbeiten mit.

Aber wie ist das, funktionieren Unternehmen wirklich nach diesem Prinzip? Sollte man sich als Führungskraft tatsächlich davor hüten, die »Basis« zu befragen? Andererseits: Bringt es wirklich etwas, wenn Mitarbeiter ihren Senf dazugeben können?

Der Cheops-Irrtum

Bei dieser Frage prallen zwei unterschiedliche Auffassungen von Führung aufeinander. Für die einen ist es selbstverständlich, dass Mitarbeiter Einfluss auf die Entscheidungsfindung der Chefs haben. Für die anderen wird damit Führung auf den Kopf gestellt.

Stimmt! Da wird etwas auf den Kopf gestellt. Aber nur dann, wenn Führungskräfte den gesamten Einfluss für sich pachten wollen. Führung wird dann verstanden als hierarchische Form der Weisungsmacht. Die klassische militärische Ordnung. An den Streifen könnt ihr die Macht erkennen. Und wir halten diese Streifen bereits für Führung. Die Vielschichtigkeit und Mehrdeutigkeit wird übersehen. Dennoch ist dieses Führungsverständnis immer noch weit verbreitet. Ich nenne es »pyramidal«. In vielen Beratungsprojekten werde ich damit konfrontiert. Woran ich das erkenne?

> Wenn mir als Erstes ein Organigramm gezeigt wird, dann weiß ich, dass ich in einer Pyramide angekommen bin.

Wenn ich meine Klienten frage, wie Führung in ihrem Unternehmen funktioniert und sie mir als Erstes ein Organigramm zeigen, dann weiß ich, dass ich in einer Pyramide angekommen bin.

Organigramme, das sind diese filigranen Gebilde aus Kästchen und Strichen. Das Kästchen an der Spitze steht für den Eigentümer, den Sprecher der Geschäftsführung oder den Vorsitzenden des Vorstands; auf jeden Fall für den, der am meisten zu sagen hat. Zumindest offiziell. Danach verzweigt sich das Gebilde nach einer Logik, die auch Mitarbeitern und Führungskräften häufig verborgen ist. An der Basis ist das Gebilde so breit, dass es nicht mehr auf eine Seite passt. Die Kästchen wirken auf mich immer wie geschlossene Trutzburgen, die mit einem tiefen Wassergraben aus Funktions- und Stellenbeschreibungen abgesichert sind. Schmale Stege verbinden die Burgen. Das sind die so genannten Berichtswege. Manchmal kommen auch gestrichelte Linien vor, dotted lines nennt man sie in der Fachsprache. Es ist klar, dass diese Verbindungen besonders filigran und brüchig sind. Wer kommt schon auf die Idee, dass unterbrochene Stege tragfähig sind?

Natürlich ist ein Organigramm nur ein Bild, um die Führungsorganisation zu verdeutlichen. Dennoch prägen Bilder unsere Wahrneh-

Der Cheops-Irrtum

mung, weil sie einen archaischen Vorrat an Symbolen ansprechen. Und diese Symbole können ganze Weltbilder transportieren. Hinter der Organigramm-Pyramide steht so ein Weltbild. Es beschreibt ein bestimmtes Führungsverständnis, das ich Cheops-Weltbild getauft habe.

Es hat zwei ganz zentrale Annahmen.
1. Wer in der Pyramide oben ist, hat die meisten Informationen und den besten Durchblick!
2. Die Spitze der Organisations-Pyramide hat den größten Einfluss und kann dadurch am besten entscheiden.

Der Überblick, so die Annahme, entsteht durch überragende Management-Kompetenz und durch Berichtswege. Sie erinnern sich, dass sind diese Stege zwischen den Burgen. Jeder Chef weiß, was seine Mitarbeiter tun, und er versteht auch alles, was sie tun. Sie können sich sofort vorstellen, dass die Stege für diese vielen Informationen gar nicht ausgelegt sind.

Leider arbeiten immer noch viele Unternehmen nach diesem Prinzip. Und dann passieren absurde Fehler:

Da wird beschlossen, die Verkaufsgebiete neu zu ordnen. Bei der Umsetzung gibt es plötzlich Schwierigkeiten. Der ganze Außendienst ist in Aufruhr, denn die Verkäufer wollen sich nicht mehr gegenseitig vertreten. Natürlich werden zuerst die Mitarbeiter beschimpft. Die sind veränderungsresistent, so der Vorwurf. Dann stellt man ärgerlicherweise fest, dass sie Recht haben. Die neuen Gebiete berücksichtigen nicht die unterschiedlichen Bundesländer und damit auch nicht die unterschiedlichen Ferienzeiten. Der Vertretungsaufwand ist viel größer geworden. Während in einem Bundesland noch Urlaubszeit ist, brummt im anderen der Normalbetrieb und trotzdem muss man einen Kollegen vertreten. Klar, dass dies den betroffenen Mitarbeitern sofort auffällt. Die Gebietsstruktur muss überarbeitet werden. Und das Ergebnis? Die Mitarbeiter fühlen sich in ihrem Vorurteil bestätigt, dass die meisten Veränderungen am grünen Tisch beschlossen werden, ohne Kenntnis der Praxis.

Die Mitarbeiter sind veränderungsresistent, so der Vorwurf. Dann stellt man ärgerlicherweise fest, dass sie Recht haben.

Da will man zwei Produktionsabteilungen zusammenlegen, weil dies aufgrund des Maschinenparks und der Fertigungstechnik sinnvoll ist.

Die Vorbereitungsarbeiten sind abgeschlossen und nun soll in einem letzten Meeting die neue Struktur verabschiedet werden. Gott sei Dank sind einige Mitarbeiter eingeladen worden. Sie weisen darauf, dass deutlich mehr Bereiche von dem Projekt betroffen sind. Die Kostenstellenstruktur ändert sich, die Steuerungssysteme müssen angepasst werden und das Qualitätsmanagement muss neu geordnet werden. Die Leiter der verschiedenen Abteilungen waren zwar im Vorfeld über die Reorganisation informiert worden. Aber das Ausmaß der Veränderungen hatten sie einfach unterschätzt. Die Konsequenz: hektisches Abstimmungspalaver und eine reaktive Meetingkultur. Darauf hat keiner richtig Lust. Und die Mitarbeiter kommentieren das Ganze mit einem lapidaren:»Klar! So was muss einfach passieren, wenn man keine Ahnung vom Alltagsgeschäft hat und seine Leute nicht fragt!«

Einzelfälle? Leider nein! Ich erlebe das in meiner Beratungspraxis allzu oft. Unternehmen haben einen Grad an Komplexität erreicht, der die Cheops-Annahme »die oben wissen Bescheid, was unten passiert« zumindest fragwürdig erscheinen lässt.

Am Fuß der Pyramide sehen Sie ein ungeheures Gewimmel von Menschen und Aufgaben. Sie können das ganze Treiben überblicken, aber Details sehen Sie nicht.

Stellen Sie sich bitte einmal vor, Sie stehen auf der Spitze einer Pyramide. Wenn Sie das Bild zu archaisch finden, dann können Sie auch einen Berggipfel als Ersatz nehmen. Tolle Aussicht da oben, oder? Ganz schön weit gucken kann man von da oben. Und genau das ist die Funktion dieser Spitze: Weitblick erzeugen. Und jetzt schauen Sie nach unten. Was ist das? Am Fuß der Pyramide sehen Sie ein ungeheures Gewimmel von Menschen und Aufgaben. Sie können das ganze Treiben überblicken, aber Details sehen Sie nicht.

Und genau das ist das Problem mit der ersten zentralen Annahme im Cheops-Bild: Wer an der Spitze steht, hat Weitblick. Manchmal auch den Überblick. Aber den Durchblick, den hat er garantiert nicht.

»Bescheidwissen« und Durchblicken, das muss heute in Kommunikations- und Abstimmungsprozessen organisiert werden. Wenn die Mitarbeiter dabei nicht mitspielen, dann haben »die oben« keine Chance, das Treiben »da unten« zu verstehen. Dazu passt der Stoßseufzer einer älteren Führungskraft am Rande eines Workshops: Ehrlich gesagt hängen mir diese ganzen Abstimmungsorgien zum Halse raus. Ich möchte gerne mal wieder »durchentscheiden«. Kann er versuchen. Wird aber nicht mehr funktionieren. Er wird nur mehr dieser kuriosen Situationen erzeugen, die ich Ihnen beschrieben habe.

Die zweite zentrale Annahme geht davon aus, dass an der Spitze der größte Einfluss gebündelt ist! Stimmt das wirklich? Wie findet Einflussnahme im Arbeitsalltag tatsächlich statt?

»Vertrauen Sie Ihren alltäglichen Erfahrungen und Eindrücken, auch wenn sie dem Organigramm widersprechen.«

Das Machtgebirge

Staunend stehen wir vor dem farbenprächtigen Gemälde. Ein mächtiger Gebirgszug ist darauf zu sehen. Einzelne Gipfel, dazwischen Täler und Schluchten, vereinzelt auch Plateaus, ab und an Wanderwege und Klettersteige. Hier hat sich jemand großformatig ins Zeug gelegt! Der Titel: »Das Machtgebirge«.

Die Künstler, die dieses Bild gemalt haben, sind Führungskräfte eines Unternehmens. In einem Workshop wollen sie unterschiedliche Formen von Macht und Einflussnahmen erkunden. »Versuchen Sie bitte die Macht- und Einflussverteilung in Ihrem Unternehmen grafisch darzustellen. Wählen Sie eine Metapher, mit der Sie die Einflussstruktur am treffendsten symbolisieren können. Orientieren Sie sich bei dieser Aufgabenstellung bitte an Ihren persönlichen Erfahrungen. Es liegt natürlich nahe, das Organigramm Ihres Unternehmens als Ausgangspunkt heranzuziehen. Vertrauen Sie aber bitte Ihren alltäglichen Erfahrungen und Eindrücken, auch wenn sie dem Organigramm widersprechen.« Das war die Aufgabenstellung.

Das Ergebnis ist eine der prägnantesten und eindrucksvollsten Darstellungen von Macht und Einfluss, die ich bislang gesehen habe: Gebirgskämme als Zentren der Macht, Täler und Schluchten als verdeckte Absprachen, Pfade als Kommunikationswege zwischen den Allianzen.

Die Künstler fordern ihre Kollegen auf, zu erraten, welche Person sich hinter welcher Gipfelform verbirgt. Und das Erstaunliche ist: Ihnen gelingt es mühelos, die Menschen hinter der abstrakten Form zu identifizieren, obwohl das Machtgebirge nun wirklich keinerlei Ähnlichkeit mit dem offiziellen Organigramm hat.

Kästchenlogik ade – und schon lässt sich erkennen, wie Macht und Einfluss tatsächlich verteilt sind.

In der Einflusssphäre Werkstatt gibt es beispielsweise einen Personalleiter, den die Führungskräfte als besonders mächtig einschätzen. Er ist für den Personaleinsatz verantwortlich und bestimmt damit auch die verfügbare Produktionskapazität. Er hat somit einen unmittelbaren Einfluss auf die Produktivität der einzelnen Produktionsabteilungen. Die Produktivität ist ein entscheidender Erfolgsfaktor für jeden Produktionsmanager und damit hat er die Abteilungsleiter automatisch an der Angel. Erstaunlich oder? Da hat ein Kollege im Alltag mehr Einfluss als der eigene Chef.

Im Prinzip haben die Workshop-Teilnehmer nichts anderes getan, als die informelle Organisation zu erkunden und ungeschminkt abzubilden. Wer hat welche Interessen und Präferenzen? Wer nimmt auf wen Einfluss? Und wo bündelt sich die tatsächliche Macht?

Informell, das riecht auch nach dysfunktionalen Absprachen, nach mafiösen Verhältnissen.

Lange Zeit waren informelle Strukturen ein rotes Tuch für die Organisationsforschung. Informelles ist irrational. Informelles stört. Es behindert die formalen Prozesse. Informell, das riecht auch nach dysfunktionalen Absprachen, nach mafiösen Verhältnissen. Persönliche Ambitionen sollen bedient werden, die nicht den Zielen des Unternehmens entsprechen.

Alles Quatsch! Das Gegenteil ist richtig.

Es ist meine feste Überzeugung, dass informelle Strukturen und Kommunikationskanäle die Schwächen der formalen Organisation ausgleichen. Mitarbeiter im Vertrieb wissen genau, wen sie ansprechen müssen, um die Reklamation eines wichtigen Kunden schnell bearbeitet zu bekommen. Sie tun dies, weil sie wissen, dass der offizielle Weg zu lange dauert und den Kunden verprellen könnte. Mitarbeiter aus der Entwicklung sprechen direkt mit einem Teamleiter aus der Produktion, wenn sie Maschinenkapazität für einen Versuch benötigen. Natürlich entspricht das nicht dem abgesprochenen Planungsprozess. Sie tun dies nicht aus bösem Willen, sondern weil sie sich für einen Zieltermin besonders engagieren. Das offizielle Vorgehen würde die Zielerreichung gefährden.

Dominieren informelle Vorgehensweisen, so weist dies immer auf Schwächen im formalen Gebilde hin: fehlende Aushandlungsprozesse, Zielwidersprüche, umständliche Vorgehensweisen und unklare Prioritäten.

Mitarbeiter und Führungskräfte organisieren sich dann selbst. Alle sozialen Systeme verfügen über diese Fähigkeit. Und das Ergebnis ist häufig effizienter als das, was auf dem Reißbrett der rationalen Organisationsplaner entstanden ist.

Die Pyramiden-Fans wenden sich kopfschüttelnd ab. Informelle Strukturen und Selbstorganisation haben im Cheops-Weltbild keinen Platz. Sie sind schlicht und einfach unerwünscht. Deswegen können Mitarbeiter auch keinen Einfluss haben. Deswegen kann ein Personalleiter in diesem Weltbild auch keine größere Macht in der Produktion ausüben, als der Produktionsleiter selbst. »Wer oben ist, hat den größten Einfluss«, ist das klassische Denken in diesem pyramidalen Führungs- und Organisationsverständnis. Offensichtlich geht die Cheops-Führung aber den Pharaonenweg – einbalsamiert zum Bestaunen schön, aber leider von vorgestern. Was hat sich geändert, dass Führung so nicht mehr funktioniert?

<small>Offensichtlich geht die Cheops-Führung aber den Pharaonenweg – einbalsamiert zum Bestaunen schön, aber leider von vorgestern.</small>

Wissen verpflichtet

Mensch, was für ein tolles Büro! Ein großer Raum, lichtdurchflutet, in großzügige Arbeitsflächen unterteilt, mit jeweils mehreren Arbeitsplätzen. »Ein Pilotprojekt, auf das ich stolz bin!«, erklärt mir mein Gastgeber, der diese Abteilung leitet. Variable, nicht mehr fest zugeordnete Arbeitsplätze. Viel Grün, viel Computertechnik. Ein Teil der Mitarbeiter ist in den täglichen Produktionsbesprechungen. Ein weiterer Teil hat sich in einen Besprechungsraum zurückgezogen, um Rahmenbedingungen und Prämissen für die nächste Planung zu besprechen. Sie alle sind für die Produktionsplanung und -steuerung des Unternehmens verantwortlich.

Was mir aber besonders auffällt, ist die Form der Zusammenarbeit zwischen dem Abteilungsleiter und seinen Mitarbeitern. Er nutzt die

Situation, um mit einigen der anwesenden Mitarbeiter aktuelle Themen, wie Maschinenausfälle, Qualitätsprobleme und Anlaufschwierigkeiten zu besprechen. Alle Mitarbeiter lassen sich sehr schnell in Gespräche verwickeln. Sie wirken aufgeschlossen und fühlen sich verantwortlich für ihren Produktionsabschnitt. Wir lösen die Probleme, so das unausgesprochene Credo. Offensichtlich haben sie einen großen Einfluss auf die Produktion. Das Wissen steckt in ihren Köpfen. Es manifestiert sich nur in den Bits und Bytes der Computertechnik.

Und mein Gastgeber? Der fragt und hört zu. Sehr geschickt macht er das. Eigentlich ermuntert er seine Leute nur, zu erzählen, zu berichten und Vorschläge zu machen. Später sagt er mir, dass er diesen persönlichen Austausch braucht, um sich ein Bild der Lage zu machen.

Und plötzlich steht mir ein uraltes Bild vor Augen. Von meinem ersten Praktikum. Westfälische Drahtindustrie. Ebenfalls Fertigungssteuerung. Auch ein Großraumbüro: Tisch an Tisch, eng gedrängt fünf Tische breit, zehn Reihen lang. Die Pflanzen habe ich verdrängt oder sie kamen tatsächlich nicht vor. Keine Computer.

Am Eingang saß unser Teamleiter, der damals noch Gruppenleiter hieß. Spitzname der dünne Heini. Der andere, der dicke Heini, war Meister in der Instandhaltung. Jeder, der irgendetwas von einem Kollegen aus der Fertigungssteuerung wollte, musste am dünnen Heini vorbei und sein Erscheinen begründen. Hatte Heini einen schlechten Tag, dann hatte man auch schlechte Karten. Vorherrschende Arbeitsmittel waren riesige Listen und manuelle Laufkarten für die Einsteuerung der Aufträge. Gab es eine Änderung im Produktionsprogramm, dann gab der dünne Heini das mit erstaunlich kräftiger Stimme bekannt. Wer nicht aufpasste, hatte Pech. Probleme und Störungen wurden immer zuerst Heini mitgeteilt. Er entwickelte die Lösungen. Meine Kollegen setzen sie dann präzise wie ein Uhrwerk in Listen und Laufkarten um. Gelegentliche Besuche in der Produktion waren bei Heini anzumelden. Übrigens: Die Stimmung war sehr gut. Heini beschützte seine Mitarbeiter, wie vormals Cerberus den Höllenschlund. Jeden zweiten Donnerstagabend Skat mit Anwesenheitspflicht. Auch als Praktikant gehörte man sofort dazu.

Beides Mal die gleiche Aufgabenstellung. Beides Mal eine vergleichbare Führungskonstellation. Dennoch liegen Welten dazwischen. Die beiden Situationen verdeutlichen, wie dramatisch sich das Führungsumfeld in den letzten drei Jahrzehnten verändert hat. Damals waren die Aufgabenstellungen in einer Fertigungssteuerung übersichtlich und letztlich durch eine Person allein zu beherrschen. Passend zum Cheops-Weltbild!

Und heute?

Wissen und Kompetenzen sind fragmentiert und im Unternehmen breit gestreut. Die Organisationsstruktur ist nicht mehr in der Lage Verantwortlichkeiten und Zuständigkeiten für ein Problem in genau einem »Kästchen« abzubilden. Verschiedene Kästchen müssen für eine Problemlösung zusammenwirken. Dauerabstimmung ist die Konsequenz. Letztlich können noch die Mitarbeiter am ehesten einschätzen, welche Auswirkungen eine Entscheidung oder Veränderung hat. Der ansagende, alles wissende Boss hat in diesem neuen Umfeld keine Chancen.

Zwei Dinge müssen passieren, damit Führung in diesem Umfeld funktioniert. Wissen muss als Verpflichtung aufgefasst werden. Und Einfluss muss großzügig aber systematisch geteilt werden.

Wir kennen aus dem Grundgesetz die Maxime: Eigentum verpflichtet! In dem Maße, wie Wissen fragmentiert und durch Spezialisierung an der Basis der »Pyramide« angehäuft wird, gilt diese Maxime auch für Mitarbeiter!

Verrückt? Nein, das ist ganz und gar nicht verrückt. Das Wissen steckt in den Köpfen der Mitarbeiter. Das wenigste davon lässt sich aufschreiben und archivieren, auch wenn es in Wissensmanagement-Programmen immer wieder versucht wird. Die Mitarbeiter sind Eigentümer dieses Wissens. Auch wenn das Unternehmen glaubt, darauf einen Anspruch zu haben: Die Mitarbeiter entscheiden selbst, ob sie es preisgeben.

Aber diese Eigentümerschaft verpflichtet!

Sie verpflichtet zum Engagement. Sie verpflichtet, aktiv auf Entscheidungsprozesse Einfluss nehmen. Und sie verpflichtet, kritische Auswirkungen von geplanten Maßnahmen aufzuzeigen. Strategische Einflussnahme könnte man dieses Prinzip nennen. Also nicht warten, bis

> man gefragt wird, sondern auch ungefragt Wissen zur Verfügung stellen! Heute ist die Reaktion noch allzu häufig ein strategisches Schmollen: »Ihr werdet schon sehen, was ihr davon habt, dass ihr uns nicht fragt. Wir müssen nur lange genug auf dem Zaun sitzen und warten. Dann gibt es einen dumpfen Schlag und das Projekt ist an die Wand gefahren.«

Strategische Einflussnahme bedeutet, das Schmollen aufzugeben und aktiv und lautstark über vermutete Schwierigkeiten zu informieren.

Strategische Einflussnahme bedeutet, das Schmollen aufzugeben und aktiv und lautstark über vermutete Schwierigkeiten zu informieren. Wissen verpflichtet! Aber diese Art der Führung von unten muss auch gewünscht sein! Und die Stege zwischen den Kästchen müssen breiter und tragfähiger werden!

Wie kann man das erreichen?

Vertrauen in die Kompetenz der Mitarbeiter ist für mich der erste und allerwichtigste Schritt. Dazu gehört, dass Führungskräfte Fragen stellen und ihren Mitarbeitern genau zuhören. Wer fragt führt. Wer ansagt, läuft Gefahr, Wissen und Informationen zu übersehen. Schlechte Karten für den Cheops-Freundeskreis.

Das Zweite, was passieren muss, ist eine Art von Macht-Sharing. Einfluss nicht mehr pachten, sondern großzügig, aber systematisch teilen. Für mich sind die wichtigsten Sharing-Strategien: Resonanz einholen, mitgestalten und mitbestimmen lassen.

Mein alter Chef hat Jupp befragt. Wir installieren Sounding Boards.

Meine Erfahrungen zeigen, dass Veränderungen in einem Unternehmen nur dann umgesetzt und stabil verankert werden, wenn es eine positive Resonanz auf die zentralen Ideen des Vorhabens gibt. Manager sind also gut beraten, vorab zu überprüfen, auf welche Resonanz eine Veränderung oder Entscheidung stoßen wird. Mein alter Chef hat Jupp befragt. Wir machen heute in Change-Prozessen nichts anderes. Wir installieren Sounding Boards. Man setzt sich regelmäßig mit Mitarbeitergruppen zusammen und bespricht die nächsten Schritte im Veränderungsprozess. Die Resonanz wird sorgfältig erfasst und an die Entscheider zurückgespiegelt. Im Gegenzug berichten die Mitarbeiter über die Stimmung und Haltung bei ihren Kollegen zu den geplanten Veränderungen. Diese Resonanzerkundung ist zum Nulltarif zu haben. Man vergibt sich nichts. Erst recht gibt man keinen Führungsanspruch auf. Allerdings wird von diesem Instrument wenig Gebrauch gemacht – vermutlich sind viele Führungskräfte und Changemanager gar nicht an Resonanz interessiert.

Natürlich ist Resonanz eine heikle Angelegenheit. Da können schon mal die eigenen Lieblingsideen auf Ablehnung stoßen. Wer mit Ablehnung und Kritik nicht umgehen kann, sollte die Finger von Resonanzprozessen lassen. Wer bereit ist zuzuhören, erfährt viel, vor allen Dingen sehr viel Neues.

Wie beim Machtgebirge. Da gibt es nämlich noch einen zweiten Akt: am gleichen Tag, einigen Stunden später. Wieder stehen wir vor dem Gemälde. Dieses Mal sind aber die Chefs der Künstler dabei. Sie waren zum Abendessen dazu gestoßen. Eine Geste der Wertschätzung! Gleichzeitig konnten sie den Führungsnachwuchs in einer zwanglosen Atmosphäre persönlich kennenlernen. Letztlich ist das für die Chefs auch eine Möglichkeit, Resonanz auf die Unternehmenspolitik einzuholen. Natürlich wurden auch die Inhalte des Workshops besprochen. Prozesse der Machtbildung, das provoziert natürlich das Interesse der Mächtigen. Kurzum, ein Vorstand hat so lange insistiert, bis ihm die Teilnehmer von unserem Experiment erzählten. Und damit ist das Essen natürlich gelaufen, denn alle wollen das Machtgebirge in Augenschein nehmen.

Und jetzt stehen wir also wieder vor dem Gebirge. Natürlich gibt es eine wesentliche Veränderung zur Vernissage am Nachmittag. Gipfel, Täler und Kämme haben jetzt Namen.

Und die Reaktion der Bosse? Zunächst peinliches Schweigen. Die typische Reaktion, wenn man etwas sieht, was man nicht sehen soll. Dann Erstaunen gepaart mit Ungläubigkeit, ein »Da-sollen-tatsächlich-einige-mächtiger-sein-als-wir-Unverständnis«. Und als letzte Stufe Nachfragen mit zunehmend aggressiverem Unterton »Sie wollen doch wohl nicht sagen, dass ...!«

Zunächst peinliches Schweigen. Die typische Reaktion, wenn man etwas sieht, was man nicht sehen soll.

Der Vorstandsvorsitzende sieht dem Treiben eine Zeit lang schmunzelnd zu. Dann bricht er das Nachfragen ab. »Kollegen, Kollegen! Ich sehe hier auf der Wand nichts, das ich nicht nachvollziehen könnte. Ja! Man kann das so sehen oder auch anders. Aber viel entscheidender ist doch, dass uns hier ganz deutlich vor Augen geführt wird, warum wir uns so schwertun, mit unseren Anliegen bis in die Werkstatt durchzudringen. Nehmen wir es einfach als wertvolle Information und als Feedback.«

Chapeau! Erstens hat er den Abend gerettet. Und zweitens hat er die Resonanzchance sofort gesehen und für sich genutzt. Natürlich hat er Recht. Man kann die Machtverteilung so sehen, deswegen muss sie noch lange nicht genau so sein. Auch das Machtgebirge der Teilnehmer ist nur eine Sicht auf die Realität.

Mitgestalten und Mitbestimmen sind die beiden anderen Sharing-Strategien. Sie gehen noch einen Schritt weiter und binden Mitarbeiter aktiv in die Entscheidungsvorbereitung oder Entscheidung ein.

Nichts ist schlimmer als eine Beteiligungsverarschung.

Wir kennen in Deutschland die institutionell verankerte Mitbestimmung, die gewählten Mitarbeitervertretern weitreichende Rechte einräumt. Zwischenzeitlich sehen das auch ausländische Investoren als Standortvorteil. Aber diese klassische Form des Macht-Sharings reicht nicht aus, weil sie die Mitarbeiter nicht aktiviert und die Gestaltungspflicht nimmt. Eine direkte Beteiligung in Projekten ist für mich die sinnvollste Form des Sharings. Immer vorausgesetzt, die Mitarbeiter bekommen auch den Handlungsspielraum und die Unternehmensleitung kann mit den Ergebnissen leben.

Nichts ist schlimmer als eine Beteiligungsverarschung: Die Mitarbeiter dürfen pro forma mitgestalten und im Nachhinein stellt sich heraus, dass die Ergebnisse schon feststanden, bevor es losging. Die Mitarbeiter sollten nur in Richtung der richtigen Lösung moderiert werden.

Natürlich kann man auch noch einen Schritt weitergehen mit dem Macht-Sharing: selbstverwaltete Betriebe, Partnergesellschaften, Netzwerke und Crowd-Strukturen sind typische Beispiele. »Und das soll funktionieren?«, werde ich häufig gefragt. Ja, das funktioniert! Glauben Sie mir, einige der faszinierendsten Unternehmen, in denen ich als Berater arbeiten konnte, waren so organisiert. Diese Unternehmen stehen aber nicht im Mittelpunkt des Business. Exotische Phänomene am Rand der Wirtschaftswelt! Gut für einen Abenteuerbericht. Mehr nicht. Die Mehrheit der Mitarbeiter und Führungskräfte in Deutschland kommen mit diesen Alternativen gar nicht in Berührung. Leider!

Chefs sind auch nur Mitarbeiter

Wenn Führung nichts mehr ist, was von oben nach unten passiert, wer führt dann noch? Die Wahrheit ist: Alle! Führung wird zu einer Systemdienstleistung. Sie ist zu wichtig, um nur von wenigen ausgeübt zu werden. Eine Neujustierung der Rollen von Mitarbeitern und Führungskräften ist erforderlich. Die Mitarbeiter haben fachlich Einfluss und führen Themen und Problemlösungsprozesse. Das setzt voraus, dass Mitarbeiter Ihre Verpflichtung zum Einmischen ernst nehmen – und dass ihre Chefs mutig genug sind, ihnen die Erlaubnis zu geben, Einfluss auf Entscheidungen zu nehmen.

Der Weg vom überkompetenten Durchblicker hin zum Prozessmoderator ist ein verdammt langer!

Nichts mehr mit der Allgewalt und dem überlegenen Heerführerblick! Führungskräfte werden Coaches, Sozialarchitekten und Gestalter von Abstimmungsnetzwerken. Und glauben Sie mir, der Weg vom überkompetenten Durchblicker hin zum Prozessmoderator ist ein verdammt langer.

Übrigens sind Chefs die meiste Zeit auch Mitarbeiter. Sie haben wieder Chefs, sogenannte Chefchefs und nach oben geht das immer so weiter. Nach meiner Beobachtung werden die meisten Chefs eher aufgrund ihrer Leistungen in der Mitarbeiterrolle beurteilt und auch befördert. Wie gut sie führen, ist irrelevant. Bezahlt werden sie für ihren Beitrag, den sie im Arbeitsprozess leisten. Die schlichte Wahrheit ist also: Chefs sind auch nur Mitarbeiter und Mitarbeiter sind manchmal die heimlichen Chefs!

Ich selbst bin in einer klassischen Pyramide sozialisiert worden. Meine Begeisterung für die hierarchischen Einfärbungsversuche hielt sich in sehr engen Grenzen. Nach einer Dekade habe ich mich in die Selbstständigkeit verabschiedet.

Nun, ich habe keinen Chef mehr und ich bin auch kein Chef. Ich bin »nur« ein Minderkaufmann, wie die so genannten Selbstständigen in schönem Amtsdeutsch heißen. Ich muss auch keine Pförtner befragen – weil ich auch gar keine habe. Ist das nicht ein herrliches Privileg?

Und der Cheops-Freundeskreis? Der kann Reisen zu den alten Pyramiden unternehmen und dort einbalsamierte Führungsmodelle bestaunen.

Irrtum 6
Der Ehrgeiz der Bosse zerstört Arbeitsplätze

»Das ist nicht mehr mein Unternehmen!«

Als dieser Satz fällt, sitze ich mit Freunden und Kollegen aus meiner Zeit bei Daimler-Benz zusammen. Was uns verbindet, ist die gemeinsam verbrachte Arbeitszeit, daher ist es auch klar, dass die Entwicklung des Unternehmens im Mittelpunkt unseres Gesprächs steht. Und dann dieser Satz: »Das ist nicht mehr mein Unternehmen!« – ein Satz wie ein Fanal aus dem Mund einer leitenden Führungskraft, die über dreißig Jahre in der Firma gearbeitet hat.

Natürlich muss ich nachfragen: Was war das Besondere an seinem Unternehmen? Was hat ihn gebunden und über so viele Jahre hinweg verpflichtet? Und welche Unterschiede gibt es zwischen »seinem« und dem heutigen Unternehmen? »Damals war es einfach besser«, sagt er. »Was war denn wirklich besser?«, hake ich nach. »Alles!« ist die schlichte Antwort.

Historisches Verdrängen und Schönfärben, könnte man sagen, eine typische Alterskrankheit – und dann zur Tagesordnung übergehen. Wenn es so einfach wäre! Hinter der Verklärungsneigung steckt noch eine weitere, für mich ganz zentrale Botschaft:

Zukunftsentwicklungen verursachen immer Unbehagen! Auch in Unternehmen.

Ich bin in dieser Frage nicht verklärungs- und verdrängungsanfällig. Ich habe Daimler-Benz in den angeblich besten Zeiten verlassen. Nach meiner Zeit begann das Unternehmen mit einem radikalen Strategiewechsel. Hätte ich es geahnt, wäre ich vielleicht geblieben. Aus der schwäbischen Autoschmiede sollte ein international agierender Technologiekonzern werden, das war die Vision von Edzard Reuter. Die Strategie ging nicht auf.

Eine schlechte Erfahrung reichte dem Konzern jedoch nicht als Lernprogramm. Er musste noch einmal durch das »Tal der schlechten Träume« mit der Idee eines integrierten Verkehrskonzerns – auf der

> Immerhin war es nunmehr kein lokaler, sondern ein internationaler Flop. Wenn das keine Entwicklung ist?

Straße, auf der Schiene und in der Luft. Auch dieses Kapitel ging gründlich schief! Immerhin war es nunmehr kein lokaler, sondern ein internationaler Flop. Wenn das keine Entwicklung ist? Übrig geblieben ist das alte Kerngeschäft. Schwäbische PKW und LKW. Etliche Arbeitsplätze blieben auf der Strecke und mussten, wenn auch sozialverträglich, abgebaut werden.

»Das waren doch alles Verrückte, krank vor Ehrgeiz«, sagt mein Verklärungs-Spezi. »Es ist immer das gleiche Spiel: Die wollen immer mehr und kennen keine Grenzen. Strategische Großmannssucht, wohin man schaut! Auf diese Weise fahren die ein ganzes Unternehmen an die Wand. Und die Arbeitsplätze sind flöten!« An diesem Tage hat er es offensichtlich mit diesen selbstgewissen Fanalen. Ich habe da viele Fragezeichen.

Sind das tatsächlich alles Verrückte, die sich neue Geschäftsstrategien erdenken? Riskieren sie leichtsinnig den Fortbestand von Arbeitsplätzen, weil sie ihr Ego in den Mittelpunkt stellen? Zugespitzt gesagt: Zerstört der Ehrgeiz der Bosse Arbeitsplätze?

Verrückte verändern das Business

Achtung! Minestronegefahr!

So nenne ich das, wenn verschiedene Begriffe und Vorstellungen in den gleichen Top geworfen, herumgerührt und durchgekocht werden. Genau genommen haben wir es sogar mit zwei Töpfen zu tun.

> Arbeitsplätze verändern sich, und das bringt Mitarbeiter in die Bredouille.

Im ersten Topf köchelt die Sache mit den Arbeitsplätzen. Wenn von zerstörten Arbeitsplätzen geredet wird, dann ist der Blick in aller Regel auf ein Unternehmen, manchmal auf eine Branche gerichtet. Betrachtet man das Business insgesamt, so sind in Deutschland in den letzten Jahren wieder Arbeitsplätze entstanden. Zum Glück! Aber sie sind an anderer Stelle, in anderen Branchen und Unternehmen entstanden. Bei genauerer Betrachtung geht es also gar nicht um die Zerstörung von Arbeitsplätzen, sondern um die Umschichtung. Arbeitsplätze verändern sich, und das bringt Mitarbeiter in die Bredouille.

Im zweiten Topf dampft es erheblich stärker. Da kochen Begriffe wie Verrücktheit, strategische Großmannssucht und krankhafter Ehrgeiz. Lassen Sie uns die Begriffe nacheinander aus dem Topf fischen und überprüfen, welches Verhalten der Bosse tatsächlich riskant ist für den Fortbestand des Unternehmens und die Arbeitsplätze der Mitarbeiter.

Zunächst ist da die Sache mit den Verrückten. Woran denken Sie, wenn Sie an verrückte Menschen denken?

Vielleicht an jenen Herren:

Seine Karriere begann er als Verkäufer für Süßigkeiten und Zeitungen in Zügen. Später arbeitete er als Telegraf und erdachte wichtige Neuerung für diese Form der Nachrichtenübermittlung. Mit dem von ihm entwickelten Phonografen bereitete er dem Schallplattenspieler den Weg. Seine Erfindungen ermöglichten die ersten Ferngespräche. Außerdem entwickelte er die Glühlampe und gründete GE, Vorbild für alle integrierten Technologiekonzerne dieser Welt.

Exakt, ich spreche von Thomas Alva Edison.

Noch so ein Freak, den Sie garantiert kennen: Er war das uneheliche Kind einer Dienstmagd, konnte aber dennoch am Karlsruher Polytechnikum studieren. Seine wichtigste Idee wurde in der Öffentlichkeit als Schnapsidee verspottet. Sie hat trotzdem unser Leben revolutioniert. Wobei man bis heute nicht weiß, wer verrückter war – der Erfinder oder seine Frau.

Haben Sie ihn? Ja, es ist Carl Benz, der 1886 das Patent für den ersten praxistauglichen Kraftwagen anmeldete. Zwei Jahre später unternahm seine Frau Berta die erste Fernfahrt von Mannheim nach Pforzheim.

Und was ist mit dem hier:

Er machte zwar einen Highschool-Abschluss, aber das Studium hat er abgebrochen. Angeblich soll er bereits beim ersten Auftrag seinen Freund und Partner übers Ohr gehauen haben. Beide zusammen haben es dann einige Zeit später mit Telefongesellschaften getan: Ihre blue box erzeugte einen Ton, mit dem man Ferngespräche kostenlos führen konnte. Er hat die Computer-, Musik- und Telefonbranche revolutioniert und zwischendurch dem Trickfilm zu neuen Dimensionen verholfen. Als schlecht-bezahltester CEO schaffte er es in das Guinness-Buch der Rekorde.

Natürlich, ich spreche von niemand anderem als Steve Jobs.

Edison, Benz und Jobs – eines haben alle drei gemeinsam. Sie waren verrückt.

Edison, Benz und Jobs. Drei Unternehmer aus zweieinhalb Jahrhunderten. Es gibt Ähnlichkeiten. Alle drei hatten nicht ganz einfache Startbedingungen: Edison war nur wenige Monate in der Schule und wurde danach von seiner Mutter unterrichtet. Benz war das uneheliche Kind einer Dienstmagd, konnte aber dennoch studieren. Jobs machte zwar seinen Highschool-Abschluss, brach aber sein Studium ab.

Eines haben alle drei gemeinsam. Sie waren verrückt. Zumindest im Urteil der meisten Zeitgenossen. »Ver-rückt«! Sie haben ihren Blick auf das Geschäft ver-rückt. Sie haben sich von dem gedanklichen Mainstream verabschiedet und das Geschäft aus einem anderen Blickwinkel betrachtet.

Zu jedem Geschäft gehören Grundannahmen. Manchmal werden sie zu regelrechten Glaubenssätzen, zu basic beliefs: Sex sells; die Anzahl der Klicks entscheidet im Netz; Autos müssen groß und schnell sein, damit sie begehrenswert sind; Menschen wollen im Urlaub Sonne, Sicherheit und Komfort. Trennt man sich von diesen Glaubenssätzen, diesen ehernen Gesetzen, dann entstehen neue Perspektiven auf Markt und Kunde. Und genau das machen die Verrückten. Sie stehen am Ufer und sehen Bedürfnisse und Möglichkeiten, die sich denen nicht erschließen, die mit dem Fluss schwimmen.

Sie riskieren es dann auch noch, ihre spinnigen Ideen Realität werden zu lassen. Geht es gut, sind sie Helden, über die man Filme dreht. Geht es schief, dann kräht kein Hahn danach. Warum? Persönliches Risiko! Andere sind nur marginal betroffen. Die Start-up-Helden haben einen Start-Vorteil: Sie können nichts ruinieren, weil es noch nicht zu ruinieren gibt, bis auf sich selbst.

Übrigens geht es sehr viel häufiger schief als gut! Man geht davon aus, dass rund 70 Prozent der Start-ups die ersten fünf Jahre nicht überleben. Viele dümpeln dann als Miniunternehmen vor sich hin. Die Quote der Verrückten, die es nicht einmal bis zur Gründung schaffen, ist nach meiner Erfahrung noch deutlich höher.

Aber wenn es gut geht, dann schafft diese Verrücktheit jede Menge Arbeitsplätze. Ohne Verrücktheit kein neues Geschäft. Ohne neues Geschäft kein Fortbestand des Unternehmens und seiner Arbeitsplätze. Verrücktheit ist untrennbar mit Unternehmertum verbunden. Sie ist Voraussetzung für Schumpeters »kreative Zerstörung«, wobei »Zerstörung« für das In-frage-Stellen von Glaubenssätzen steht, und »kreativ« für das Finden neuer Lösungen.

> Wenn es gut geht, dann schafft diese Verrücktheit jede Menge Arbeitsplätze.

Wenn Verrücktheit unverzichtbar ist, warum hat sie dann einen so schlechten Ruf?

Die Türsteher

In den Start-ups wird die Verrücktheit bewundert. Manchmal mit einer kopfschüttelnden inneren Distanz, aber sie wird bewundert. Einen schlechten Ruf hat Verrücktheit dagegen in arrivierten Unternehmen. Das zeigt auch die Geschichte der drei Vorzeige-Verrückten Edison, Benz und Jobs. Sie haben nämlich noch eines gemeinsam: Sie haben alle drei die Kontrolle über ihr Unternehmen verloren.

Edison war nach verschiedenen kapitalzehrenden Fusionen nur noch kleinerer Aktionär. Benz zog sich mehrfach aus den von ihm gegründeten Unternehmen verärgert zurück. Jobs wurde vom Pepsi-Sculley aus dem eigenen Unternehmen gedrängt. Er ist allerdings auch der Einzige von den Dreien, der es sich zurückeroberte und es letztlich – zumindest für eine kurze Zeit – zum wertvollsten Unternehmen der Welt machte.

Erfolgreiche und angesehene Unternehmen können mit Verrückten wenig anfangen. Für mich hat das zwei einfache Gründe:

- Verrückte stellen zu viel infrage, vor allen Dingen den Erfolg!
- Verrückte verunsichern die Mannschaft!

Die Aversion gegen Verrücktheit liegt in der Natur des Erfolgs. Er will sich reproduzieren. Er muss sich reproduzieren, um den Finanzierungsbedarf und die Ertragserwartungen zu befriedigen. Verrückte stören. Verrückte stellen ja gerade den aktuellen Erfolg in Frage.

> **Arrivierte Unternehmen leisten sich sogar professionelle Türsteher, Personalmanager, die Verrückte in aller Regel aussortieren.**

Durch Erfolg werden Unternehmen arriviert. Arrivierte Unternehmen leben in dem Gefühl, den Erfolg gepachtet zu haben, und dann stört Verrücktheit noch mehr. Arrivierte Unternehmen leisten sich sogar professionelle Türsteher, Personalmanager, die Verrückte in aller Regel aussortieren. Manchmal gelingt es einigen Exoten, sich an den Türstehern vorbei zu mogeln und Karriere zu machen. Das sind dann Manager, die versuchen, das Unternehmen von Grund auf neu zu gestalten.

Jetzt kommen die Mitarbeiter ins Spiel. Erneuerung ist immer mit Umgestaltung und tiefgreifenden Veränderungen verbunden. Veränderungen verunsichern: Was wird mit mir und meinem Arbeitsplatz? Muss das denn sein? Uns geht's doch gut! Stoppt diese Verrückten!

Leider haben verrückte Ideen in arrivierten Unternehmen wenig Erfolgschancen. Alle vorhandenen Ressourcen sind gebunden. Sie müssen das laufende Geschäft absichern. Keine Kapazität für Neues und Verrücktes. Dies gilt vor allen Dingen für die interessantesten Köpfe im Unternehmen. Sie könnten außergewöhnliche Ideen zum Erfolg führen. Leider glaubt man, dass sie für das Stammgeschäft unverzichtbar sind! Und dann fehlen sie für die Gestaltung der Unternehmenszukunft. Zieht man sie ab, dann kommt das Stammgeschäft ins Trudeln. Um so etwas wie Stammgeschäft mussten sich Edison, Benz und Jobs in der Anfangsphase überhaupt nicht kümmern. Sie hatten keines!

Nach meiner Einschätzung ist das übrigens einer der Gründe, die zu den Problemen im Daimler-Benz-Konzern führten. Reuters Gefolgsleute wurden dringend für die zugekauften Geschäfte benötigt – Elektronik, Dienstleistung, Luft- und Raumfahrt mussten strategisch integriert werden. Eine schier unlösbare Aufgabe, wie sich später herausstellte. Ihr Managementpotenzial fehlte im Stammgeschäft und konnte auch nicht wirklich kompensiert werde. Qualitätsprobleme und fehlpositionierte Produkte waren die Folge.

An dieser Stelle kommt jetzt die strategische Großmannssucht ins Spiel. Sie schwimmt immer noch im zweiten Minestrone-Topf herum.

> **Kann gut gehen, hat aber auch keine viel höhere Erfolgswahrscheinlichkeit als die 36 beim Roulette.**

Manchmal neigen Topmanager dazu, die Schwierigkeit der Strategieumsetzung zu unterschätzen. Der Erfolg aus dem angestammten Geschäft wird auf alles und jedes übertragen. Wenn uns das eine gelingt, dann gelingt uns auch das andere. Aber sicher doch! Mit dieser Haltung wird die anstehende Veränderung gewaltig unterschätzt.

Unbekannte Märkte mit komplett neuen Leistungen zu erschließen, ist eine hoch riskante laterale Diversifikation. Ich nenne es einfach: Roulette für Unternehmenschefs. Alles auf die 36. Kann gut gehen (siehe Mannesmann und die Gründung von D2 privat), hat aber auch keine viel höhere Erfolgswahrscheinlichkeit als die 36 beim Roulette.

Wer es trotzdem versucht, und dabei auch noch wie selbstverständlich auf seinen angestammten Erfolg vertraut, der ist nicht nur verrückt, sondern auch maßlos. Die eigene Selbstherrlichkeit drängt sich vor das eigentlich vorhandene Risikobewusstsein. Und das darf man dann zu Recht strategische Großmannssucht nennen.

Richtig gefährlich wird es, wenn erste Erfahrungen über Schwierigkeiten vorliegen und keine Kurskorrektur vorgenommen wird. Wenn klar ist, dass die Neuerungen doch nicht so einfach durchzusetzen sind wie gedacht, und dennoch der eingeschlagenen Weg weiterverfolgt wird.

Im schlimmsten Fall halten Bosse an ihren Plänen fest, weil ihr Ego es ihnen nicht gestattet sie aufzugeben. Dann versuchen sie sich auf Kosten des Unternehmens und ihrer Mitarbeiter einen Namen zu machen – und das ist dann in der Tat krankhafter Ehrgeiz.

Nach einem Ausflug in die integrierte Technologie, nach dem Traum vom eigenen Flugzeugbau und der großen amerikanischen Affäre ist man dann letztlich wieder da, wo man gestartet ist: aus Stuttgart heraus Autos in aller Welt für die Welt bauen. Der Name Carl Benz ist dabei leider auf der Strecke geblieben. Andere Unternehmen haben die mentale Abwesenheit des einstigen Marktführers zu ihren Gunsten genutzt.

Keine Experimente?

Ich wundere mich nicht, dass Mitarbeiter den Chefs ihren Ehrgeiz zum Vorwurf machen. Immerhin wird hier aus selbstsüchtigen Gründen mit der Zukunft des Unternehmens gespielt. Sollten wir also die vorsichtigen Keine-Expe-

Vorsicht! Es ist noch lange nicht gesagt, dass vorsichtige Bewahrer tatsächlich Arbeitsplätze sichern.

rimente-Bewahrer an der Unternehmensspitze bejubeln? Immerhin hat eine Partei genau mit diesem Slogan »Keine Experimente« die absolute Mehrheit der Bundestagswahl 1957 gewonnen. Ein einmaliger Erfolg. Keine Experimente als Maxime für Unternehmensführung?

Vorsichtig! Es ist noch lange nicht gesagt, dass vorsichtige Bewahrer tatsächlich Arbeitsplätze sichern. Aber ihre Haltung wird von vielen Mitarbeitern geschätzt. Unter ihrer Führung entsteht wenig Verunsicherung.

Leider werden sie auf den Märkten genau von denen attackiert, die ein Geschäftsmodell erfolgreich verrückt haben. Die wenigen, die es schaffen, reichen aus, um Bewahrer unter Druck zu setzen. Die Attacke von Apple und Samsung auf den bis dahin unangefochtenen Marktführer Nokia ist ein typisches Beispiel. Smartphones mit Touchscreen und Millionen Apps hatten die arrivierten Finnen nicht auf dem Schirm. Die Attacke war so vernichtend, dass Nokia seine Telefonsparte an Microsoft verkaufen möchte, mitsamt den 32 000 Mitarbeitern. Ich bin gespannt, wie viele Arbeitsplätze wirklich erhalten bleiben.

Zentrale Aufgabe des Topmanagements ist die vorausschauende Selbsterneuerung: den Entwicklungsbedarf antizipieren und rechtzeitig die erforderliche Veränderungsprozesse einleiten; auch wenn Kunde und Markt verrücktspielen. Warum fällt diese Erneuerung aus eigener Kraft gerade erfolgreichen und arrivierten Unternehmen besonders schwer?

Die schiere Größe, eine stark ausgeprägte Risikoaversion (die Türsteher machen einen guten Job) und träge, gegen alle Störungen abgesicherte Prozesse blockieren die rechtzeitige Anpassung an Marktentwicklung. Sie fokussieren sich so lange auf das angestammte Geschäft, dass es letztlich zu einem Klammern an alte Erfolge wird.

Mit Hinweis auf gefährdete Arbeitsplätze sollen Marktspielregeln außer Kraft gesetzt werden.

Hinzu kommt ein merkwürdiges Too-big-to-fail-Bewusstsein. Wir sind als Unternehmen so groß und stellen der Gesellschaft so viele Arbeitsplätze zur Verfügung, dass man uns nicht fallen lassen kann und wird. Dieses Gefühl wird ja auch immer wieder einmal bestätigt, wenn die Politik Arbeitsplätze rettet und dafür natürlich angemessen gefeiert wird. Mit

Hinweis auf gefährdete Arbeitsplätze sollen Marktspielregeln außer Kraft gesetzt werden. Das ist meist die letzte Ausfahrt vor dem Ende der ausgebauten Strecke. Wettbewerbsfähig wird ein Unternehmen auf diese Weise nicht.

Offensichtlich gibt es ein großes Dilemma, dass man nicht aus der Welt schaffen kann. Man muss schon verrückt sein oder zumindest verrückte Ideen haben, um ein Unternehmen in Richtung Zukunft zu navigieren. Das bedeutet: hohes Risiko und großen Widerstand im Unternehmen. Vorsichtiges Bewahren hilft aber auch nicht. Es ist meine feste Überzeugung, dass dadurch kein Arbeitsplatz sicherer wird. Türsteher bringen es nicht, Verrückte auch nicht! Was dann? Beides gleichzeitig? Nach meiner Erfahrung führt ein wenig Bewahren und ein bisschen Verrücktheit zu diesen lauwarmen Innovationen, die am Markt keinen vom Hocker reißen und dennoch für Verunsicherung im Unternehmen sorgen. Das Schlechteste aus beiden Welten sozusagen.

Und jetzt? Ich persönliche tendiere zu den Verrückten. Sie haben meine Sympathie. Eine Präferenz, mehr nicht. Keine Sicherheit! Denn hinter all dem steht die bittere Erkenntnis: Arbeitsplätze haben keine Bestandsgarantie. Und schon gar nicht lassen sie sich durch gezieltes Handeln im Unternehmen sichern.

Arbeitsplätze haben keine Bestandsgarantie. Und schon gar nicht lassen sie sich durch gezieltes Handeln im Unternehmen sichern.

Topmanager sind – wenn es um Arbeitsplätze geht – die falschen Adressaten. Eigentlich müssten da die Kunden ran. Denn die entscheiden, welche Produkte und Dienstleistungen überhaupt nachgefragt werden, und sind damit die viel entscheidenderen Akteure auf dem Markt. Nur: Fühlen die sich da überhaupt in der Pflicht?

König Gnadenlos

Moderne Gesellschaften haben eine prinzipielle Präferenz für das Neue und Aufregende, sagt Niklas Luhmann. Das Neue setzt sich durch, unabhängig davon, ob es auch das Bessere ist. Kunden sind auf der Suche nach dem neuesten Hype. Drei Suchbewegungen halte ich für besonders interessant.

Die Suche nach dem Besonderen, dem Einmaligen ist ungebrochen. Letztlich wird ein unvergleichliches Prestigeversprechen gesucht. Diese Kunden wollen sich abheben. Sie folgen dem Produkt, das den höchsten Distinktionsgewinn verspricht. Die First Mover haben jedes elektronische Gadget, jedes modische Accessoire als erste. Haben es alle, dann ziehen sie weiter. Verrückt, nicht wahr? Ist eine Innovation erfolgreich und schafft Begehrlichkeit bei vielen, dann ziehen die Prestigesucher weiter. Aber die anderen werden immer folgen. Irgendwann! So wird diese Suche zu einer Flucht vor dem Verlust an Prestige.

Andere sind auf der Suche nach dem ultimativen Schnäppchen. Wie Nomaden wandern sie mit dem günstigsten Preis. In den Ich-bin-doch-nicht-blöd-Shops scheint es normal zu sein, Barcodes einzuscannen, einen günstigeren Preis zu suchen und das Verkaufspersonal damit zu konfrontieren. Die Kunden sind einfach nicht blöd!

Die letzte Suchbewegung finde ich besonders spannend: Einkäufe werden zu Raubzügen! Der große Fischfang – the big haul.

Ich bin durch Zufall auf dieses Big-Haul-Phänomen gestoßen. Für eine Parfümeriekette sollten neue Geschäftsmodellideen entwickelt werden. Wir mussten uns intensiv mit der Zielgruppe »junge Frauen« auseinandersetzen und dabei haben wir diese Parallelwelt entdeckt. Und die sieht so aus: Junge Frauen gehen auf eine Einkaufstour. Wie bei einem Fischzug durchstöbern sie Mode-, Kosmetik und Accessoire-Shops auf der Suche nach einem attraktiven Angebot. Attraktiv bedeutet: günstig, neu, spannend oder einfach nur interessant. Vor einer Kamera wird dann das Ergebnis des Raubzugs präsentiert und ausführlich besprochen. Natürlich wird auch das neue Make-up sofort ausprobiert. Die Kurzvideos werden auf Youtube gepostet.

Wen das interessiert? Mehr Menschen als sie denken!

Mary hat doppelt so viele Clicks wie das gehypte Produktvideo des i3 von BMW mit Joschka Fischer.

Folgen Sie einmal den Spuren von beautypeachiii und Mary M. Sie werden überrascht sein. Wenn man die Aufrufe und Followerzahlen nimmt, dann interessiert der Shopping-Channel mehr Menschen als die meisten Produktvideos renommierter Firmen. Immerhin hat Mary doppelt so viele Clicks wie das gehypte Produktvideo des i3 von BMW mit Joschka Fischer. Könnte natürlich an Joschka Fischer liegen. Stimmt nicht! Junge Kunden orientieren sich eben eher am Kaufverhalten ihrer Social-Media-Community – und lassen aufwändig produzierte Werbekampagnen einfach links liegen.

Die einen sind auf der Suche nach den Maximalprestige und dem größten Dinstinktionsversprechen. Die anderen folgen der schier unendlichen Preis- und Schnäppchenkaravane. Und die dritten folgen ihren Vorbildern in den Social-Media.

Sind das exotische Verhaltensmuster? Exotisch nicht, vielleicht jetzt noch extrem! In meinen Augen wird das Konsumalltag. Bindung an eine Marke oder ein Produkt: Das ist gestern! Heute ist: Suche nach dem Hype. Feste Bindung ist out. Loyalität zu einem Anbieter ein Fremdwort. Das hat natürlich Konsequenzen.

Vordergründig: Die ganzen Kundenbindungsprogramme kann man sich schenken! Wenn Kunden sich prinzipiell nicht mehr binden lassen wollen, dann steckt man das Geld besser gleich in einen günstigeren Preis, in mehr Prestige oder man finanziert die jungen Youtube-Ladies.

Der Kunde ist zunehmend auf das Produkt und die Leistung fokussiert – am Ende ist es marginal, welches Unternehmen dahinter steht, es sei denn, man macht das Unternehmen selbst zu einer Kultmarke. Kunden haben kein Interesse daran, was das für ein Unternehmen ist, dessen Produkte sie gerade kaufen oder in dessen Shops sie gerade sind – Schlecker lässt grüßen!

Den Konsequenzen ihres Konsumverhaltens stehen moderne Kunden relativ gleichgültig gegenüber. Wen interessiert es, dass am Ende der Schnäppchen-Kette prekäre Arbeit steht? Keine Gnade für Unternehmen. Keine Rücksichtnahme auf Arbeitsplätze, die durch ihr Verhalten gefährdet werden. Wenig Interesse an den Beschäftigungsbedingungen in der Herstellungskette. Die Politik mag Opel retten und dafür den Applaus des wählenden Publikums kassieren. Aber glauben Sie bitte nicht, dass sich die gleichen Menschen aus Solidarität mit den gefährdeten Arbeitsplätzen einen Opel kaufen!

> Wen interessiert es, dass am Ende der Schnäppchen-Kette prekäre Arbeit steht? Keine Gnade für Unternehmen.

Unternehmen können also gar nicht anders, als die Konsum- und Investitionslaunen ihrer Kunden zu respektieren und ihnen wertschätzend gegenüber zu treten. Respekt ja! Loyalität nein, denn sie wird nicht erwidert.

Unternehmer in eigener Sache

Verrückte schaffen Arbeitsplätze, können sie aber auch zerstören.

Die bittere Wahrheit ist also: Bosse können durch Leichtsinn und fehlgeleiteten Ehrgeiz genauso Arbeitsplätze gefährden, wie durch unterlassene Anpassung an neue Wettbewerbsbedingungen. Für den Anpassungsdruck sind aber die so genannten »Märkte« verantwortlich – dieser Begriff ist letztlich nur eine schlechte Tarnung für das Konsumverhalten der Kunden. Und in vielen Kunden steckt ein kleiner Arbeitsplatz-Vernichtungs-Schurke.

Das ist also die Lage: Verrückte schaffen Arbeitsplätze, können sie aber auch zerstören. Bewahrer erhalten Arbeitsplätze, können sie aber auch durch unterlassene Anpassung vernichten. Beide – Verrückte und Bewahrer – handeln mit guter Absicht. Das unterstelle ich einfach. Managementleistungen werden aber nicht nach Absicht beurteilt, sondern nach Wirkung. Beide Verhaltensmuster bewirken keine Arbeitsgarantie. Können sie auch gar nicht.

Eigentlich gibt es nur einen Weg aus dem Dilemma: Mitarbeiter müssen die Sicherung ihrer Beschäftigung selbst in die Hand nehmen und zusehen, dass sie für den Arbeitsmarkt attraktiv bleiben. Keine leichte Aufgabe, wenn man noch nicht weiß, was die Zukunft bringen wird, oder?

Zum Ersten braucht es einen klaren Blick für die eigene Arbeitssituation: Lerne ich dazu? Bleibe ich in meinem Fachgebiet tatsächlich state of the art? Ist das, was man mir als Karriere verkauft, wirklich eine Chance zur Weiterentwicklung oder soll ich nur eine Personallücke füllen? Und zum Zweiten braucht es Mut eine Entscheidung zu treffen.

Das führt zurück zu dem Treffen mit meinen Daimler-Spezis. Natürlich kommen sie auch auf meinen Ausstieg zu sprechen. Ich hätte den richtigen Zeitpunkt zum Absprung geschafft, so die einheitliche Einschätzung. Komisch ist nur, dass mich die gleichen Menschen damals für einen ausgemachten Vollidioten hielten. Die Richtigkeit von Karriereentscheidungen zeigt sich nur im Rückspiegel.

Keine Sorge, Sie müssen mich nicht nachahmen und sich sofort selbstständig machen. Es reicht schon, wenn Sie Unternehmer in eigener Sache werden. Und dazu gehört, wie Sie wissen, eine gesunde Portion Verrücktheit.

Irrtum 7
An der Spitze trifft man nur Arschlöcher

Unternehmer und Topmanager zu beschimpfen hat in Deutschland Tradition. Den »germanischen Gully« hat die *FAZ* diese Art von dauerhaftem Empörungszustand genannt. Allerdings werden die Vorhaltungen in jüngerer Zeit immer schriller. Wenn man Medien und Social Networks glauben will, dann finden sich in den Führungsetagen ausschließlich Arschlöcher – und zwar in Form deformierter Persönlichkeiten. Wir arbeiten nicht mehr in Unternehmen, sondern in Irrenhäusern. Die Bosse: allesamt gestört.

> Wir arbeiten nicht mehr in Unternehmen, sondern in Irrenhäusern. Die Bosse: allesamt gestört.

Wer Erfolg haben will, der muss selbst zum Psycho- und Soziopathen werden. Und dafür braucht es dann den entsprechenden »Arschlochfaktor«: egomanisch, intrigant, tyrannisch, unmenschlich. Selbst der seriöse Soziologe Richard Sennett versteigt sich in seinem Buch *Zusammenarbeit* zu der Aussage: »Im Geiste der Großzügigkeit sollten wir deshalb den Banker nicht als Menschen abschreiben.« Ist das nicht skurril? Erst wird en passant ein Stereotyp gebildet – »die Banker« – und dann darf sich jeder Einzelne aus der Gruppe wieder als Mensch bewerben. Wirklich großzügig!

Was ist eigentlich los, dass sogar der Blick von Wissenschaftlern getrübt ist? Besteht das gesamte Spitzenpersonal der Wirtschaft tatsächlich nur noch aus Arschlöchern? Ist charakterliche Deformation zwischenzeitlich Voraussetzung für Karrieren?

Ein ganz normaler Rosenkrieg

Das sind schon heftige Vorwürfe, die da an einen ganzen Berufsstand adressiert werden. Auch die Umfragewerte sprechen eine eindeutige Sprache: Das Image der Top-Führungskräfte hat sich in den letzten Jahren deutlich verschlechtert. Im Forsa-Beliebtheits-Ranking der Berufe liegen Manager nur noch auf Platz 25. Im GfK-Vertrauensindex liegen sie auf dem vorletzten Platz. Sie können sich damit trösten, dass sie in beiden Rankings vor den Politikern liegen. Auch Journalisten kommen nicht sehr viel besser weg. Ist doch herrlich verrückt, oder? Diejenigen, die am meisten über Manager schimpfen, und die Beschimpften teilen sich in trauter Eintracht die letzten Plätze.

Was ist der Grund für den Image- und Vertrauensverlust der Manager? Haben sie ihren Job nicht gemacht? Das kann wohl nicht sein. Überall in der Welt spricht man von der Wettbewerbsstärke der deutschen Wirtschaft. Der deutsche Mittelstand gilt als Reservoir der »hidden champions«, und auch die großen Publikumsgesellschaften konnten sich in den letzten zehn Jahren gut behaupten. Das ist sicherlich auf die fachliche Stärke und das Engagement der Mitarbeiter zurückzuführen. Aber eben auch auf Manager und Unternehmer, die einen guten Job gemacht haben. Interessant ist übrigens, dass zu Zeiten des besseren Images der Manager die Lage der deutschen Wirtschaft nicht unbedingt besser war.

Die Sprungweite ist weltmeisterlich; die Haltungsnote unteriridsch.

Es geht also nicht um den guten Job. Offensichtlich geht es um die Interaktion zwischen Managern und Öffentlichkeit. Management-Verhalten findet immer weniger Akzeptanz. Wenn man so will: Die Sprungweite ist weltmeisterlich; die Haltungsnote unterirdisch.

Ich habe im Alltag immer wieder mit den Geschmähten zu tun. Eine flächendeckende Anhäufung pathologischer Verhaltensmuster ist mir nicht begegnet. Warum also diese ehrabschneidende Charakterisierung, dieser ungeheure Zorn? Warum ist die Debatte so schrill geworden?

»Wenn es schrill und maßlos wird«, hat ein befreundeter Therapeut gesagt, »dann riecht es nach Rosenkrieg«. Rosenkriege entstehen aus enttäuschter Liebe. Im Business aus enttäuschten Erwartungen.

Da hat man sich den integren und souveränen Erfolgsmenschen als Boss gewünscht; charmant, altruistisch, mitarbeiterorientiert, mit einem hohen Maß an gesellschaftlicher Verantwortung und überbordendem Ideenreichtum – so eine Gauck-Clooney-Jobs-Melange. Und was hat man bekommen: ganz normale Typen, die das angebotene Geld mitnehmen, so wie es der Rest der Nation auch tun würde, wenn er es angeboten bekäme. Menschen mit Stärken und Schwächen, so wie du und ich. Karl-Heinz Büschemann hat es in der *SZ* schärfer formuliert: »Nur Narren erwarten von Führungskräften, dass sie unfehlbar sind!«

Das Bedürfnis nach moralischem Vorbild und großherziger Ausstrahlung kann so stark ausgeprägt sein, dass es den Blick auf die kleinen menschlichen Schwächen einer Person verstellt. Sie wird idealisiert, und dann ist man enttäuscht, wenn sie nicht das hält, was man sich von ihr versprochen hat. Und sehr schnell wird aus dem erhofften Vorbild ein Blender gemacht, ein blendender Versager. Wieder einmal mehr Schein als Sein. Und dann stehen sie sich wütend gegenüber: die mit den hohen Erwartungen und die ganz normalen Typen. Ich kann die Enttäuschung verstehen. Sogar die Wut. Ich wünsche mir allerdings, dass die Wütenden auch ihren eigenen Anteil an dem Desaster erkennen könnten – nämlich die überzogenen Erwartungen.

> Und dann stehen sie sich wütend gegenüber: die mit den hohen Erwartungen und die ganz normalen Typen.

Es gibt noch einen zweiten Auslöser für die Wut: persönliche Entlastung. Wer ein Problem auf das Fehlverhalten Einzelner reduziert, der muss sich mit dem Ganzen nicht mehr beschäftigen. Individuelle Pathologien ersparen unangenehmes Nachdenken. Die falsche Hoffnung: Man muss nur die Schuldigen austauschen, dann wird alles besser.

Ich frage mich, ob nicht viele Verbraucher längst ein Teil des Problems geworden sind: Sie verursachen durch ihr Kaufverhalten die wirtschaftlichen Sauereien mit, die sie den Managern zu Last legen. Die Verantwortung dafür übernehmen sie nicht. Der Grund? Vermeidung von Schuldgefühlen. Es ist halt viel komfortabler, sich über die kriminelle Energie der Geflügelmafia zu erregen, als das eigene Konsumverhalten kritisch zu überprüfen. Gott erhalte uns diese Schurken an der Unternehmensspitze, dann können wir uns selbst gut fühlen. Manchmal habe ich das Gefühl, dass diese ungeheuren Empörungswellen über Manager nichts anderes ist als Verlagerung von Verantwortlichkeiten. Schließlich sitzen Kunden immer am längeren Hebel. Sie nutzen ihn aber nicht. »Wenn Schuldige Schuldige suchen, dann müssen sich die Unschuldigen in Acht nehmen!«, hat Mark Twain dazu angemerkt.

Das große narzisstische Spiel ist der dritte Grund für die Wut. Legitim ist das geworden, was den eigenen Interessen dient. Die eigene Meinung ist die alleingültige Richtschnur. »Auf der Straße laufen Tausende von Weltherrschern, Richtigmachern, Erlösern, Freibeutern, Philosophen, Gurus und Partisanen herum. Gerüchte werden zur Wahrheit erklärt. Die Gefühle dienen als Wegweiser. Die eigene Meinung hat ein allgemeingültiges Recht erlangt«, sagt Ekkehardt Baumgartner. In den Social Networks sind es Millionen, möchte ich ergänzen.

Zugespitzt: Jeder weiß, was richtig ist. Jeder ist der Vorstandsvorsitzende seiner mentalen Ich-AG. Wenn sie Arschlöcher suchen: In den anonymen Reaktionen und Kommentaren im Netz und auf interaktiven Plattformen werden Sie garantiert fündig! Eine Gesellschaft im Beschimpfungs- und Empörungsrausch. Enttäuschte Erwartungen, persönliche Entlastungen und das narzisstische Spiel sind in meinen Augen aber für das Schrille und Verletzende an der Kritik verantwortlich.

> Es gibt Bosse, die halte sich für Ghandi, sie ähneln in ihrer Wirkung aber eher Josef Stalin.

Dabei ist die Kritik in ihrem Kern – was das Verhalten von Top-Führungskräften angeht – durchaus berechtigt. Auch ich würde schlechte Haltungsnoten vergeben, allerdings aus anderen Gründen. Was ich an Managern kritisiere, ist, dass sie die Wirkungen ihrer Verhaltensweisen falsch einschätzen. Sie haben noch immer nicht begriffen, dass sie öffentliche Personen sind, deren Verhalten besonders kritisch beäugt wird. Es gibt Bosse, die halten sich für Ghandi, sie ähneln in ihrer Wirkung aber eher Josef Stalin.

Es gibt typische Muster, die ich bei Führungskräften immer wieder entdecke. Jobspezifische Deformationen. Und das führt mich zur Frage: Verändert der Managerberuf den Menschen? Bei meinem alten Freund Benny war es der Fall!

K wie Karriere

Aus Benny – so haben wir ihn immer gerufen – ist ein stattlicher Ben geworden, so nennt er sich jetzt. Er ist jetzt Chef eines internationalen Konzerns, ich habe seine Karriere aus der Distanz verfolgt. Seit neuestem hat er hinter dem Ben noch ein K. Ben K., das gab es zu Studienzeiten noch nicht.

Bei einem unserer seltenen Anrufe stellten wir fest, dass wir beide am übernächsten Tag in München sein würden. Aus der Schnapsidee, sich abends nach all den Jahren wieder einmal zu treffen, wurde Ernst. Ich bekam eine E-Mail von seiner Assistentin. »19:00 Uhr, Treffpunkt bei Ihrem alten Italiener. Ben hat mir gesagt, Sie wüssten, welches Restaurant gemeint ist«, stand da und darunter ihr Name verbunden mit einem »persönliche Assistentin von …« Da habe ich es dann zum ersten Mal entdeckt, dieses merkwürdige K. zwischen Vor-und Nachnamen. K. wie Karriere. »Ben Karriere, und sie duzt ihn. Na, das wird spannend«, ging mir durch den Kopf. Also sagte ich zu. Spannend wurde es nicht, eher denkwürdig.

Mit einer diffusen Mischung aus Nostalgie und Befremden betrete ich den Gastraum. Aus unserer alten Pizzeria da Carlo ist ein schickes Szenelokal geworden. Benny wartet bereits. Mit seinem verschmitzten, immer etwas schiefen Nehmt-mich-so-wie-ich-bin-Grinsen, linker Mundwinkel unten, rechter oben, kommt er auf mich zu. Einen Augenblick lang ist es wie in unseren jungen Jahren.

»Woher hast du eigentlich das K.?«, frage ich Benny, nachdem wir uns gesetzt haben. Es dauert einige Augenblicke, bis er die Frage versteht. »Von meinem Patenonkel«, ist die knappe Antwort. Und damit sind die jungen Jahre auch vorbei. Benny ist verschwunden. Ein Konzernchef sitzt mir jetzt gegenüber. Alles kreist um seinen Job. Die letzte Präsentation vor dem Aufsichtsrat, eine aufregende Konfrontation mit seinem Rivalen, das aussichtslose Gefecht um einen Großkunden und so weiter und so weiter.

Das ewig gleiche Strickmuster: Unlösbare Aufgabe, viele sind daran gescheitert, Ben K. naht, die Widersacher versammeln sich zum letzten Gefecht und Ben, der letzte Management-Samurai, bezwingt sie alle. Der Dauer-Präsentations-Modus ist zunächst witzig, dann fad und zum Schluss ätzend. Selbst die Bestellung eines guten Blaufränkischen gerät ihm zum Auftritt, ein lautstarker Beweis seiner kulinarischen Kompetenz.

Der Dauer-Präsentations-Modus ist zunächst witzig, dann fad und zum Schluss ätzend.

Genießen kann er beides nicht, weder den Roten noch die Begegnung mit mir. In der ätzenden Phase nutze ich eine kurze Pause. »Und wie geht es Marianne und den Kindern?« Verdutztes Gesicht, Irritation, Unsicherheit. Das PowerPoint-System des Ben K. ist im Präsentationsmodus abgestürzt. Dann ein deutlich leiseres »Lass uns darüber ein anderes Mal sprechen, hier hören mir zu viele Leute zu!« Was übersetzt so viel heißt wie: große Krise oder Trennung. Eine Geschichte ohne Ben als Sieger.

Den Präsentationsmodus kann er danach nicht mehr richtig hochfahren. Ein Blick auf die Uhr. Ein Griff zum Handy: »Jörg, du kannst mich jetzt holen.« Ein missglückter Versuch, das Benny-Grinsen auf das Gesicht zu zaubern, verbunden mit einem »Das war mein Fahrer; ich muss jetzt los, fliege heute noch nach Hongkong und du weißt ja, die Sicherheitskontrollen. Rechnung übernehme ich, wird mir zugeschickt, bleib ruhig sitzen, alles Gute, war schön, dich zu sehen, und Gruß zuhause«. Weg ist er. Früher als geplant. Dass er sich noch verunsichern lässt, macht ihn fast wieder sympathisch, zumindest aber menschlich. Und ich sitze da vor einer halben Flasche Schiefer, nachdenklich, enttäuscht und beunruhigt.

»Sie hätten es ihm sagen müssen!« Mit einigen Sekunden Verzögerung merke ich, dass der Satz an mich gerichtet ist. Die Frau vom Nachbartisch, mein Alter, selbstbewusst, grauhaarig. Ich hatte sie aus den Augenwinkeln beobachtet während der Ben-K.-Show. Sie war versunken in einen dicken Schmöker, ich hätte wetten können, dass sie vom Szenetreiben um sich herum nichts mitbekommt.

»Was hätte ich ihm sagen müssen?«, frage ich zurück. »Dass er sie nervt.« »Warum sollte ich das tun?« »Weil er Ihr Freund ist und weil er eigentlich ein guter Typ ist und weil sie ihn von Anfang an unter Druck gesetzt haben, mit ihrer K-Frage!«

> Alle, die den frühen Benny nicht kennen, werden Ben K. für ein veritables Ekelpaket halten.

Sie hatte also alles mitbekommen. Und sie hat Recht. Benny ist ein guter Typ. Er war es zumindest. Wo sind nur die besonderen menschlichen Qualitäten geblieben, die wir alle an Benny geschätzt haben? Hat er uns in seinen jungen Jahren getäuscht? Oder kann Karriere einen Menschen so stark verändern? An diesem Abend bin ich mir sicher: Alle, die den frühen Benny nicht kennen, werden Ben K. für ein veritables Ekelpaket halten, für die anthrazitfarben gedresste Arroganz mit Einstecktuch.

Gefallene Helden

Ja, es stimmt! Karrieren verändern Menschen. Nicht nur bei Benny kann ich es beobachten. Es gibt dieses berufsbedingte Deformationsrisiko. Gerade für Topmanager gibt es einige kritische Verführungen. Wenn man denen erliegt, dann ist die Deformation fast unausweichlich. Ich nenne sie »die Heldenfallen«.

Warum Helden? Im Alltag leiden viele Menschen unter dem, was Zygmunt Baumann das »Ende der Eindeutigkeit« genannt hat. Ambivalenzen in allen Lebensbereichen. Mehrdeutige Anforderungen, ausufernde Erwartungen und permanente Veränderungs- und Verschiebungsprozesse. Aber die Sehnsucht nach Eindeutigkeit und Klarheit ist ungebrochen. Also greift man wieder auf den uralten Mythos des Helden zurück, des Heros mit seinen tausend Gestalten, wie Joseph Campbell es nennt. Helden werden verklärt. Sie werden zum Mythos, sagt Campbell, wenn sie zum Vorbild für das Leben anderer Menschen werden! Der Held wird es richten. Wenn dieser Mythos auf Führung übertragen wird, dann kommt es zu Hoffnungen, die Manager nicht erfüllen können. Und diese Hoffnungen oder Erwartungen sind meine Heldenfallen.

> Der Held wird es richten. Wenn dieser Mythos auf Führung übertragen wird, dann kommt es zu Hoffnungen, die Manager nicht erfüllen können.

Falle 1: Die Charisma-Hoffnung

In komplexen Situationen suchen Menschen nach einer verlässlichen Orientierung. In der Astronavigation verwendet man dafür Fix-Sterne mit einer großen Strahlkraft. Der Sirius aus dem Sternbild des großen Hundes ist dafür ein prominentes Beispiel. Oder auch der Polarstern im kleinen Bären; zuverlässig zeigt er uns den geografischen Norden.

In Unternehmen verhalten sich Menschen ganz ähnlich. Wenn sie sich in komplexen Situationen orientieren wollen, dann greifen sie auf Strahlkräfte zurück. Das können überzeugende Ideen und Visionen sein oder Produkte, mit denen man sich identifiziert. Das kann auch ein Berufsethos sein mit seinen Regeln und Überzeugungen, etwas, das der eigenen Arbeit Sinn gibt. Ideen, Visionen, Sinn und Bedeutung können durch Personen ersetzt werden, durch Menschen mit Ausstrahlung, mit »Charisma«.

Der Bedarf nach charismatischen Führungspersönlichkeiten ist nach meinen Beobachtungen in den letzten Jahren deutlich gewachsen. Für mich ein Hinweis darauf, dass Komplexität und Orientierungsbedarf zugenommen haben. Vielleicht sind auch die sinnstiftenden Ideen und Identitäten einfach ausgegangen.

Charismatische Führer entlasten. Sie bündeln die Hoffnung der Mitarbeiter und verkörpern die Sehnsucht nach einem leichteren Weg aus einer schwierigen Situation. Dies hat bereits Max Weber so eingeschätzt. Neben traditionaler und rationaler Herrschaft ist Charisma für ihn eine dritte Herrschaftsform – »eine aus Begeisterung oder Not und Hoffnung geborene ganz persönliche Hingabe«, die allerdings als Dauereinrichtung ungeeignet ist. Im Konzept der sogenannten transformationalen Führung wird diese Herrschaftsform neuerdings wieder aufgegriffen. Wissenschaftler wollen die Wirkungsweise von Charisma ergründen. Es werden sogar Skalen entwickelt, um die Strahlkraft von Personen zu messen. Tatsächlich zeigen die meisten Studien jedoch nur eines: dass es keine zuverlässige Beziehung zwischen persönlichen Eigenschaften und Führungserfolg gibt.

> Wenn sich Führungskräfte auf diese Erwartungen einlassen, dann haben sie bereits verloren.

Für mich ist die Charisma-Hoffnung, diese Suche nach dem großen Führer mit den überragenden Eigenschaften, ein Akt der Unterwerfung. Eine kollektive Regression. Nichts macht den Lebens- und Arbeitsalltag leichter als die Delegation von Verantwortung. Parallel zur Entlastung wächst allerdings die Erwartung an die Helden. Sie sollen gefälligst die Probleme lösen.

Wenn sich Führungskräfte auf diese Erwartung einlassen, dann haben sie bereits verloren. Niemand kann die schwierigen Fragen in Wirtschaft und Gesellschaft im Alleingang lösen. Ob es um die Absicherung der Wettbewerbsfähigkeit auf globale Märkten geht oder um die Finanzierung des Gesundheitssystems oder die Euro-Rettung – nichts geht leicht von der Hand, keine einfachen Lösungen weit und breit!

Was sehen wir stattdessen auf der Management-Bühne? Führungskräfte, die die Charisma-Hoffnung so verinnerlicht haben, dass sie unreflektiert in diese Helden-Falle tappen. Vor Kurzem habe ich es bei einem Beratungsgespräch wieder erlebt.

»Wissen Sie, das können Sie alles vergessen. Da muss jemand mit Charisma auf die Bühne. Eine Ruckrede, und dann läuft es von allein!« Wir sitzen in der klimatisierten Chefetage einer bekannten Ferienfluggesellschaft. Ein Strategiewechsel steht dem Unternehmen bevor. Man will sich auf das profitable Kerngeschäft der Ferienfliegerei konzentrieren. Verbunden ist das mit der Trennung von Expansionsträumen. In unserem Gespräch mit der Geschäftsführung geht es um geeignete Kommunikationsstrategien. Wie überzeugt man Mitarbeiter von einer Veränderung, die der Tradition und Identität widerspricht, aber erforderlich ist, um den Bestand des Unternehmens zu sichern? Wir haben Vorschläge entwickelt, die auf recht gute Resonanz stoßen. Und dann dieser Satz. Überraschenderweise meldet sich das dienstälteste Mitglied des Gremiums zu Wort: »Die Charisma-Nummer kannst du vergessen. Unsere Mitarbeiter haben in den letzten Jahren schon so viele Ruckreden gehört; darüber können die nicht einmal mehr lachen!«

Selten genug wird der Heldenrolle so energisch widersprochen wie in diesem Fall. Sehr viel öfter erlebe ich, dass Führungskräfte die Charisma-Hoffnung bereits in ihre Persönlichkeit integriert haben. Und dann sitzen sie in der Falle. So wie Benny, für den das Leben ein einziges Heldenepos ist.

Falle 2: Das Jahrmarkt-Prinzip

Stellen sie sich bitte einmal einen riesigen Jahrmarkt vor, mit einem überwältigenden Angebot an Speisen, Getränken, Fahrgeschäften, Kleinkunst und Akrobatik. Viele Besucher drängen sich durch die engen Gassen. Die Spielregeln für den Besucherstrom? Ganz einfach: Die Menschen bleiben dort stehen, wo die meisten stehen. Für die Schausteller auf diesem Riesenjahrmarkt geht es also darum, möglichst schnell möglichst viel Aufmerksamkeit zu erzeugen. Wer die ersten Besucher für sich interessiert, der hat es geschafft. Die anderen folgen automatisch. »Aufmerksamkeitsökonomie« hat das Georg Franck genannt.

Wenn es um Aufmerksamkeit geht, dann unterscheidet sich eine Studentenkneipe nicht von einem Aufsichtsrat.

Dieses Spiel hat auch das Business fest im Griff. Ohne Aufmerksamkeit hat man keine Bedeutung und ohne Bedeutung macht man keine Karriere. Benny hat das schnell begriffen. Seine Auftritte waren schon in den Studentenkneipen legendär. Er hatte die Aufmerksamkeit und wir eine gute Show. Im Beruf hat er dann einfach so weitergemacht. Und glauben Sie mir, wenn es um Aufmerksamkeit geht, dann unterscheidet sich eine Studentenkneipe nicht von einem Aufsichtsrat.

Und das Risiko? Es fällt vielen Menschen schwer, aus diesem Spiel um Aufmerksamkeit auszusteigen. Es macht süchtig. Jede Interaktion ist ein Teil des Spiels. Es ist ein schmaler Grat, der da beschritten wird. Es besteht Absturzgefahr. Aus dem Aufmerksamkeitsprofi wird dann ein banaler Selbstdarsteller, der uns am Ende nur noch langweilt – der Daumen geht dann ganz schnell nach unten.

Andererseits haben wir gerade an Topmanager die Erwartung, dass sie Aufmerksamkeit erzeugen. Aufmerksamkeit für das Unternehmen, seine Produkte und seine Entwicklung. Ohne Aufmerksamkeit kein Erfolg auf dem großen globalen Jahrmarkt. Gute Produkte zu haben reicht nicht aus, sie müssen auch inszeniert werden. Steve Jobs hat das vielleicht am überzeugendsten vorgemacht: Produktpräsentationen als großes Theater.

Falle 3: Eingefrorene Erwartungen

Gustav Gründgens hat unzählige Male auf der Bühne den Mephisto gemimt. Seine Darstellung hat sich bei vielen Zuschauern so eingebrannt, dass man sie für die einzig mögliche Interpretation dieser Rolle hält. Kalt und elegant, zynisch und berechnend – so hat Mephisto zu sein. Gründgens' Darstellung wurde zum Maßstab für alles Folgende, sein großartiger Erfolg zu einer eingefrorenen Erwartung an Mephisto-Darsteller.

Die Bereitschaft, anderen zu entsprechen, wird so stark, dass man zu einem Erwartungs-Söldner wird.

Topmanager haben genau wie Schauspieler mit eingefrorenen Erwartungen zu kämpfen. In den Führungsriegen zählen Souveränität, Gelassenheit, Zuversicht und Übersicht. Reflexivität gepaart mit Selbstzweifel und berechtigter Zukunftsangst sind nicht erwünscht. Und daher auch bitte von der Bühne fernzuhalten. Die meisten Topmanager haben gelernt, eingefrorene Erwartungen zu akzeptieren. Sie machen das so elegant, dass sie auch einen großen Teil ihrer eigenen Vorstellungen umsetzen.

Und das Risiko? Die Bereitschaft, anderen zu entsprechen, wird so stark, dass man zu einem Erwartungs-Söldner wird. Der Mensch verschwindet hinter der Rolle. Die Darstellung dominiert den Darsteller; die Interpretation der Erwartungen wird zur eigentlichen Identität. Benny hat nicht mehr die Kraft und den Mut, sein Rollenkorsett zu sprengen. Er hat die Grandiositätserwartung so verinnerlicht, dass er sie bei jeder Gelegenheit aufführen muss. Grandiosität ist eine gefährliche Karrierezutat. Zu viel davon, und man wird unglaubwürdig.

Falle 4: Die Christo-Strategie

Verpackung schlägt Inhalt. Gilt auch für das Business! Das Schöne ist erst dann schön, wenn es auch schön verpackt ist. Leistung allein reicht nicht, das gute Ergebnis will auch dargestellt und verkauft werden.

Ist das ein Problem?, werden sie zu Recht fragen. Vorsicht, kann ich nur sagen. Die Leistung selbst rückt nämlich zunehmend in den Hintergrund. Die Darstellung ist der Chef im Ring geworden. Alles wird verpackt und verchartet – permanenter Christo-Management-Reichstag. Kein Wunder, dass man irgendwann die Darstellung für den Inhalt hält und das Leistungsversprechen bereits für die Leistung. Die Folge ist: Es wird in allen Lebensbereichen verpackt, was das Zeug hält.

Karrierekönner sind Verpackungskünstler, und Benny ist einer der besten, die ich kenne. Das war er schon immer. Seine Referate in der Uni waren kleine Darstellungs-Meisterstücke. Auch der Inhalt war großartig. Jetzt befindet er sich allerdings in einem permanenten Darstellungs-Modus, dem sich alles andere unterordnet. Benny kommt aus diesem Modus nicht mehr heraus. Liebe, Freundschaft, Elternschaft ... alles wird Darstellung und Verpackung. Ziemlich riskant, denn wer ist schon gerne dauerhaft mit einer Hülle zusammen.

Charisma-Hoffnung, Jahrmarktprinzip, eingefrorene Erwartungen und die Christo-Strategie haben aus Benny einen anderen Menschen gemacht, den gefallenen Helden meiner jungen Jahre. Schade! Aber es ist wirklich nicht leicht, diesen Fallen auszuweichen. Wer kann schon den Verführungen der Macht widerstehen und authentisch bleiben?

Aber bitte kein Mitleid! Manager müssen das selbst verantworten. Niemand hat sie gezwungen, einen Job anzunehmen, der so verführt und ein so hohes charakterliches Deformationspotenzial hat.

Heldenschutz

Trifft man nun an der Spitze nur Arschlöcher? »Arschlöcher gibt es überall«, pflegte mein Vater zu sagen, wenn ich mich wieder einmal lauthals über die Ungerechtigkeiten von Jörg L. beschwerte, einem Lehrer mit einer ausgeprägten Bevorzugung seiner Lieblinge. »Auch bei den Schülern!«, pflegte er schmunzelnd zu ergänzen.

Arschlöcher gibt es überall. Natürlich werden wir auch an der Unternehmensspitze fündig.

Natürlich werden wir auch an der Unternehmensspitze fündig. Da gibt es ausgesprochene Ekelpakete, die das Unternehmen auf kurzfristigen Nach-mir-die-Sintflut-Ertrag trimmen, um die eigenen Bonuszahlungen zu optimieren. Das sind kühle, am eigenen Profit orientierte Menschen. Die Erwartungen der Anteilseigner sind ihr einziger Kompass. Skrupellos erfüllen sie einen Auftrag. Der Rest interessiert sie nicht. Auch nicht das Schicksal der Menschen, die von ihren Entscheidungen betroffen sind. Wenn Sie diese Manager und Unternehmer Arschlöcher nennen wollen, hätte ich nichts dagegen einzuwenden. Aber die Mehrheit ist das nicht! Und mit Psycho- und Soziopathologien hat das alles herzlich wenig zu tun. Stinknormaler Egoismus ist das, mit einer zu starken Ausprägung.

Trotzdem: Wie schützt man sich vor diesen (zwar wenigen, aber durchaus existenten) skrupellosen Geschäftemachern? Wir können selbst ethische Standards setzen, die dieses Verhalten verhindern. Wir können das beeinflussen. Als Kunden! In nachfrageorientierten Märkten haben wir die Macht. Wir nutzen sie nicht. Weil uns am Ende Ethik nur dann interessiert, wenn wir selbst unmittelbar betroffen sind. Ansonsten sind wir blöd und schauen auf den Preis, nicht auf die Kosten.

Meine Empfehlung ist es, sich auch vor dem Heldenbedarf zu schützen. Wenn wir uns eingestehen könnten, dass Helden überflüssig sind, wenn das Gemeinwohl wieder wichtig wird, wir uns vom Alltagstheater und dem Zwang zur permanenten Selbstinszenierung lösen könnten, wenn wir den großen Darstellern die kalte Schulter zeigen und Authentizität bejubeln, dann wird sich die Sache mit der Deformation von selbst erledigen. Die unbequeme Erkenntnis ist, dass wir uns ändern müssen, wenn »die da oben« anders werden sollen.

Auch die potenziellen Helden sollten sich schützen, damit sie nicht in die Fallen tappen. Manager sollten genau überprüfen, ob sie Erwartungen erfüllen können, die mit dem Glorienschein des Helden verknüpft sind. So attraktiv Verehrung und Bewunderung sein mögen, hinter der nächsten Kurve lauert die Alltagsrealität. Und die hat schon manchen Helden vom Sockel geholt. Also bitte gar nicht erst draufstellen.

Die Alltagsrealität hat schon manchen Helden vom Sockel geholt. Also bitte gar nicht erst draufstellen.

Übrigens: Meine grauhaarige Gesprächspartnerin hat mich überzeugt. Ich habe mit Benny geredet. Sehr lange. Ohne Zuschauer ging es deutlich leichter. Mit etwas Kratzen konnte ich den Heldenlack entfernen. Das wird wieder!

Irrtum 8
Am Ende macht der Chef doch was *er* will

Er ist nicht gerade ein feinfühliger Mensch. Seine Kommentare sind im ganzen Unternehmen gefürchtet: »Sie sind jetzt schon eine Viertelstunde bei mir und ich hab' immer noch nicht begriffen, was Sie von mir wollen. Wenn Sie fünfzehn Minuten brauchen, um sich warmzulaufen, dann machen Sie das bitte auf dem Flur!«, hat er einmal eine Führungskraft angeraunzt.

Man kommt nicht an ihn heran, seine Fassade ist schroff und abweisend. Mr. Teflon nennen ihn seine Mitarbeiter – denn Rat und gut gemeinte Vorschläge perlen grundsätzlich an ihm ab. Wenn man ihm versucht nahe zu bringen, dass er auf Mitarbeiter zu kühl wirkt, dann hört er sich das zwar an, aber sein Blick ist auf Unendlich fokussiert. Botschaft: Es interessiert mich nicht wirklich. Wenn er Lust aufs Austeilen hat, dann kontert er: »Wir können ja die Heizung ein Grad höher stellen, dann haben es die Mitarbeiter schön warm!«

Ja, das ist Mr. Teflon, aus Sicht seiner Mitarbeiter. Ein sympathischer Zeitgenosse, nicht?

Mr. Teflon hat eine ausgeprägt introvertierte Verhaltenspräferenz. Klartext: Das ist ein Mensch, der davon ausgeht, dass er morgens beim Rasieren im Spiegel den einzigen Menschen sieht, mit dem es sich ernsthaft zu reden lohnt. Aber bitte nur einmal am Tag. Das muss reichen!

> Mr. Teflon ist schon ein extremer Fall. In salonfähiger Form kommen Typen wie er aber in Leitungsteams häufiger vor.

Ich gebe zu, Mr. Teflon ist schon ein extremer Fall. In salonfähiger Form kommen Typen wie er aber in Leitungsteams häufiger vor. Manchmal scheint sogar die komplette Führungsriege aus uninteressierten Beratungsresistenten zu bestehen. Ich höre das immer wieder: Chefs wehren Feedback ab und nehmen keinen Rat an. Man kann ihnen sagen, was man will, letztlich tun sie doch nur das, was ihnen in den Kram passt.

Wer ist also Schuld an der Haltung »Am Ende macht der Chef doch was er will«? Die Chefs, die alles an sich abperlen lassen? Oder die Mitarbeiter, die einfach zu viel erwarten? Oder gar das Falsche?

Vorsicht: Feedbackfalle

Für mich schwingt immer ein Stück Resignation mit, wenn ich mit der Aussage »Der macht ohnehin, was er will« konfrontiert werde. Denn dahinter steckt ein enttäuschtes »Es lohnt sich alles nicht mehr!«. Es lohnt sich nicht mehr, mit dieser Person in Verbindung zu treten. Es lohnt sich nicht mehr, unser Wissen und unsere Kompetenz einzubringen. Die Beziehung ist nicht mehr tragfähig. Sie verträgt keine kritische Auseinandersetzung.

Das ist gefährlich! Für beide Seiten, für Mitarbeiter und Chef.

Einfluss haben ist ein ganz elementarer sozialer Wert. Einfluss haben signalisiert: Ich habe eine Bedeutung! Ich bin wichtig! Meine Meinung, mein Wissen und Können wird von anderen wertgeschätzt. Durch die Interaktion mit anderen erfahren wir unsere eigene Bedeutung. Wer aufhört, Einfluss zu nehmen, gibt sich selbst auf. Und das wird am Selbstwertgefühl der Person nagen.

Meine Prognose: Unzufriedenheit, Verbitterung und irgendwann eine zynische Einstellung zur eigenen Arbeit als Kompensation. Am Ende wird man selbst zu Mr. oder Mrs. Teflon!

Und wer aufhört, sich beeinflussen zu lassen? Gleiches Spiel, umgekehrte Vorzeichen: Ohne Einfluss und Inspiration von außen entsteht eine eingeschränkte, enge und selbstbezogene Sicht auf die Welt. Und irgendwann ist man allein, ohne wichtige Informationen aus dem Umfeld. Mit den Teflons wird nur noch taktisch kommuniziert. Man sagt ihnen, was sie hören wollen und nicht mehr das, was für die Beurteilung von Problemstellungen wichtig ist. Soziale Verwahrlosung! Feedback- und Beratungsresistente leben einsam.

Es ist unwahrscheinlich, dass Führungskräfte dieses Risiko eingehen. Vernetzung und Informationsaustausch sind ja ihre Kernaufgaben. Ich halte es für genauso unwahrscheinlich, dass Mitarbeiter das Risiko eingehen, denn letztlich will jeder Einfluss haben und Freude an der Arbeit. Hinter dem resignativen »Die machen doch nur, was sie wollen« stehen Wünsche der Mitarbeiter. Wichtige Wünsche, wie ich meine.

Sie wünschen sich vor allen Dingen ein anderes Resonanzverhalten von ihren Chefs. Sie erwarten eine offene Reaktion auf Feedback und Beratung. Beides wird jedoch in der Praxis nicht so strikt getrennt, wie es eigentlich Not täte. Feedback ist die Beschreibung von Verhaltensweisen und deren Wirkung auf das Umfeld, Beratung dagegen gezielte Einflussnahme.

> Feedback ist ein zweischneidiges Schwert. Ein besonders scharfes sogar, wenn es um Feedback zwischen Chef und Mitarbeiter geht.

Offene Reaktion? Das kann doch wohl nicht so schwer sein, werden Sie sagen. Warum tun Bosse ihren Mitarbeiter nicht diesen Gefallen? Geht leider nicht so einfach! Es gibt einige heimtückische Fallen, die den offenen Austausch boykottieren.

Tatsächlich ist Feedback ein zweischneidiges Schwert. Ein besonders scharfes sogar, wenn es um Feedback zwischen Chef und Mitarbeiter geht.

Seit drei Jahren am Zug

»Zwei Stunden haben wir uns Zeit genommen und haarklein mit ihm besprochen, was uns stinkt. Nichts ist passiert, gar nichts! Wozu also diese Feedback-Scheiße?« Der Unmut hatte sich wohl lange angestaut, der Mitarbeiter ist sogar von seinem Stuhl aufgesprungen, um seinen Worten Nachdruck zu verliehen. Nach dieser verbalen Explosion ist es erst einmal still in dem kleinen Konferenzraum.

Eigentlich hatte der Chef die Mitarbeiter ausführlich über den Workshop informiert: Die Mitarbeiter sollten in seiner Abwesenheit ein Feedback erarbeiten, mit dem sie ihn anschließend konfrontieren. Der Chef darf dann wiederum seine Beobachtungen an die Mitarbeiter adressieren. Die Mitarbeiter hatten die Feedbacksession begrüßt. Ein offener Austausch sei wichtig für die weitere Zusammenarbeit, so der allgemeine Tenor.

Dennoch war schon zu Beginn des Workshops wenig Engagement zu spüren. Das steigerte sich zu einer offensiv zur Schau gestellten Lustlosigkeit an Verfahren und Inhalt. Die Rückmeldung an den Chef, die die Gruppe erarbeitete, war eine Sammlung von Banalitäten. Mehr Zeit für das Team, mehr Informationen, eindeutige Kommunikation von Prio-

> Der übliche Müll, der immer dann angehäuft wird, wenn die wirklich wichtigen Anliegen nicht auf den Tisch kommen sollen.

ritäten. Der übliche Müll, der immer dann angehäuft wird, wenn die wirklich wichtigen Anliegen nicht auf den Tisch kommen sollen.

Irgendwann hatte ich dann die Nase voll und konfrontierte das Team mit der Qualität seiner Aussagen. Jetzt kam plötzlich Leben in die Bude. Man habe etwas Vergleichbares bereits vor drei Jahren über sich ergehen lassen müssen. Nichts habe sich seitdem verändert, und erst recht nicht verbessert. Dann sei das doch die erste klare und eindeutige Rückmeldung an den Chef, argumentierte ich. Sie träfen Vereinbarungen mit ihrem Chef und der halte sich nicht daran. Die Reaktion der Gruppe: Natürlich hatten sie vor drei Jahren nichts Konkretes vereinbart.

An dieser Stelle rastet der eine Mitarbeiter aus. Die »Feedback-Scheiße« führe zu nichts. Vereinbarungen hin oder her, man habe dem Chef doch klar gesagt, was er ändern müsse. Da sei doch selbstverständlich, dass der am Zug sei. Seit drei Jahren!

Ein klassisches Missverständnis, dem ich sehr oft begegne. Jemandem ein Feedback zu geben, bedeutet nichts anderes, als eine Rückmeldung zu seinem Verhalten zu geben: Wie nehme ich den anderen wahr? Und was bewirkt sein Verhalten bei mir? Eine Handlungsanweisung ist das aber nicht.

Feedback als Verhaltensänderungs-Programm für aus dem Ruder gelaufene Chefs - das kann nur schiefgehen.

Aus der ursprünglichen Idee, die Wirkung von Verhaltensweisen zurück zu spiegeln, wird eine Art soziale Steuerungstechnologie. Feedback als Verhaltensveränderungs-Programm für aus dem Ruder gelaufene Chefs – das kann nur schiefgehen.

Für mich sind es vier Aspekte, die für das Misslingen verantwortlich sind.

Erstens: Der Hype um die Feedbackkultur

Feedbackkultur! Dieser moralisierende Offenheitsappell ist zu einer Art Allzweckwaffe für die Entwicklung der Sozialarchitektur in Unternehmen geworden. Feedback ermöglicht soziale Orientierung. Feedback ist eine der wenigen Möglichkeiten, Erwartungen auszutauschen und auch auszuhandeln. Natürlich zielt Feedback indirekt auch auf die Veränderung und Entwicklung von Verhaltensweisen. Nachzuvollziehen, dass sich viele Unternehmen eine offene Feedbackkultur auf die Fahne geschrieben haben.

Und die Realität? Sehr ernüchternd, nach meiner Erfahrung: Sehr viele Konzepte. Ausgeklügelte Systeme. Viel Papier. Wenig Offenheit. Geringe soziale Orientierung.

Ist nicht so einfach mit der Feedbackkultur! Sie lässt sich leicht ausrufen und leider nur schwer verwirklichen. Sie ist in ihrem Kern paradox, weil sie sich selbst zur Voraussetzung hat. Feedback setzt eine stabile und vertrauensvolle Beziehung voraus, damit es sinnvoll wirken kann. Feedback soll aber genau dieses Vertrauen entwickeln und die Beziehung stabilisieren. Verrückt, oder? Die Beziehung, die durch Feedback hergestellt werden soll, ist gleichzeitig die Voraussetzung, damit Feedback funktioniert. Das macht den Start in eine ehrliche und offene Feedbackkultur so verdammt schwer. Feedback zwischen Mitarbeiter und Chef verschärft die Problematik noch einmal, weil es um eine riskante Vorleistung geht.

> Die Feedbackkultur ist in ihrem Kern paradox, weil sie sich selbst zur Voraussetzung hat.

Riskiert der Feedbackgeber zu wenig, dann werden die Rückmeldungen belanglos; riskiert er zu viel, dann wird die Beziehung belastet. In Feedbackprozessen entsteht eine hohe Veränderungserwartung des Feedbackgebers. Wenn ich schon viel riskiere, dann soll es der Feedbackempfänger bitte durch möglichst rasche Veränderung belohnen und wertschätzen. Das kann nur zu Enttäuschungen führen, wie der Teamworkshop gezeigt hat. Und schon wird aus Rückmeldung Feedback-Scheiß.

Zweitens: Erwartungen werden unterm Tisch verhandelt!

Dieser Chef gibt sich wirklich Mühe: Seine Mitarbeiter haben ihm zurückgemeldet, dass er im Alltag zu wenig Kontakt zu ihnen hat. Also lässt er sich etwas einfallen. Er lässt eine Leichtbauwand seines Büros durch eine Glaswand ersetzen. Jetzt hat er Blickkontakt mit seinen Leuten im angrenzenden Großraumbüro. Wenn er merkt, dass jemand nicht unter Arbeitsdruck steht, dann geht er an dessen Arbeitsplatz und sucht das Gespräch. Er will seine Mitarbeiter auf keinen Fall stören, wenn sie mit dringenden Themen beschäftigt sind.

Die Mitarbeiter beschweren sich beim Betriebsrat. Ihr Chef habe sich eine neue Überwachungsmethodik einfallen lassen. Er beobachte sie durch eine neu installierte Glaswand und jedes Mal, wenn jemand von ihnen nicht intensiv genug arbeite, dann stehe er sofort an dessen Schreibtisch. Der Betriebsrat will eine Abteilungsversammlung einberufen, um das ungeheuerliche Verhalten zur Sprache zu bringen und schlägt vor, bis dahin die Glaswand auf der Seite des Großraumbüros mit Konstruktionszeichnungen zu bekleben, was wiederum den Chef verunsichert, denn die Mitarbeiter wollten doch Kontakt, oder?

Menschen tun sich schwer, Erwartungen klar und eindeutig zu adressieren.

Ich weiß nicht, woran es wirklich liegt: fehlende Courage, Angst vor Zurückweisung oder unklare Ansprüche? Auf jeden Fall beobachte ich, dass sich Menschen schwertun, Erwartungen klar und eindeutig zu adressieren. Statt Klarheit wird »geschwurbelt«! Der andere muss doch merken, was ich von ihm will, wenn er einigermaßen sensibel ist. Und nur weil ich mehr Kontakt will, heißt das noch lange nicht, dass eine Glaswand eine gute Idee ist!

Wenn Feedback-Prozesse angestoßen werden, müssen Erwartungen explizit ausgesprochen und verhandelt werden, sonst kommt man über das »Gut-dass-wir-darüber-geredet-haben-Stadium« niemals hinaus. Zumal jeder Beteiligte andere Anliegen in diese unausgesprochenen Erwartungen hineininterpretiert.

Drittens: Chefs können nicht allen Erwartungen gerecht werden

Mitarbeiter haben zu Recht Erwartungen an den Chef. Das gleiche Recht haben aber auch Kollegen, der Chef des Chefs und andere Stakeholder. Chefs werden also immer mit mehreren Verhaltens-Erwartungen konfrontiert. Und die sind widersprüchlich.

Typische Ausgangssituation: Verlagerung einer ganzen Produktionsabteilung an einen anderen Standort. Das Unternehmen will die natürliche Fluktuation nutzen, um Arbeitsplätze abzubauen. Niemandem wird gekündigt, aber dennoch sind viele Mitarbeiter vom Arbeitsplatzwechsel betroffen. Ein heißes Thema. Und jetzt die Erwartungs-Konfusion:

Obwohl die Gerüchteküche bereits kocht, erwartet die Unternehmensleitung Vertraulichkeit bis zum vereinbarten Kommunikationszeitpunkt. Aber dann soll die Kommunikation bitte fulminant und überzeugend sein.

Die Mitarbeiter erwarten eine rechtzeitige Information. Sie möchten wichtige, ihren Arbeitsplatz betreffende Veränderung nicht zuerst vom Betriebsrat hören oder in der Zeitung lesen.

Der Betriebsrat will alle Veränderungen zuerst erfahren, um mitwirken zu können. Gleichzeitig erwartet er, alle Mitarbeiter selbst zu informieren. Natürlich vor den Chefs, denn er will die Veränderungen auf jeden Fall aus seiner Sicht erläutern.

Der Aufsichtsrat geht davon aus, dass diese Reorganisation eine Pflichtmitteilung bedeutet. Er will, dass Aktionäre und Wirtschaftspresse zuerst informiert werden.

Chefs werden häufig mit solchen Erwartungskonfusionen konfrontiert. Sie müssen die einzelnen Erwartungen gegeneinander abwägen. Da können Mitarbeiter auch mal den »Kürzeren ziehen«. Sie müssen akzeptieren, dass der Chef ihren Erwartungen nicht entsprechen kann. Sie haben aber zweifelsohne einen Anspruch darauf zu erfahren, warum das so ist.

Viertens: Die Teflons sind hausgemacht

Nach dem gefühlt zehnten Führungsseminar haben auch die letzten Führungskräfte begriffen, wie man sich in Feedbackprozessen zu verhalten hat: zuhören, nicht rechtfertigen, nicht gegenhalten, vorsichtig nachfragen, gelegentlich um Konkretisierung bitten, aber nicht auf Klarheit bestehen, einfach akzeptieren und stehen lassen. Und zum Schluss bedanken, auch wenn's schwerfällt. Und wenn man mit dem Gesagten nicht einverstanden ist? Wenn man die Erwartungen nicht erfüllen kann? Wenn man den Mitarbeitern das Netz von Verpflichtungen erläutern möchte? Vergessen Sie das einfach! Freundlich ermunternd zuhören, akzeptieren, bedanken und … tja, vergessen. Ich weiß, dass ich zuspitze. Aber ist uns eigentlich bewusst, dass wir gerade die perfekte Teflonschicht konstruieren?

Freundlich ermunternd zuhören, akzeptieren, bedanken und ... tja, vergessen.

Die neuen Chefs: feedbackgestählte und sozial geschickte Teflons!

Da ist mir die schroff-aggressive Variante allemal lieber.

Feedback annehmen heißt, das Gesagte ernst zu nehmen und die Wirkung des eigenen Verhaltens auf andere zu verstehen. Annehmen bedeutet nicht, die Veränderungserwartungen hinter den Rückmeldungen ebenfalls zu akzeptieren. Feedback annehmen ist kein Veränderungskontrakt, sondern allenfalls ein Vertrag für gutes Zuhören!

Unter Ratschlägern

Was man also von den Chefs erwarten kann (wie übrigens von allen Menschen) ist, dass sie sich Rückmeldungen anhören und diese Feedbacks als Information über die Wirkung ihres Verhaltens akzeptieren: Aha! So sehen mich also andere. Wenn wir Glück haben, dann nimmt sich der andere die Kernbotschaft des Feedbacks zu Herzen und wird sie berücksichtigen. Alles, was darüber hinausgeht, ist Illusion.

Feedback ist keine direkte Einflussnahme. Die Bosse tun nach wie vor, was sie wollen – trotz Feedback.

Bleibt also noch der Weg der Beratung. Ein Rat ist ein Vorschlag für eine Problemlösung aus einer anderen Sicht. Wer Rat einholt, dem eröffnen sich neue Sichtweisen. Also kann das doch nur vernünftig sein. Kein Mensch wird doch gegen Beratung etwas einwenden können, oder?

Doch, ich! Aber ich bin auch von Natur aus unvernünftig! Beratung ist als Einflusstechnologie genau so schillernd wie Feedback. Man muss einiges bedenken, damit Beratung funktionieren kann. Und es gibt typische Fallen.

Die Uminterpretation der Situation ist eine typische Falle!

Nehmen wir als Beispiel noch einmal Feedback. Es wird leidenschaftlich gern als Beratungsprozess uminterpretiert. Wir beraten doch nur unseren Chef. Wir sagen ihm, wie er sich verändern muss, so dass er bei den Mitarbeitern besser ankommt. Man empfiehlt Mr. Teflon, bei den Mitarbeitern weniger kühl anzukommen, und der reagiert merkwürdig. Man wir doch seinem Chef noch einen gut gemeinten Ratschlag zu seinem Verhalten geben können, oder?

Kann man! Aber Ratschläge sind Schläge. Und auch gut gemeinte Schläge bleiben Schläge! Letztlich haut man mit Ratschlägen anderen Menschen Empfehlungen um die Ohren. Man hat selbst gute Erfahrungen mit einem Vorgehen gesammelt, also kann es auch für andere nicht verkehrt sein.

Ratschläge sind Schläge. Und auch gut gemeinte Schläge bleiben Schläge!

Ganz schön waghalsig, diese Ableitung! Beratungsresistenz kann also ganz anders gedeutet werden: Da weicht jemand Schlägen aus! Halte ich für ausgesprochen vernünftig.

Wenn ein Chef von seinen Mitarbeitern Feedback über sein Führungsverhalten haben möchte, dann hat er keine Ratschläge bestellt.

Und wenn sich die Vorzeichen ändern? Der Boss hat einen Rat bestellt. Den soll er auch bekommen! Aber Vorsicht vor der zweiten Falle, die Auftragsausweitung. Diese Falle kann sehr schnell zuschnappen, wie ich selbst erlebt habe.

Einer meiner Chefs bat mich um Rat, wie er einen Vortrag im Universitätsmilieu am besten gestalten sollte. Es war im Unternehmen bekannt, dass ich mich in diesem Milieu gut auskannte. Als ehemaliger wissenschaftlicher Mitarbeiter hatte ich Erfahrungen mit Gastvorträgen, zumal mein Chef durch meine alte Fakultät eingeladen worden war. Ich habe die Bitte begeistert aufgegriffen, das Wochenende investiert und einen kompletten Vortragsentwurf gestaltet. Seine Reaktion? »Jetzt weiß ich zumindest genau, was ich nicht sagen will!«

Natürlich war ich enttäuscht und gekränkt, immerhin hatte ich mir viele Gedanken gemacht – die er einfach so vom Tisch wischte. Aber er hatte Recht: Er hatte eine Beratung bestellt und keinen Vorschlag für eine Keynote. Eigentlich wollte ich ihn auch gar nicht unterstützen, sondern bestimmte Botschaften in seinem Vortrag platzieren und durchsetzen. Das hatte er wohl durchschaut.

Dann nehmen wir jetzt einfach mal an, der Boss fragt um Rat und er bekommt ihn auch fachlich fundiert und ausgewogen. Und trotzdem hält er sich nicht daran. Das ist die dritte Falle, die Ratgeberillusion.

Hinter jedem Rat steht der Wunsch nach Einflussnahme. Wer möchte nicht gerne mal im Hintergrund die Fäden ziehen? Es ist doch spannend, ohne formale Macht Ergebnissen und Entscheidungen seinen Stempel aufzudrücken. So wie Talleyrand

Einfach mal den Kongress tanzen lassen, das wär's.

auf dem Wiener Kongress, der als Vertreter des Kriegsverlierers dennoch ein vorteilhaftes Ergebnis für sein Land erreichte. Einfach mal den Kongress tanzen lassen, das wär's. Doch wer nicht über das diplomatische Geschick eines Charles-Maurice de Talleyrand-Périgord verfügt, sollte es lieber lassen.

Chefs können sich von unterschiedlichen Mitarbeitern und Kollegen Rat einholen und der kann sich widersprechen. Sie haben das Recht zu entscheiden, welche Vorschläge aufgegriffen und umgesetzt werden.

Wer handelt, muss auch verantworten!

> Chefs müssen (hoffentlich) den Kopf hinhalten, wenn ihre Entscheidung falsch ist. Die Talleyrands schauen dabei gerne zu.

Chefs müssen (hoffentlich) auch den Kopf hinhalten, wenn ihre Entscheidung falsch ist. Die Talleyrands schauen dabei gerne zu. Deswegen sind Chefs gut beraten, wenn sie Feedbacks abwägen und Ratschläge auf verdeckte Interessen hin überprüfen.

Abwägen heißt nicht abwehren!

Abwägen kann bedeuten, dass die Kernbotschaft angenommen wird und dennoch keine Veränderung erfolgt. Es ist ein weit verbreitetes Missverständnis, Abwägen mit Abwehr gleichzusetzen und sich dann enttäuscht abzuwenden.

Heißt das also, dass man sich Feedback und Rat genauso gut schenken kann? Sie bewirken ja sowieso nichts? Warum sollte man sich dann überhaupt die Mühe geben?

Und er bewegt sich doch!

Beziehungsaufbau ist eine Investition mit unsicherer Renditeerwartung. Renditefreaks dürfen sich nicht wundern, dass die Namen ihres Netzwerks auf eine Streichholzschachtel passen. Wer dagegen in Feedback und Beratung investiert, der bekommt seine Rendite, und zwar langfristig.

Es ist also vernünftig, dass Mitarbeiter immer wieder versuchen, Einfluss zu nehmen. Aus Sicht des Chefs ist es aber genauso vernünftig, die Einflussnahmen abzuwägen, bevor man leichtsinnig Zusagen macht, die man gar nicht umsetzen kann.

Gegen Einflussnahme wird keine Führungskraft ernsthaft Einwände erheben, wenn der Ratgeber seine Interessen offen auf den Tisch legt. Paul Watzlawick hat als Kommunikationsgesetz – Axiom nennt er das – formuliert: Man kann nicht nicht kommunizieren. Kommunizieren und Einflussnehmen stehen in einer engen Wechselbeziehung. Wer kommuniziert, nimmt Einfluss, und wer beeinflusst, wird das in der Regel über den Weg der Kommunikation tun. Man kann Watzlawicks erstes Kommunikationsaxiom also getrost auf Prozesse der Einflussnahme übertragen: Man kann nicht nicht beeinflussen. Allerdings wird man die Wirkung des Einflusses selten direkt und unmittelbar beobachten können. Von einer direkten Einfluss-Wirkungs-Relation auszugehen, ist naiv. Die Wirkung ist inkremental, geschieht en passant und ist indirekt.

Wer Einfluss nehmen will, sollte Billard spielen lernen.

Was tut man, wenn man eine Kugel einlochen will, die nicht direkt zu erreichen ist? Zwei Optionen gibt es:

Man zielt auf eine andere Kugel und hofft, dass diese Kugel die Stoßenergie wie geplant an die Kugel weitergibt, die man spielen möchte. Gefährlich! Zumindest bei meinem Übungsgrad. Man muss die Erste schon präzise anspielen, damit die Zweite sich richtig bewegt. Übertragen auf Prozesse der Einflussnahme: Wenn man die wichtigen Ratgeber der Bosse beeinflusst, dann bewegen sich auch die Bosse selbst – wenn man gut spielen kann.

Die zweite Möglichkeit: Man spielt über Bande. Auch nicht einfach, Einfallwinkel gleich Ausfallwinkel. Aber wirkungsvoll.

Ich kann es immer wieder an mir selbst beobachten. Wenn ich von einem Kollegen einen Rat bekomme oder er mir ein Phänomen beschreibt, dann zwingt mich das dazu, mich selbst zu positionieren, vor allen Dingen wenn ich seine Expertise als Berater und Coach schätze. Was beschreibt er und worin unterscheidet sich das von meiner Beschreibung? Was ist seine Perspektive auf das Phänomen? Worin unterscheidet sie sich von meiner? Auch ein »Das sehe ich aber völlig anders« zwingt mich zur Klärung und Präzisierung.

Wenn er ein anderes Herangehen vorschlägt, dann eröffnet er mir auf jeden Fall eine weitere Option. Selbst wenn ich mich mit seinem Vorgehen zunächst nicht anfreunden kann, so weiß ich doch, dass es einen »weiteren Weg nach Rom« gibt. Die Selbstgewissheit wird aufgeweicht. Eine kleine Irritation der gewohnten Denkmuster kann einen Innovationsprozess in Gang setzen, an dessen Ende eine völlig neue Lösung steht. Jeder Rat, der ernst genommen wird, verändert die Beteiligten, auch wenn sie es nicht immer wahrhaben wollen. Einflussnahmen lohnen sich immer!

Also Billard spielen! Es muss nicht gleich das Drei-Banden-Spiel sein.

Chefs machen am Ende nicht, was sie wollen. Sie tun das, was sie sollen.

Chefs machen am Ende nicht, was sie wollen. Sie tun das, was sie sollen: Feedback einholen, sich vor einer Entscheidung beraten lassen, aber anschließend aus einer ganz persönlichen Verantwortung heraus entscheiden. Leider halten viele Mitarbeiter eine Einladung zu Feedback und Beratung bereits für eine verbriefte Mitgestaltung und -entscheidung. Wenn Chefs sich nicht rechtzeitig abgrenzen, dann kommt es zu diesem heillosen Durcheinander mit Enttäuschungen auf beiden Seiten. Dabei steht doch fest: Der Boss bewegt sich doch! Wenn auch nicht direkt und unmittelbar. Deshalb ist es völlig unsinnig und gefährlich, keine Feedbacks oder Beratungen mehr anzubieten. Nur aus der Enttäuschung heraus, dass sie nicht sofort die eine erwartete Wirkung zeigen.

Übrigens: Ich habe Mr. Teflon kennengelernt. Für mich war überraschend, wie präzise er mir die Interessen und Absichten der Personen in seinem unmittelbaren Umfeld beschreiben konnte. Nichts mit »Abperlen« und Teflon. Er hatte sehr viele Rückmeldungen aufgenommen. Aber er hatte auch genau beobachtet, wie man ihn versuchte, zu beeinflussen und in eine bestimmte Entscheidungsrichtung zu bewegen. Er nannte das den permanenten »Vorstands-Enteierungsversuch«. Er gab mir einen Einblick in sein taktisches Repertoire, mit dem er sich diesen Beeinflussungsmanövern entzog.

Zum Beispiel die Sache mit dem Ohr: »Wenn es Ihnen reicht, dann schauen sie einfach auf das rechte Ohrläppchen Ihres Gesprächspartners. Sie können herrlich Ihren Gedanken nachhängen und der andere denkt, sie sind noch auf Sendung!«

Oder die Absprung-Taktik: »Habe mit meiner Sekretärin einen SMS-Code vereinbart. Wenn ich den sende, dann kommt sie sofort ins Sitzungszimmer und holt mich zu einem Telefonat mit dem Aufsichtsratsvorsitzenden! Genial, oder?«

Oder auch die bewusste Verwirrungsstiftung: »Sie nehmen einfach eine Zahl von der ersten Folie und fragen ganz interessiert, wie sie mit einer anderen Zahl zusammenhängt und ob denn das sein kann, dass sie so abweichen. Sie kriegen eine herrliche Debatte unter den Folienmalern!«

Mr. Teflon konnte über seinen Einfallsreichtum irgendwann lachen und sah ein, dass er damit eine mehr als komische Figur abgab. Mit seiner Vermeidungshaltung war er Konflikten systematisch aus dem Weg gegangen, die eigentlich ausgetragen werden müssten. Zuviel Einflusstricks und taktische Spielerei haben noch keinem Leitungsteam gut getan!

Teil III
Unterwegs auf dem heiligen Hochplateau

Garantiert über den Wolken – Von Seilschaften, Sherpas, Basislagern und Gipfeln, die im Nebel liegen

---

Irrtum 9
Handlungsfreiheit hat man nur an der Spitze

»Wenn du wirklich etwas bewegen willst, musst du Karriere machen«, sagt Uli. »Ja, ernsthaft, sonst dümpelst du doch nur rum. Je höher die Position, desto besser.« Uli ist einer von denen, die bereits einen Vertrag in der Tasche haben. Er wird Trainee bei Nestlé, das ist die Eintrittskarte für eine Karriere.

Wir sitzen auf den Treppenstufen vor der Mensa. Unser Lieblingsplatz. Jetzt im Spätsommer werden die Sonnenstrahlen durch die großen Bäume gebrochen. Die Stimmung ist melancholisch, wie so oft in den letzten Wochen. Allen ist klar, dass die gemeinsame Zeit bald zu Ende sein wird. Ende Oktober werden die meisten von uns ihre Abschlusszeugnisse in den Händen halten. Viele haben sich beworben, einige bereits Verträge unterschrieben. Wie Uli.

Der Arbeitsmarkt ist gut. Kein Problem eine attraktive Stelle zu bekommen. Aber: Was wird das Berufsleben bringen? Das ist die Frage, die auf der Treppe immer wieder diskutiert wird. Die Wünsche an den ersten Job: Eine fachlich herausfordernde Aufgabe soll es sein. Bitte nicht nur Akten von links nach rechts schieben! Und: Wir alle wollen etwas bewegen. Spielraum haben, Dinge zu entscheiden und zu gestalten. Für Uli heißt das: Karriere machen. Für viele andere auch!

Mehr als drei Jahrzehnte später: Lehrveranstaltung im Masterstudiengang Management Consulting. Am Rande der Veranstaltung werde ich gefragt, wie ich die Arbeitsmarkt-Chancen für Absolventen einschätze. Alle haben hohe Erwartungen an ihre berufliche Entwicklung. Warum Karriere denn so erstrebenswert sei, frage ich. Andere Zeit, anderer Ort, gleiche Antwort: »Wir wollen frei sein, in dem was wir tun. Wir wollen gestalten können!«

Obwohl räumlich und zeitlich getrennt, zeigen beide Episoden zwei Dinge klar und deutlich: Die Sehnsucht nach Selbstbestimmung im Beruf ist ungebrochen. Und diese Sehnsucht ist mit Karriere verknüpft, genauer mit Führungspositionen. Die Frage ist nur: Ist die Freiheit an der Spitze von Unternehmen wirklich grenzenlos? Und warum eigentlich sind uns Gestaltungsmöglichkeiten im Beruf so wichtig?

In der Wolke

Auf einer der höchsten Säulen hockt die Freiheit. Fast in den Wolken.

Es gibt ja in der menschlichen Ideengeschichte begriffliche Säulenheilige, denen man sich als Normalsterblicher nur auf Knien nähern darf. Auf einer der höchsten Säulen hockt die Freiheit. Fast in den Wolken. Die Autonomie des Subjekts als höchstes menschliches Ziel. Aber worin genau besteht diese Freiheit?

Pragmatisch lässt sie sich in Willensfreiheit und Handlungsfreiheit unterscheiden. Willensfreiheit ist die Möglichkeit, eine Wahlentscheidung zu treffen. Handlungsfreiheit bedeutet, diese in freiem Willen getroffene Wahl, auch umsetzen zu können.

Wenn wir von Gestaltungsmöglichen im Job träumen, dann wünschen wir uns Handlungsfreiheit: Wir können das tun, wozu wir uns entschlossen haben. Dummerweise ist Handlungsfreiheit ein knappes Gut – denn wir sind nicht allein auf dieser Welt. Unsere Freiheit kollidiert mit der Freiheit der anderen. Daher entsteht in allen Gemeinschaften zwangsläufig die Frage nach den Grenzen der individuellen Handlungsfreiheit.

Der politische Liberalismus zieht diese Grenze am weitesten. John Stuart Mill hat sie definiert, das so genannte Mill-Limit. Die Handlungsfreiheit des Einzelnen darf einen anderen nicht schädigen. Bitte wörtlich nehmen! Es ist schädigen gemeint und nicht stören oder beeinflussen. Die Grenze ist wachsweich. Eine Schädigung kann vom Einzelnen ganz unterschiedlich ausgelegt werden. Lauter Jazz ist für mich ein Lebenselixier, für andere eine Schädigung von Gehör und Nervensystem.

Hinter der Grenze fängt das Ärgernis der Fremdbestimmung an. Davor ist Autonomie, das Ideal vom selbstbestimmten Leben.

»Geschädigte« neigen dazu, die Grenze enger zu ziehen. Für sie endet die Handlungsfreiheit des Einzelnen, wenn die Sicherheit anderer, die öffentliche Ordnung oder Moral gestört wird. Egal wie weit oder eng man die Grenze definiert: Hinter der Grenze fängt das Ärgernis der Fremdbestimmung an. Davor ist Autonomie, das Ideal vom selbstbestimmten Leben.

Doch was verbinden Menschen eigentlich damit? Warum ist Selbstbestimmung so attraktiv?

Um das zu verstehen, müssen wir uns mit einer weiteren Säulenheiligen beschäftigen. Jünger als die Freiheit, dafür aber ganz schön aufgeplustert. Voilà: die Selbstverwirklichung. Das große Ideal des modernen Menschen. »Mach' aus dir, was in dir steckt!«, ist ihr Werbeslogan. Bereits vor rund 70 Jahren hat Abraham Maslow sie auf eine Säule gesetzt. Und da steht sie immer noch.

Sie spricht einige ganz elementare, menschliche Bedürfnisse direkt an: Menschen wollen ihre kleine, überschaubare Welt so gestalten, wie es dem inneren Bild entspricht. Schaut her, das ist von mir! Das innere Bild wird nach außen gebracht. Es wird zuerst ein Gestaltungsanspruch und dann Realität. Etwas von mir ist in der Welt! Menschen möchten eine Spur hinterlassen, etwas, an das man sich erinnert, das an sie erinnert. Die eigenen Grenzen werden aufgehoben. Wenn wir schon nicht unsterblich sein dürfen, dann könnten es doch zumindest die Ergebnisse unseres Handelns sein. Selbstverwirklichung ist ein starkes Motiv für die ewige Suche nach Selbstbestimmung und Freiheit des Handelns.

Okay, nicht jeder strebt permanent nach Selbstbestimmung. Fritz Riemann hat in seinem Nähe-Distanzmodell darauf hingewiesen. Letztlich steht dem Bedürfnis nach Autonomie das Bedürfnis nach Heteronomie gegenüber, also das Bedürfnis nach Zugehörigkeit, Geborgenheit und Aufgehoben-Sein. Und jeder muss seinen ganz persönlichen Platz zwischen diesen beiden Polen finden.

Halten wir fest: Handlungsfreiheit ist die Möglichkeit, das zu verwirklichen, was wir beschlossen haben. Dieser Gestaltungsdrang ist in uns allen angelegt, aber unterschiedlich stark ausgeprägt. Er findet seine Grenzen, wenn die Interessen, der Gestaltungsdrang und letztlich die Autonomie der Anderen berührt ist.

Uli und die anderen sind der festen Überzeugung, dass an der Spitze eines Unternehmens die Selbstbestimmung größer ist. Größere Selbstbestimmung bedeutet Handlungsfreiheit. Das ermöglicht Selbstverwirklichung. Das ist für sie begehrenswert und das streben sie an. Viele gut ausgebildete Mitarbeiter ticken so. Sie wollen zeigen, was sie können.

Die Konsequenz: Du musst Karriere machen! Warum glauben die Jungkarrieristen eigentlich, dass es an der Basis bei den ganz normalen Aufgaben keine Selbstbestimmung gibt?

Das Taylor-Trauma

Alles eine Frage der Grenzziehung! Die Grenzen sind in Unternehmen verdammt eng gesteckt. John Stuart Mill würde fordern, dass jeder die Rahmenbedingungen seiner Arbeit und auch die Entwicklung seines Arbeitsplatzes selbst bestimmen kann, solange Unternehmen, Kollegen und Mitarbeiter nicht geschädigt werden. Schön wär's! Konfrontiert man das Mill-Limit mit den profanen Realitäten und Rahmenbedingungen industriell organisierter Arbeit, dann ist man schnell ernüchtert.

Die viel gerühmte Freiheit des wandernden und fahrenden Gesellen ist im Prozess der Industrialisierung eingedampft worden.

Prozessvorschriften, Arbeitszeit- und Pausenregelungen, Verhaltensnormen, Stellenprofile, Weisungsvorschriften: Grenzen wohin man schaut. Die viel gerühmte Freiheit des wandernden und fahrenden Gesellen ist im Prozess der Industrialisierung eingedampft worden. Das Reglement hat die Herrschaft übernommen.

Einer, der daran nicht unwesentlich Anteil hatte, ist Frederick Winslow Taylor, seines Zeichens Produktivitätsexperte. Zu Beginn des 20. Jahrhunderts zeigte er als Erster, dass man mit »wissenschaftlichen« Methoden Arbeitsprozesse optimieren und sehr viel Zeit einsparen kann. Sein Credo: Weniger, aber dafür effizienter arbeiten und den Produktivitätsgewinn nutzen, um Mitarbeiter besser zu bezahlen.

Zumindest zu Beginn hatte diese Taylor-Gleichung (effizientere Arbeitsabläufe = mehr Gewinn = höhere Löhne) eine hohe Attraktivität für alle Beteiligten. Allerdings wurde in der Folgezeit der zweite Teil der Taylor-Gleichung, die Sache mit der Bezahlung, leidenschaftlich gern vergessen. Das hat dazu geführt, dass sich Taylor mehrfach mit seinen Auftraggebern zerstritt.

Was ist gegen diese Taylor-Gleichung einzuwenden? Wenn beide Seiten partizipieren, dann ist das doch ein faires Geschäft! Stimmt, wenn da nicht die Sache mit der Handlungsfreiheit wäre.

Taylor war fest davon überzeugt, dass es für jede Tätigkeit nur einen richtigen Weg gibt. Und den gilt es zu finden! In aufwändigen Zeit- und Bewegungsstudien untersuchte er Produktionsprozesse und ermittelte Handgriff für Handgriff den perfekten Ablauf.

Mitarbeiter hatten sich dem idealen Prozess unterzuordnen. Kein Interpretationsspielraum! Keine Freiheit in der Ausführung! Handlungsfreiheit – ist nicht.

Ausführung, Planung und Steuerung wurden radikal getrennt. Für das Erste waren die Mitarbeiter zuständig, für alles Weitere Planungsingenieure. Damit kam es zu einer Entmachtung der unteren Führungskräfte. Den Meistern nahm man einen großen Teil ihrer Verantwortung weg.

Taylor hat es gut gemeint, aber die motivationalen Auswirkungen sind verheerend. Der Taylorismus entmündigt und dequalifiziert. Die Ganzheitlichkeit der Arbeit und die Identifikation mit dem Arbeitsplatz gehen verloren. Kein Wunder, dass es in der Folge Proteste und sogar Streiks gegen die Stoppuhr gab.

Gibt es eine Gegenbewegung, eine Alternative zu Taylors Effizienz- und Rationalitätsgebot?

Klar, gibt es das! Die Human-Relations-Bewegung war die mächtigste Gegenbewegung.

Als Geburtsstunde gelten die Hawthorne-Experimente von Roethlisberger, Dickson und Mayo. Sie wurden vom Management der Western Electric Company beauftragt, herauszufinden, wie sich bestimmte Arbeitsbedingungen (Lärm, Licht und Temperatur) auf die Leistung der Mitarbeiter auswirken. Die Forscher nahmen das Werk in Hawthorne mit 30 000 Mitarbeitern unter die Lupe und fanden etwas ganz und gar Verrücktes heraus:

Wenn die Arbeitsbedingungen optimiert wurden, verbesserten sich auch Leistung und Leistungsverhalten der Mitarbeiter. Das ist mit gesundem Menschenverstand sofort nachzuvollziehen. Und das Verrückte? Sie verbesserten ihre Leistungen auch dann, als die Arbeitsbedingungen experimentell wieder verschlechtert wurden. Selbst Mitarbeiter, die gar nicht an den Experimenten beteiligt waren, verbesserten ihre Leistung und entwickelten eine positivere Einstellung zu ihrer Arbeit. Und wenn sie in die Gestaltung der Arbeitsplätze eingebunden wurden, dann explodierten die Leistungen.

> Taylor hat es gut gemeint, aber die motivationalen Auswirkungen sind verheerend.

Mayo & Co. leiteten daraus drei wichtige Einsichten ab:

1. Die Einladung zur Mitgestaltung des Arbeitsalltags hat den Mitarbeitern offensichtlich ein Stück Handlungsfreiheit zurückgegeben. Und das schlug sich in höherer Arbeitsmotivation und besseren Arbeitsergebnissen nieder.

Unternehmen sind alles andere als rein technisch-rationale Gebilde.

2. Unternehmen sind alles andere als rein technisch-rationale Gebilde, die von vernünftig handelnden, auf ihren ökonomischen Vorteil bedachten Menschen bevölkert werden. Wertschätzung, Zuwendung und tragfähige Beziehungen sind mindestens genauso wichtig, wie eine wissenschaftliche Betriebsführung. Dies ist die Geburtsstunde des »social man« als Gegenpart zum »economic man«, von dem Taylor ausgegangen war. Der Archetypus des »social man« hat natürlich auch Kritiker auf den Plan gerufen. Zuwendung als Errungenschaft zu feiern, ist fragwürdig. Überspitzt: Ein wenig Beziehungs-Trost, um den industriellen Hospitalismus besser aushalten zu können, kann man doch nicht ernsthaft als Fortschritt feiern.

3. Die Anwesenheit der Forscher und ihr Interesse für die Mitarbeiter hatten einen gewissen Anteil an der Leistungssteigerung. Denn: Es gibt einen unmittelbaren Einfluss des Forschers auf das Forschungssubjekt. Die Beziehung zwischen Interviewer und Befragtem kann das Ergebnis der Befragung beeinflussen. Dieser Hawthorne-Effekt ist bis heute umstritten.

Leistungssteigerung, ja bitte! Unter diesen Umständen waren auch die Chefs bereit, sich für bessere Arbeitsbedingungen zu engagieren. Die Human-Relations-Bewegung konnte Fahrt aufnehmen – bis die Kriegs- und Aufbaujahre die Bewegung unterbrachen. Der Dienst am Vaterland kennt keine Handlungsfreiheit.

Arbeitsstrukturierung hieß das neue Zauberwort, mit dem deutsche Arbeitswissenschaftler in den 1970ern die Erkenntnisse der Human-Relationsbewegung wieder aufgriffen. Parallele Entwicklungen gab es in Skandinavien und England. Die Volvo Fabrik im schwedischen Kalmar, nahe Göteborg, wurde zu einer wahren Kultstätte für moderne Arbeitsorganisation. Die am Tavistock Institut in England entwickelte teilautonome Gruppenarbeit war das neue Idealbild. Dispositive und planerische Tätigkeiten wurden in die Verantwortung von Werkstattgruppen integriert: Planung der Aufträge, Disposition der Mitarbeiter und Maschinen, integrierte Qualitätskontrolle und Urlaubsplanung sind typische Beispiele.

Die Bewegung kam allerdings zum Erliegen, als wir alle Japaner wurden.

In den 1990ern entstand eine regelrechte Pilgerbewegung nach Japan. Idealbild wurde jetzt das Toyota-Produktionsmodell. Mit seiner Maxime, Verschwendung zu eliminieren und Prozesse zu optimieren, war es anschlussfähig an die westliche Taylor-Tradition. Die Standardisierung und permanente Verbesserung aller Abläufe hätte sogar in Taylors *Scientific-Management*-Handbuch stehen können. Das eine umfassende Einbindung der Mitarbeiter in die Prozessoptimierung ein zentraler Bestandteil des Produktionssystem ist, dass haben viele Japan-Freaks geflissentlich übersehen.

Heute ist der Glaube an den Skaleneffekt durch große unternehmerische Einheiten und die Effizienz zentral gesteuerter Prozesse ungebrochen. Diese Tendenz wird durch die IT-System-Logik verstärkt. Abläufe haben sich den digitalen Workflows unterzuordnen. Der Verlust von Handlungsfreiheit hat die Krawattensilos – sorry, die Verwaltungsabteilungen – erreicht.

Es ist halt leichter, den positiven Effekt eines optimierten Prozesses zu messen, als den wirtschaftlichen Nutzen von Arbeitszufriedenheit, intakten soziale Beziehungen und Handlungsfreiheit.

Bis heute lauert das Taylor-Trauma in der Vorhalle jeder Fabrikanalage und in den Fluren eines jeden Verwaltungsgebäudes. Am Ende siegen immer Stoppuhr und Maßband.

Gut ausgebildete Mitarbeiter erkennen den Mechanismus. Sie sehen ganz genau die Einschränkung der Handlungsfreiheit durch Prozessvorschriften und Regelungen. Also machen sie sich auf die Suche und steigen die Unternehmenspyramide hinauf. Ihre Hypothese: Irgendwo, weiter oben, da wird das Reglement gemacht. Da ist unser Platz. Dann machen wir die Regeln selbst. Dann sind wir am Ziel und haben die gewünschte Handlungsfreiheit.

Ich befürchte, sie werden vergeblich suchen. Die Hoffnung, durch Karriere Handlungsfreiheit zu finden, erinnert fatalerweise an die Suche nach dem heiligen Gral. Faszinierend, geheimnisvoll und anregend aber leider vergeblich. Auch an der Spitze der Pyramide unauffindbar. Denn die Freiheit »da oben« sieht tatsächlich ganz anders aus.

Oben ist es auch nicht besser

»Das darf doch wohl nicht wahr sein! Schauen Sie sich das mal an!« Er zeigt mir seinen Kalender. Ein buntes, digitales Chefetagen-Sittengemälde. Die Hektik und Zerrissenheit seines Alltags ist perfekt abgebildet. »Die Setterer hat mir die Termine für 2014 eingestellt. Wie ich das hasse! Jeder steuert wild in meinen Kalender hinein. Ich werde überhaupt nicht gefragt!« Setterer ist seine persönliche Assistentin und mit Sicherheit nicht Schuld an den unzähligen Terminen, die ihm gerade seine Pläne durchkreuzen.

Am Ende siegen immer Stoppuhr und Maßband.

Eigentlich geht es nur um zwei Tage. Er will mich zwei Tage verpflichten, um Bilanz zu ziehen. Dieses Mal also zwei Tage, weil es viel zu klären gibt. Er arbeitet seit zehn Jahren in verantwortlichen Positionen und ist vor gut einem Jahr in das Vorstandsgremium seines Unternehmens aufgestiegen. Eine erfolgreiche Karriere. Wenn da nicht diese Zweifel wären. Zweifel am Sinn des ewigen Dauertumults: unterschiedliche Auffassungen im Vorstand, zerstrittener Aufsichtsrat, ein zerrüttetes Verhältnis zur Belegschaftsvertretung, vom Vorgänger geerbt. Für was soll das alles gut sein? Kurzum: Er möchte eine nüchterne und realistische Bilanz mit mir erarbeiten und nächste Schritte planen.

Aber dann holt ihn seine Alltagsrealität schlagartig ein: Wir finden keinen Termin! Hat jemand, der bereits zu Beginn des Jahres 70 Prozent seiner Arbeitszeit durch ganz normale Regelkommunikations-Verpflichtungen verbraucht hat, noch Handlungsfreiheit? Ist es noch Handlungsfreiheit, wenn das, was man glaubt, dringend zu benötigen, erst in zwei oder drei Monaten stattfinden kann?

Ein typischer Fall von »selbst Schuld«? Niemand hat ihn schließlich mit gezogenem Revolver in das Vorstandsgremium gezwungen. Es war seine freie Entscheidung. Wenn überhaupt jemand Schuld ist, dann seine Karriereambitionen! Die wichtigsten Karriereentscheidungen treffen Führungskräfte ohne Rücksicht darauf, was da auf sie zukommt. Klassischer Fall von Karriereopportunismus: die Chance beim Schopf packen, aber unter den Konsequenzen leiden.

> Niemand hat ihn mit gezogenem Revolver in das Vorstandsgremium gezwungen.

Im Topmanagement heißt das Verpflichtungen ohne Ende.

Topmanager müssen sich auf ein komplexes Rollenskript einlassen. Sie sind die wichtigsten Interessenvertreter ihres Unternehmens. Wer Interessen vertreten will, der muss in Gremien vertreten sein und dort Einfluss nehmen. Als Repräsentanten vernetzen sie das Unternehmen mit der Öffentlichkeit, Lobbyarbeit inklusive. Das alles sind Zeitfresser.

Sie verbinden die verschiedenen Bereiche und Funktionen innerhalb des Unternehmens und sichern die erforderlichen Austauschprozesse. Diese Sozialarchitektur ist gerade für große Unternehmen besonders wichtig. Architekten sind gut beraten, sich auf ihren Baustellen sehen zu lassen und mit den Handwerkern vor Ort zu sprechen. Visibility – im Alltag sichtbar sein – ist Pflichtaufgabe und frisst Zeit, sehr viel Zeit sogar.

Viele Unternehmen haben sich sogenannte Managementkalender zugelegt, die alle Regelkommunikationen, Betriebsversammlungen, Vorstandssitzungen, Planungsprozesse, Abstimmungsrituale und Aufsichtsratskonferenzen terminlich erfassen. Natürlich ist das sinnvoll. Es ist eine Garantie, dass wichtige Kommunikationsprozesse nicht abstürzen. Und dann steht plötzlich das Zeit-Elend im Raum und die Setterers sind schuld. Die Zeit ist dahin und die Handlungsfreiheit auch. Wie bei meinem Klienten. Er möchte handeln und sein offizieller Kalender zeigt ihm den Vogel.

Ist Zeit überhaupt ein Indikator für Handlungsfreiheit? Zeit ist für mich eine universelle Währung. Der Tag hat 24 Stunden und die Stunde 60 Minuten. Gilt für alle!

> Er möchte handeln und sein offizieller Kalender zeigt ihm den Vogel.

Wenn ich Zeit mit Handlungsfreiheit verknüpfe, dann geht es mir nicht um diese universelle Währung, sondern um einen bestimmten

Wechselkurs. Wie hoch ist die Eigenzeit? Das ist die Zeit, über die ich selbst verfügen kann. Zeitautonomie! Selbstbestimmte Zeit.

Ich habe in meinem Job sehr viel Eigenzeit. Prinzipiell! Denn ich allein entscheide, ob ich arbeite, wann ich arbeite und wie viel ich arbeite. Gehe ich einen Vertrag mit einem Kunden oder Klienten ein, dann reduziert sich diese Eigenzeit. Gehe ich zu viele Verträge ein – ein typisches Phänomen unter Selbstständigen, die so genannte Verarmungsangst, schlägt zu –, dann ist die Eigenzeit aufgebraucht. Unzufriedenheit ist vorprogrammiert.

Wenn man zu viel Eigenzeit verbraucht, dann übernimmt ganz allmählich die Zeiteffizienz das Regime im Arbeitsleben. Wie kann ich Zeit sparen? Wie kann ich Prioritäten setzen? Wie kann ich schneller und präziser Arbeiten? Leider wird die so gewonnene Zeit wieder in neue Verpflichtungen investiert und durch neue Verträge verbraucht. Zeiteffizienz ist wie eine schiefe Ebene, man rutscht und rutscht und landet auf dem harten Boden eines freudlosen Pflichtprogramms.

Keine Eigenzeit, das heißt: wenig Spielraum, keine Freiheit und Null Bock!

> Spannende Themen und Marktchancen haben gefälligst im Vorzimmer der Macht zu warten, bis ein Termin frei ist.

Nach meiner Beobachtung ist das allzu oft Realität auf den Chefetagen: Spannende Themen und Marktchancen haben gefälligst im Vorzimmer der Macht zu warten, bis ein Termin frei ist.

Ehrlich gesagt stelle ich mir unter Handlungsfreiheit etwas anderes vor. Da sind Führungskräfte an der Spitze mit allen Erlaubnissen und Vollmachten ausgestattet. Sie können Wahlentscheidungen treffen und sie können umsetzen, wozu sie sich entschlossen haben. Struktur und Verfassung des Unternehmens geben ihnen Willens- und Handlungsfreiheit; eine institutionell verankerte strukturelle Autonomie. Aber eine genauso stark ausgeprägte strukturelle Bindung in einem Netzwerk aus Pflichten und Verpflichtungen verhindert, dass die Gestaltungsmöglichkeiten genutzt werden. Das ist eine ziemlich paradoxe Situation. Die Spitze des Unternehmens hat eine umfassende Gestaltungserlaubnis, aber keine Freiheit gestalten zu können.

Wie kommt es dann zu der Karriereprojektion, dass an der Spitze die Freiheit wohl grenzenlos sein muss? Die zeitliche Belastung und strukturelle Bindung des Topmanagements sind ja nicht unbekannt.

Karriereillusionen

Ein klassisches Missverständnis ist in meinen Augen die Hauptursache: Die Macht zu entscheiden, wird mit der Freiheit zu handeln verwechselt.

Jede Unternehmensleitung hat die Erlaubnis zu verändern. Etwas verändern zu können ist die eine Seite, tatsächlich etwas zu verändern die andere. Das eine ist eine Möglichkeit, das andere konkretes Handeln.

Die Macht zu entscheiden wird mit der Freiheit zu handeln verwechselt.

Changemanagement erfordert eine intensive Auseinandersetzung mit den Kraftfeldern des eigenen Unternehmens. Wer steht der Veränderung positiv gegenüber? Wer sieht das Ganze kritisch?

Sozialer Nahkampf ist angesagt. Intensives Überzeugen – face to face.

Intensität braucht Zeit und Zeit ist Mangelware. Werden diese Auseinandersetzungen nicht mit der erforderlichen Intensität geführt, dann werden Changeprozesse zäh wie Leder.

Die Spitze ist in Verpflichtungen gefangen. Sie hat die Macht zu gestalten, aber ihre Eigenzeit ist häufig so stark eingeschränkt, dass sie die Gestaltungserlaubnis nicht in freies und gestaltendes Handeln umsetzen kann! Manchmal können sich mittlere Führungskräfte oder sogar Mitarbeiter deutlich freier bewegen.

Ich muss dann immer an Heinrich L. denken, den wahrscheinlich autonomsten Mitarbeiter, den ich kenne. Er nutzt jeden erdenklichen Spielraum für die Verwirklichung seiner Ideen – auch dort, wo andere gar keinen Spielraum sehen. Sein erstes Gebot: »Du hörst erst auf zu spielen, wenn abgepfiffen wird!«

Weil er mit den Inhalten seiner Ausbildung nicht zufrieden war, gestaltete er sie einfach um, auf eigene Faust. Er schaffte es sogar, gegen den Widerstand von Behörden und Unternehmen das Ausbildungszentrum auszubauen. Wie er das alles hinbekommen hat, will ich von ihm wissen. Originalton Heinrich: »Viele fangen erst gar nicht an zu spielen, weil sie ständig auf den Pfiff warten. Andere hören ständig Pfiffe. Ein guter Spieler spielt und spielt. Und er verlässt sich darauf, dass sowieso niemand pfeift!«

»Und die vielen kleinen Regelverstöße«, frage ich ihn, »hatten die keine Konsequenzen?« »Guten und redlichen Zielen verzeiht man fast alles!«, ist seine lapidare Antwort.

> Oben ist es enger, als man denkt, und unten gibt's mehr Platz, als man glaubt.

Oben ist es enger, als man denkt, und unten gibt's mehr Platz, als man glaubt. Warum wird der Platz nicht genutzt? Ganz einfach: Heinrichs Handlungsfreiheit hatte nichts mit Erlaubnis zu tun, sondern ausschließlich mit Courage. Einige beherrschen das Spiel mit dem Pfiff, andere tun sich schwer. Und dann gibt es noch viele, die träumen von Freiheit, und wenn sie aufwachen, sind sie froh, dass doch alles überschaubar und für sie gerichtet ist. Noch einmal Originalton Heinrich: »Sie litten schon in ihrer frühesten Kindheit unter der unendlichen Weite ihres Laufstalls!«

Irrtum 10
Die Lehmschicht – Chefs verhindern, dass sich gute Ideen der Mitarbeiter durchsetzen

Nein, auf diese Weise gibt man wahrlich keine gute Figur ab: Irgendwo auf einer Landstraße auf dem Weg zur nächsten Zapfsäule, weil man vergessen hat zu tanken. Reservekanister in der linken Hand, den Daumen rechts erhoben in der Hoffnung, dass sich jemand erbarmt und man sich die fünf Kilometer zur nächsten Tankstelle ersparen kann. Und auf dem Rückweg ist der rettende Sprit zwar sicher, aber die Arme werden länger und länger. Wer es selbst erlebt hat, achtet darauf – ein Autofahrerleben lang.

Andererseits ist es auch nicht so dramatisch, mit leerem Tank stehen zu bleiben. Was ist schon gegen einen kleinen Spaziergang an der frischen Luft einzuwenden? Es sei denn, es passiert auf der Autobahn. Da kommt man sofort in die Verkehrsnachrichten: »Achtung Fußgänger auf der Fahrbahn …!« und die Autobahnpolizei reagiert humorlos. Schwirig wird es auch bei Autorennen. Dann kann man den Wagen gleich stehen lassen. Das Rennen ist gelaufen.

Wenn der Sprit ausgeht, bleibt das Auto stehen – für Unternehmen gilt das Gleiche. Auch sie benötigen Treibstoff, um vorwärts zu kommen. Sehr viel sogar und vor allem auch sehr unterschiedliche Arten von Sprit: Finanzen, Technik, Mitarbeiter, Kunden, Aufträge … Unternehmen achten darauf, dass all das vorhanden ist. Was in der Ressourcenplanung aber untergeht, sind gute Ideen.

Ideen sind der Treibstoff für den Motor, der das Unternehmen in die Zukunft führt. Gehen die Ideen aus, dann stottert der Motor und irgendwann bleibt das Auto liegen. Und auch hier gilt: Das Rennen ist gelaufen!

Für mich ist es immer wieder erstaunlich, wie wenig Aufmerksamkeit diesem speziellen, seltenen und wertvollen Treibstoff gewidmet wird. Ist das Ignoranz? Oder eine spezifische Form der Siegesgewissheit? Viele Unternehmen haben den Ideentank nicht im Blick. Sie schauen nicht auf die Tankanzeige.

> Retro-Design mag funktionieren. Retro-Thinking tut es garantiert nicht.

Oder sie haben von vorn herein gar keine Anzeige eingebaut, weil neue Ideen für sie nicht von Belang sind.

Mich befremdet das immer wieder! Nur sehr naive Menschen können doch allen Ernstes glauben, dass Unternehmen auch morgen noch wegen ihrer Ideen, Produkte und Leistungen von gestern geliebt werden. Retro-Design mag funktionieren. Retro-Thinking tut es garantiert nicht. Die Strategie-Nostalgiker sortiert der Markt gnadenlos aus.

Unternehmen verbrauchen Ideen, um etwas Neues zu entwickeln, was Kunden morgen nachfragen werden – hoffentlich. Diese zukünftige Nachfrage füllt die anderen Tanks. Alle Ressourcen – Menschen, Technik und Finanzen – sind von dieser Nachfrage abhängig. Aber wer füllt den Ideentank, der alle anderen speist? Warum kommt es überhaupt zu Ideenengpässen?

Die Erklärung, die ich dafür zu hören bekomme, ist eigentlich ganz einfach: In Unternehmen herrscht überhaupt kein Mangel an Ideen. Im Gegenteil, es gibt sehr viele überragende Ideen! Sie sitzen in den Köpfen der Mitarbeiter, sie werden nur nicht gehört.

»Diese mittleren Führungskräfte, das ist wie eine Lehmschicht«, hat mir ein Mitarbeitervertreter gesagt, »alles, was neu ist, perlt an denen ab. Die fürchten, dass ihre Mitarbeiter einfach die besseren Ideen haben!« Na ja! Schön, wenn es so einfach wäre, wenn sich der leere Tank auf die Eifersucht der Chefs reduzieren lassen würde!

Die Frage ist: Gibt es diese Lehmschicht tatsächlich? Und wenn ja, wo im Unternehmen lässt sie sich finden? Und stimmt es tatsächlich, dass sich gute Ideen nicht durchsetzen?

Wenn das Tagesgeschäft dominiert

Das Tagesgeschäft ist tendenziell konservativ und risikoavers. Unternehmen brauchen die Nachfrage von Kunden für ihre Leistungen und Produkte, denn sie sichert den permanenten Geldzufluss. Kunden haben Ansprüche an Qualität, Verfügbarkeit und Versorgungssicherheit, und die müssen befriedigt werden. Denn nur dann sind sie bereit, einen bestimmten Preis zu bezahlen, mit dem die Herstellung der Leistungen finanziert wird.

Auch wenn in bestimmten Branchen die Preise nicht auskömmlich sind, so ändert das nicht diesen prinzipiellen Zusammenhang zwischen Nachfrage, Preis und Existenzsicherung.

Wer im Unternehmen ist für diese Existenzsicherung zuständig? Ich stelle vor: »Tagesgeschäft, das«.

Das Tagesgeschäft ist ein echter Routinier. Es weiß, worum es geht und hat viel Erfahrung mit dem, was es tut. Es sichert sich ab, weil es die immer gleichen Leistungen in immer gleicher Qualität produzieren muss. Es ist daher tendenziell konservativ und risikoavers. Natürlich gibt es immer wieder mal Probleme, aber als alter Hase weiß das Tagesgeschäft, was zu tun ist. Es verfügt über einen großen Vorrat an Lösungen für alle möglichen Probleme.

Was das Tagesgeschäft am meisten fürchtet: unbekannte Probleme, für die es noch keinen Lösungsvorrat gibt.

Welche Probleme das Tagesgeschäft am meisten hasst: die Schnapsideen. So bezeichnet das Tagesgeschäft Ideen, die ihm nicht vertraut sind und seine Professionalität und Routine gefährden. Damit hat es überhaupt nichts am Hut. Leider sieht man einer Idee von außen nicht an, ob sie sich als Schnapsidee entpuppen wird. Also hat sich das Tagesgeschäft entschlossen, sicherheitshalber alle neuen Ideen aus seinem Umfeld zu verbannen.

Und plötzlich ist der Ideentank leer.

Das Tagesgeschäft ist der vielleicht größte Widersacher einer jeden Idee. Denn: Die Produktion von neuen Ideen erfordert ein völlig anderes Umfeld. Wagnisbereitschaft. Den Mut, Neuland zu betreten. Die Regeln und Handlungsroutinen des Tagesgeschäfts sind da eher hinderlich, denn man kommt garantiert an seine Grenzen. Und: Nicht für alle auftretenden Probleme wird der Lösungsvorrat ausreichen. Der Ausgang ist offen. Mitarbeiter und Führungskräfte werden sich – vermutlich schmerzhaft – der fehlenden Kompetenzen bewusst.

So ist es vielen Unternehmen ergangen, die sich in den Nuller-Jahren der neuen Herausforderung des E-Commerce gestellt haben: neue Technik, unbekannte Spielregeln und fehlende Kompetenzen. Ein risikoreicher Markteintritt. »Wir haben alle so viel Geld verbrannt; damit hätten wir ein ganzes Portfolio erfolgreicher Start-ups finanzieren können«, so hat ein Touristikmanager die Lage zusammengefasst. Die Branche leidet, ähnlich wie Buch und Musik, besonders stark unter den Angriffen aus dem E-Business. Hilft aber alles nichts. Die Unternehmen in der Branche werden weiter versuchen, sich in dem Online-Geschäft zu engagieren. Sie müssen den Ideentank füllen; sonst bleiben sie liegen. Dann können sie, wie beim Autorennen, gleich aussteigen. Der Wettbewerb ist gelaufen. Die anderen kommen ins Ziel.

Ohne Tagesgeschäft keine Knete und ohne neue Ideen keine Zukunft.

Und jetzt das Paradox: Das Tagesgeschäft fürchtet die Störung durch neue Ideen und Veränderungen. Die Produktion neuer Ideen und Veränderungen fühlt sich durch die Regeln und Routinen des Tagesgeschäfts gelähmt. Und das Unternehmen benötigt beides, um zu überleben. Ohne Tagesgeschäft keine Knete und ohne neue Ideen keine Zukunft.

Unschwer können Sie erkennen, dass die so genannte Lehmschicht etwas mit dem Schutz des Tagesgeschäfts zu tun hat. Wenn das Tagesgeschäft dominiert, dann haben neue Ideen keine Chance. Unternehmen müssen sich einer schwierigen Aufgabe stellen. Sie müssen die Gleichzeitigkeit von Tagesgeschäft und Ideenproduktion absichern. Wie kann das funktionieren? Welche Methoden gibt es und was geht todsicher schief?

Getöse in Normalton umsetzen

Methode Nummer 1, um die Gleichzeitigkeit von Tagesgeschäft um Innovation zu organisieren: der klassische Rollensplit.

Die mittleren Führungskräfte sind für die Stabilität des Tagesgeschäfts verantwortlich. Sie managen die Produktion von Produkten und Leistungen. Sie sichern die zentralen Prozesse im Unternehmen. Sie sorgen für eine stabile Auftragsabwicklung. Sie garantieren, dass die richtigen Produkte an die richtigen Kunden geliefert werden und dass die erforderliche Liquidität vorhandenen ist.

Das Erneuerungsgeschäft dagegen liegt bei den Produktentwicklern und bei den Führungskräften der Innovations- und Strategiebereiche. Sie sind dafür verantwortlich, die Zukunft des Unternehmens im Blick zu behalten und neue Ideen für Produkte und Geschäftsstrategien zu entwickeln.

Der Rollensplit hat seine Tücken. Denn: Zwei Gruppen mit unterschiedlichem Fokus und Selbstverständnis prallen da aufeinander. Kann eigentlich gar nicht funktionieren!

Das Selbstbild der Tagesgeschäftexperten ist mir vertraut. Ich kann es in all seinen Facetten sehr gut nachvollziehen. Bei einem meiner ersten Projekte habe ich es durch die Person von Benno D. kennen- und verstehen gelernt.

»Getöse in Normalton umsetzen!« war seine Antwort auf meine Frage, was er als seine Kernaufgabe betrachte. Benno war Leiter einer Produktionsabteilung, hatte sehr viel Erfahrung gepaart mit einem umfassenden Überblick über das gesamte Werk. Was er unter »Getöse« verstehe, habe ich ihn gefragt. Er sei für die Normalisierung des Geschäfts verantwortlich, hat er geantwortet. Das beinhalte natürlich auch eine Filterfunktion. Sowohl von unten nach oben, als auch umgekehrt. »Was passiert wohl, wenn ich jede neue Sau, die von unseren Bossen durchs Dorf getrieben wird, nach unten transportiere? Ich kann Ihnen das sagen: Meine Mitarbeiter wären dauerbeunruhigt und kämen gar nicht mehr zum Arbeiten. Und umgekehrt gilt das Gleiche. Wenn ich jeden Furz, der die Mitarbeiter bewegt und jede Schnapsidee, die sie sich ausdenken, nach oben transportierte. Unsere Bosse könnten nicht mehr ruhig schlafen.« Eine nachvollziehbare Argumentation.

> Wenn ich jede Schnapsidee, die sie sich ausdenken, nach oben transportierte, könnten unsere Bosse nicht mehr ruhig schlafen.

Da hat sich ein sinnvoller Informationsfilter etabliert. In der Selbstdefinition der mittleren Führungsebene ist dieser Filter eine Firewall, die geordnetes Arbeiten ermöglicht. Relevante Informationen können die Firewall passieren. Der Rest wird herausgefiltert. Getöse bedeutet: unstrukturierte überflüssige Informationen, die nur verwirren. Normalton bedeutet: strukturierte Information mit direktem Bezug zur Aufgabenstellung. So weit so gut.

Aber jeder, der schon mal mit Firewalls zu tun hatte, weiß, dass sie auch sehr empfindlich eingestellt sein können. Dann bleiben auch wichtige Informationen hängen. Manchmal verselbstständigt sich auch der Filterprozess. Er funktioniert so gut, dass gar nichts mehr durchdringt. Weder von unten nach oben, noch von oben nach unten.

Aus der Firewall mit geordnetem Informationsdurchlass wird dann schnell eine Lehmschicht – undurchlässig!

Also nichts mit Eifersucht auf die Ideen der Mitarbeiter, die mittleren Führungskräfte verhalten sich völlig rollenkonform. Sie werden für die Aufrechterhaltung der Produktions- und Leistungsprozesse bezahlt und nicht für die Produktion von neuen Ideen und Veränderungen. Alles, was stört, wehren sie ab.

Nicht weiter schlimm, sie machen nur ihren Job! Es gibt ja in diesem Rollenmodell noch die Ideenproduzenten als Kompensation. Die sollen sich um Produkt-, Strategie- und Geschäftsmodellentwicklung kümmern. Sie finden sich in Stabs- und Strategieabteilungen und berichten meist direkt an die Spitze. Damit ist sichergestellt, dass ihre Ideen auch durchdringen.

Üblicherweise treten sie zu ganz bestimmten Zeitpunkten im Jahr in Aktion, wenn strategische Planungsprozesse anstehen. Unternehmen sind in der Regel stolz auf die Strategiepapiere, die in diesen Prozessen entstehen. In der Praxis erweisen sie sich aber als Papiertiger. Warum ist das so?

Glauben Sie ja nicht, dass Ressourcen freiwillig herausgerückt werden – der Tiger bleibt angekettet!

Wenn man die Tiger loslassen möchte, dann braucht man Ressourcen für die Umsetzung der Ideen. Die Hoheit über die Ressourcen hat aber das Tagesgeschäft. Glauben Sie ja nicht, dass Ressourcen freiwillig herausgerückt werden – der Tiger bleibt angekettet! Übrig bleibt Papier. Manchmal teures Papier, weil es mit Unterstützung externer Berater erzeugt wird. Als Mitglied der Zunft muss ich selbstkritisch sagen, dass das die Umsetzungswahrscheinlichkeit nur marginal erhöht.

Wenn man mit den Ideenproduzenten spricht, dann wissen die ganz genau um diese Problematik. Sie schätzen die Erfolgswahrscheinlichkeit ihrer Ideen durchaus realistisch ein. Die Schuldigen sind schnell ausgemacht. Originalton: »Die Geschäftsleitung muss endlich mal den Mut haben, diese Lehmschicht auszutauschen, die aber auch jede Veränderung torpediert. Wenn da nichts passiert, dann haben wir keine Zukunft!«

Da ist sie wieder, die undurchlässige Lehmschicht auf der mittleren Führungsebene. Was das bedeutet? Das Rollensplitting funktioniert in der Praxis einfach nicht. Es führt nur zu einem Stellungskrieg zwischen Bewahrern und Erneuerern.

Meine Erfahrung zeigt, dass die Filterexperten und Firewall-Konstrukteure diese Auseinandersetzung immer gewinnen. Sie machen ihren Job einfach besser, als die Erneuerer. Sie haben zusätzlich auch noch die Shareholder auf ihrer Seite. Die achten nämlich besonders auf die aktuelle Leistungsfähigkeit und auf die kurzfristige Ertragsstärke. Wackelt die, dann ist sehr schnell Schluss mit neuen Ideen.

Mitarbeiter finden in diesem Modell übrigens keine Berücksichtigung. Sie sollen weder bewahren noch erneuern. Sie sind einfach da. Obwohl sie Ideen hätten!

Hier setzt Methode Nummer 2 an, das partizipative Ideenmanagement. Unternehmen loben Innovations- und Ideenwettbewerbe für ihre Mitarbeiter aus. Eine Runde spinnen! Alle sollen mitreden dürfen, egal aus welcher Abteilung und in welcher Position. Und damit möglichst viele mitmachen, gibt es etwas zu gewinnen, eine Weinprobe, einen Hubschrauberrundflug, ein Wellnesswochenende.

Ahnherr dieser Methode ist das betriebliche Vorschlagswesen. »Ideenmanagement« hört sich allerdings eindeutig besser an. Ein interessanter Ansatz – aber letztlich ist es nichts anderes als ein systematischer Bypass der Firewall.

Warum Ideen prämiert werden sollen, hat mir noch nie ganz eingeleuchtet. Durch Prämierung zementiert man ja die Auffassung, dass die Produktion von Ideen und Verbesserungen nicht zu den normalen Aufgaben der Mitarbeiter gehört. Außerdem gibt es auch hier wieder eine Firewall: mitbestimmte, paritätisch besetzte Ausschüsse, die über Prozess und Prämien wachen. Sie sollen auch kontrollieren, ob die mittleren Führungskräfte offen und fair mit den Ideen umgehen. Letztlich braucht man die Führungskräfte, um die Machbarkeit und Umsetzbarkeit der Ideen abzuschätzen.

> Durch Prämierung zementiert man ja die Auffassung, dass die Produktion von Ideen und Verbesserungen nicht zu den normalen Aufgaben der Mitarbeiter gehört.

Für mich klingt das alles nach Kontrolle und Beherrschung, also nach dem Versuch aus Innovation ein Tagesgeschäft zu machen. Die wirklich interessanten Ideen der Mitarbeiter bleiben wieder auf der Strecke – ein effizienter Bypass sieht anders aus.

Bitteres Fazit: Es gibt die Lehmschicht. Sie blockiert nicht nur die Ideen von Mitarbeitern, sie blockiert auch die Ideen der Profis. Aber sie erfüllt ihre Aufgabe als Firewall für das Tagesgeschäft ganz ausgezeichnet. Störungen haben keine Chance. Die Gegenwart des Unternehmens funktioniert perfekt. Und die Zukunft?

Mit Glück wird der Ideentank irgendwie voll. Mit Glück bleibt das Auto auch nicht liegen. Wenn das Unternehmen Glück hat, dann geht es vielleicht gut. Mit Glück wird der Ideentank irgendwie voll. Mit Glück bleibt das Auto auch nicht liegen. Mit Glück kommt man über die Runden.

Aber: Wer allein auf sein Glück vertraut, gewinnt keine Rennen.

Bleibt als letzte Chance, tatsächlich die Firewall abzustellen! Was würde passieren, wenn man alle innovativen Kräfte im Unternehmen – Führungskräfte und Mitarbeiter – von der Leine lassen würde?

Von der Leine

Ich hatte mich wirklich darauf gefreut, das Team zu treffen. Und dann? Da sitzen sie aufgereiht, nebeneinander, wie die Tiere auf der Stange einer Cloppenburger Hühnerfarm. Klappe auf! Starrer Blick auf den Bildschirm. Laptop-Einheits-Habitus. Sie haben noch nicht einmal mitbekommen, dass ich den Raum betreten habe. Was schauen die sich da an? Wovon sind die so fasziniert? Von dem neuesten Hype auf Youtube? Ihrem Geschäftsführer in Unterhosen?

Alles weit gefehlt. Als ich hinter die Stangenhühner trete, sehe ich, dass sie alle auf ... Excel-Tabellen starren. Ausgerechnet Excel! Dieser Porno für Zahlenfetischisten. Ich kann es nicht fassen. Bis gestern noch ist Schumpeters Geist der kreativen Zerstörung durch die Räume geweht, jetzt ist plötzliche Stille eingekehrt.

Die Stangenhühner sind die Teilnehmer eines BMI-Labs. BMI-Lab ist klassischer Berater-Sprech und steht für Business-Model-Innovation Laboratory. Also ein Labor für neue Geschäftsmodell-Ideen. (Sie können es mir glauben oder auch nicht: Unter dem deutschen Titel habe ich das Konzept nicht verkaufen können!) Wir sind mit einer Gruppe von zwanzig Mitarbeitern und Führungskräften – »unsere Besten«

hatte man mir gesagt – in die alternative Gründerszene Hamburgs gezogen. Schanze pur! Kooperation mit den jungen Wilden!

Die Teilnehmer sind komplett freigestellt von ihrer Alltagsarbeit. Sie berichten direkt der Geschäftsleitung und haben sonst keinerlei Berichtspflicht gegenüber ihren normalen Vorgesetzten. Innerhalb von vier Monaten sollen sie das Unternehmen auf der grünen Wiese neu erfinden: Attraktive Geschäftsmodelle erarbeiten, neue Produkt- und Vertriebsideen generieren. Damit das persönliche Risiko reduziert ist, hat jeder der Teilnehmer die Chance, nach Abschluss des Labors, eine interessante Aufgabe in einem der neuen Geschäfte zu bekommen. Die Rache der Firewall braucht er also nicht zu fürchten. Die neuen Geschäfte sollen parallel zum Stammgeschäft aufgebaut werden.

Und jetzt sitzen die da und starren auf Excel-Tabellen.

In den vorausgegangenen Tagen hatten wir eine Fülle von Ideen generiert, auf Post-its erfasst und damit die Wände plakatiert. Faszinierende Farbigkeit, Fülle und Verschwendung. Alles weg! Aber erfasst in dem Tagesgeschäft-Gewohnheits-Tool. Katalogisiert und banalisiert. »Es ist sicherer, wenn wir das schon mal erfasst haben«, ist die Antwort auf meine Frage, warum sie die Säuberungsaktion gestartet haben. Gestern war noch Risikofreude im Raum – jetzt nur noch Sicherheit.

Im BMI-Lab lässt sich hautnah erleben, was passiert, wenn alle kreativen Kräfte eines Unternehmens freigelassen werden: Es kommen ganz und gar wahnwitzige Ideen zum Vorschein. Fantasie und Ideenreichtum überzeugen mich immer wieder davon, dass sich Unternehmen aus eigener Kraft erneuern können. Es geht. Da sind revolutionäre Ansätze vorhanden. Bis zu dem Zeitpunkt, zu dem sich alte Gewohnheiten wieder einschleichen.

Wie bei meinen Excel-Freunden: Ab diesem Zeitpunkt waren die Ideen zwar sauber erfasst, leider sind die wenigsten davon auf irgendeine Weise in den weiteren Prozess eingeflossen. So ist das mit den Archiven.

Am Ende des Labs hatten wir eine Handvoll guter neue Ideen und Geschäftsmodelle, leider mit überschaubarer Sprungweite. Und wissen Sie, wer davon noch am weitesten gesprungen ist? Das waren unsere Firewall-Experten. Ausgerechnet die! Sie haben es offenbar als Befreiung erlebt, sich endlich mal austoben zu können. Wenn man die Bewahrer von ihrer Sicherungsrolle befreit, dann entpuppen die sich als dufte Typen mit wirklich interessanten Ideen.

»Man muss die jungen Wilden von der Basis einfach mal machen lassen, dann wird man sein blaues Wunder erleben.« Ach ja?

Die Ideen der Mitarbeiter dagegen waren – vorsichtig ausgedrückt – sehr konservativ. Wie war das noch mal mit, »man muss die jungen Wilden von der Basis einfach mal machen lassen, dann wird man sein blaues Wunder erleben«? Ach ja? Ja, Mitarbeiter haben kreatives Potenzial. Aber dass sie nur so sprühen vor genialen, noch nie zuvor dagewesenen Ideen, halte ich für einen Mythos. Und das ist auch eigentlich nicht verwunderlich.

Ein Löwenappetit

Die Erfahrungen aus vielen Change- und Strategieprojekten haben mir gezeigt, dass es noch eine weitaus effizientere Firewall und Lehmschicht gibt. Sie verfügt über ein perfektes Filterprogramm. Gründlich, unmerklich und hoch wirksam. Diese Firewall sitzt in unserem Kopf. Sie schützt unsere Gewohnheiten und Routinen. Die Macht der Gewohnheit. Warum brauchen wir diese Firewall? Sie gibt uns Sicherheit. Sie schützt unsere Verhaltensroutine-Programme. Und letztlich ist sie auch Teil unserer Identität. Das, was wir sind und sein wollen. Eine Art von mentalem Rückgrat. Ein Garant für Stabilität.

Das Bedürfnis nach Stabilität ist bei Menschen unterschiedlich stark ausgeprägt. Es korrespondiert mit dem persönlichen Grad der Neugier und der Bereitschaft sich irritieren zu lassen. Hohes Irritationspotenzial bedeutet in aller Regel ein niedriges Stabilitätsbedürfnis. Die eigene Identität wird als ein permanenter Entdeckungsprozess definiert. Wir kennen diese Bereitschaft aus vielen Verhaltens-Typologien: »Openness« – fundamentale Offenheit gegenüber der Umwelt –, das ist eine der Großen Fünf, der big five, in Gordon Allports Typologie. Oder »Perceiving« – eine hohe Wahrnehmungsorientierung in der Verarbeitung von Informationen aus der Umwelt. Wenig Gewissheit, sehr viel Neugier! So beschreibt es die auf Jungs Archetypen zurückgehende Typologie des Myers-Briggs-Typindikator (MBTI).

Aber Achtung! Es gibt eine folgenschwere Verwechslung. Es gibt den großen Traum von der Möglichkeit, eigene Ideen zu realisieren. »Wenn man uns nur ließe«, so fängt der Traum an, »dann würden wir dieses Unternehmen von Grund auf umkrempeln und erneuern«. Die Geschichte von den guten Ideen der Mitarbeiter, die nicht durchdringen, ist Teil dieses Traums.

> »Wenn man uns nur ließe, dann würden wir dieses Unternehmen von Grund auf umkrempeln und erneuern.«

Dann erzähle ich gerne die folgende Geschichte. Typische Seminarfolklore. Ich habe sie auch den Excel-Freaks in meinem BMI-Lab erzählt.

Da gibt es in einem europäischen Zoo diesen weißen Löwen. Ein ganz seltenes Exemplar; männlich, stattlich, furchteinflößend. Mehrmals am Tag stellt er sich selbstbewusst auf den kleinen Berg in seinem Freiluftgehege und brüllt diesen ungeheuren Freiheitsruf, der alle Besucher des Zoos zittern lässt. Wenn ich frei wäre, soll dieser Ruf sagen, dann müsstet ihr euch alle vor mir fürchten und ihr würdet die Flucht ergreifen vor meiner Kraft und Mächtigkeit. Abends ist er dann erschöpft von dieser kraftvollen Demonstration seiner Macht, genießt das frische Fleisch, was ihm sein aufmerksamer Tierpfleger bringt und freut sich auf den nächsten Tag.

Der Zufall will es, dass er an einen südamerikanischen Zoo ausgeliehen wird. Nachwuchs zeugen. Auf der Überfahrt gerät das Schiff in einen Sturm. Der Löwe überlebt wie durch ein Wunder und wird an eine tropische Insel gespült. Endlich ist er frei! Er durchstreift die Insel und brüllt seinen Freiheitsruf, wieder und wieder. Aber niemand beachtet das, niemanden beeindruckt das. Am Abend legt er sich erschöpft in den Schatten eines großen Baumes. Sein Blick schweift nervös umher. Wo – verdammt noch mal – ist der Tierpfleger und wo in drei Teufels Namen ist mein Fleisch?

Von der Freiheit der Ideen träumen, ist die eine Sache, die Freiheit für Ideen nutzen eine andere!

> Von der Freiheit der Ideen träumen, ist die eine Sache, die Freiheit für Ideen nutzen eine andere!

So ist die Situation: Die sogenannte Lehmschicht entpuppt sich bei genauerem Hinsehen als notwendige Firewall, um das Tagesgeschäft vor Störungen zu schützen. Die mittlere Führungsebene macht da einen guten und perfekten Job. Manchmal zu perfekt. Neue Ideen haben dann keine Chance. Der Ideentank wird leer und die Zukunft des Unternehmens ist gefährdet. Selbst radikale Ansätze, bei denen man die Firewall nahezu komplett entfernt, haben nur eine begrenzte Chance, die Ideenproduktion so anzuregen, dass der Tank wieder voll wird.

Aber die wahre Lehmschicht ist nicht die betriebliche Firewall. Die wahre Lehmschicht, das ist die Gewohnheit. Valium für jede Innovation.

Ist auch nicht weiter schlimm. Altes vergeht, Neues entsteht. Allerdings sollten Mitarbeiter und Führungskräfte wachsam sein, damit sie nicht unter die Räder kommen!

Irrtum 11
Über die Karriere entscheidet das Vitamin B

Firmenwitze sagen viel über die Kultur eines Unternehmens aus. Kennen Sie den:

In einem Unternehmen mit mehreren Produktionsstandorten ist die Position eines Werkleiters neu zu besetzen. Drei Kandidaten stehen zur Auswahl: Nummer eins: der langjährige Produktionsleiter des Werkes, fachlich herausragend und in Führungsfragen sehr geschickt. Nummer zwei: der Leiter der zentralen Verfahrensentwicklung, ihm wird das Potenzial für eine spätere Vorstandsaufgabe attestiert. Nummer drei: der Werkleiter eines deutlich kleineren Werkes, sehr versiert und überaus erfolgreich im Werksmanagement, ein Karriereschritt ist dringend notwendig.

Frage: Wer wird es?

Antwort: Keiner von den Dreien; der Vetter vom Vorstand kriegt den Job!

Dieser Witz wird in Unternehmen immer dann erzählt, wenn Beziehungen für das berufliche Fortkommen wichtiger sind als Leistung, zumindest in den Augen der betroffenen Mitarbeiter und Führungskräfte. Warum sollte der Außenseiterkandidat denn schließlich sonst das Rennen machen? Einer, der viel weniger Erfahrung und kaum Erfolge vorzuweisen hat?

Während uns das Vitamin B in Spinat und Broccoli herzlich willkommen ist, trägt es im Business einen faden Beigeschmack: Da verschafft sich jemand einen Vorteil, der ihm nicht zusteht. Da wird jemand bevorzugt, der sich eigentlich hinten anstellen müsste. Beziehungen muss man haben, das weiß doch jeder!

Doch ist es tatsächlich so, dass Beziehungen ein universeller Karriereturbo sind? Und woher hat das Vitamin B eigentlich seine negative Aufladung?

Im Minenfeld

Zunächst einmal: Berufliche Weiterentwicklung ist ein vermintes Feld. Das fängt schon mit dem Begriff »Karriere« an – ein schillernder Begriff, den man kaum wertfrei verwenden kann. Für manche geradezu ein rotes Tuch. Wenn man jemanden als Karrieristen bezeichnet, dann ist das sicherlich nicht als Kompliment gemeint. »Das ist ein absoluter Karrierist. Der verkauft seine Oma, wenn ihn das weiter nach oben bringt!«, hat mir ein Klient über seinen Kollegen und Rivalen erzählt. Interessanterweise war er selbst nicht minder »karrierebegabt«!

Karriere machen heißt, hierarchisch aufzusteigen, die Leiter nach oben zu klettern, bis man im Olymp angekommen ist.

Karriere, das bedeutet für viele eine Bewegung nach oben. Karriere machen heißt, hierarchisch aufzusteigen, die Leiter nach oben zu klettern, bis man im Olymp angekommen ist. Eigentlich Unsinn – denn Karriere bedeutet noch viel mehr.

Der Sozialpsychologe Edgar Schein hat als einer der wenigen wissenschaftlich erforscht, welche Möglichkeiten der beruflichen Weiterentwicklung es gibt und unterscheidet in seinem Modell drei Bewegungsdimensionen. Erste Dimension: die vertikale Entwicklung durch höherwertige Aufgaben, zum Beispiel innerhalb eines Projekts oder einer Abteilung. Zweite Dimension: die Entwicklung von der Peripherie in das Zentrum des Unternehmens hin zu den strategisch wichtigen Entscheidungen. Dritte Dimesnion: die Entwicklung von einem Fachgebiet in das nächste hin zu einer fachlichen Verbreiterung des Know-how.

Es gibt also sehr viele Möglichkeiten Karriere zu machen – vieles davon zählt aber nicht. Geschäftsführungs- und Vorstandsposten, darauf liegt das Augenmerk. Die klassische Kurfürstenfrage – wer wählt den König und wie läuft die Kür ab? Übertragen auf Unternehmen: Wie laufen Beförderungsprozesse ab? Wie wird man Führungskraft? Und wer wird es?

Auch die Vitamin B-Aufregung bezieht sich fast ausschließlich darauf. Der Rest läuft weitgehend geräuschlos ab! Hinter der Gleichung Karriere gleich Beziehung steckt also letztlich der Vorwurf, dass es bei Besetzungs-Entscheidungen von Führungspositionen nicht mit rechten Dingen zugeht.

Das zweite Missverständnis, das mit Karriere zusammenhängt, ist ein mehr als diffuser Leistungsbegriff.

Karriereentscheidungen sollte man nach Leistung fällen, so die landläufige Meinung! Aber was ist damit gemeint? Was ist Leistung und für wen wird sie erbracht? Einzig und allein die Physik hat eine eindeutige Definition zu bieten: Leistung ist Arbeit in der Zeit. Und Arbeit ist Kraft entlang einer Wegstrecke. In allen übrigen Bereichen – in Psychologie, Betriebswirtschaftslehre und Arbeitsökonomie – bleibt der Begriff Leistung nebulös.

Im Business wird Leistung meiner Beobachtung nach mit Wirkung gleichgesetzt. Erzielt ein Mitarbeiter die gewünschte Wirkung oder nicht? Das »gewünscht« ist dabei abhängig von der Messlatte, die man anlegt, und damit auch vom Auge des Betrachters. Zählt das Projektergebnis? Der Umsatz? Die Zufriedenheit im Team? Eine gute Leistung aus der Sicht der Mitarbeiter muss nicht unbedingt das Gleiche sein, wie aus Sicht der Chefs.

> Eine gute Leistung aus Sicht der Mitarbeiter muss nicht unbedingt das Gleiche sein, wie aus Sicht der Chefs.

Der Vorwurf, jemand habe sich einen Vorteil verschafft, steht also schnell im Raum. Nach meiner Beobachtung sind zwei Einflussgrößen für ihn verantwortlich: der Entscheidungsfokus und die Interessensstruktur.

Futter für das Vorurteil

»Das ist doch hinterhältig und perfide! Das waren doch wieder diese Strippenzieher aus der Zentrale. Professionelle Vitamin-B-Brüder. Dagegen ist die Mafia eine Heilsarmee. Beziehungen musst du haben. Das ist alles. Wenn ich das wieder sehe, dann möchte ich am liebsten alles hinschmeißen und neu anfangen. Irgendetwas anderes machen!«

Hinschmeißen wird Klaus W. gar nichts. Er schimpft nur fürchterlich. Er hatte sich Hoffnungen gemacht, bei der Besetzung einer Bereichsleiterstelle zum Zuge zu kommen. Und das auch zu Recht. Er hätte das Führungspotenzial für die Stelle, die erforderliche Erfahrung und die notwendige fachliche Kompetenz. Und es wäre wohl alles auf ihn zugelaufen, wenn... ja, wenn da nicht Volker S. gewesen wäre, der nach einem fünfjährigen Auslandseinsatz wieder nach Deutschland zurückkommen soll. Die Entscheider kamen zu der Überzeugung, dass man Kandidat Nr. 2 jetzt nicht übergehen kann: »Das wäre ein fatales Signal«, hatten sie Klaus W. erklärt, »Volker S. hat eine echte Erfolgsstory da draußen hingelegt. Wenn wir dem jetzt keine Chance geben, dann brauchen wir uns auch nicht zu wundern, wenn keiner mehr ins Ausland geht.«

Bei Karriereentscheidungen zählt der Systemfokus, nicht der Individualfokus. Trotzdem ist Klaus W. mehr als frustriert. Und aus seiner Sicht hat Klaus W. natürlich Recht. Er hätte die Position bekommen sollen, als Anerkennung für sein Engagement. Aber das ist eben auch nur ein Teil der Wahrheit – sein persönlicher Fokus. Bei Karriereentscheidungen zählt aber der Systemfokus, der die Personalentwicklung des gesamten Unternehmens im Blick haben muss.

Einem gut geführten Unternehmen bleibt gar nichts anderes übrig, als Mitarbeitern nach einem erfolgreichen Auslandseinsatz eine Entwicklungsperspektive zu bieten. Vor allen Dingen, wenn man international mitspielen will. Und wenn man seinen Mitarbeitern signalisieren möchte: Es lohnt sich ins Ausland zu gehen.

Je nachdem, welchen Fokus man einnimmt, ist die Entscheidung nachvollziehbar – oder eben nicht. Gerade in großen Unternehmen ist es besonders wichtig, die Entwicklung von vielen Mitarbeitern und Führungskräften mit Potenzial zu planen und zu gestalten. Die Logik des Karrieremanagements ist mit einem Individualfokus nicht zu bewerten.

Der Vorwurf der Vetternwirtschaft entpuppt sich häufig als Weigerung, eine Entscheidung zu akzeptieren, die den Interessen des Unternehmens dient. Der Vorwurf der Vetternwirtschaft entpuppt sich bei näherem Hinsehen häufig als Weigerung, eine Entscheidung zu akzeptieren, die den Interessen des Unternehmens dient. Menschlich vollkommen verständlich, leider wenig hilfreich für das Karrieremanagement.

Klaus W. hat das zwar auch eingesehen. Dennoch wird er im Freundeskreis mit hoher Wahrscheinlichkeit Vitamin B als Ursache angeben. Ist einfacher zu erklären als Systemperspektive. Kann sich jeder etwas darunter vorstellen.

Unternehmen suchen den Superchef

Eine heterogene Interessenstruktur ist die zweite Einflussgröße, die für den schlechten Ruf von Karriereentscheidungen verantwortlich ist. Drei Interessengruppen sind wichtig: Mitarbeiter und Kollegen, die Chefs und das Personalmanagement.

Wenn man Mitarbeiter fragt, dann sollten offene und zugängliche Menschen Führungsrollen übernehmen. Mitarbeiter sind an guten Beziehungen zu ihrem potenziellen Chef interessiert. Sie möchten Menschen an der Spitze sehen, die sich um die Belange ihrer Mitarbeiter kümmern und Verständnis für die Sorgen und Nöte haben. »Die wollen ja doch nur Weicheier«, hat sich bei mir ein Personalmanager beschwert. Wollen die nicht! Die Mitarbeiter können mit Klarheit und Direktheit sehr gut umgehen. Herumgeeiere ist bei Mitarbeitern genauso unbeliebt, wie bei Kollegen und Chefs. Mitarbeiter wollen Führungskräfte, die ihnen mit Wertschätzung und Respekt gegenübertreten. Sie sollen aber auch fachlich versiert sein. Warum das? Welche Interessen stecken hinter diesem Wunsch?

Wird ein anerkannter Fachmann mit einer Führungsaufgabe beauftragt, dann ist das eine Wertschätzung für die gesamte Fachcommunity und letztlich auch eine Anerkennung der eigenen Arbeit! Ein Fachmann spricht die gleiche Sprache. Nie wieder Übersetzungsprobleme! Man wird sich mit ihm – so die Annahme – sehr viel schneller verstehen und verständigen können. Letztlich steht dahinter die tiefsitzende Sehnsucht, unter sich bleiben zu können. Die fachliche Gemeinschaft, die sich blind versteht. Aufregungen und Rechtfertigung bleiben einem erspart. Und genau da fangen die Schwierigkeiten an.

Ein Fachmann spricht die gleiche Sprache. Nie wieder Übersetzungsprobleme!

Führungskräfte müssen mehreren Rollen gerecht werden. Ich unterscheide vier Rollen: Meister, Manager, Sozialarchitekt und Coach. Meister bedeutet fachliche Souveränität. Der Führungsprozess funktioniert nach dem archaischen Handwerkerprinzip: Vormachen, Nachmachen, Selbermachen! Der Manager ist der Organisations- und Prozessprofi. Er führt durch ein System von Absprachen und Regeln. Er gestaltet die Rahmenbedingungen so, dass Mitarbeiter effizient arbeiten können. Der Sozialarchitekt baut ein Netz von sozialen Einflussnahmen und Bindungen auf. Er führt über die persönliche Begegnung, zugespitzt: im sozialen Nahkampf. Der Coach macht seine Mitarbeiter erfolgreich. Er sieht sich als Unterstützer und Förderer, der Mitarbeiter konsequent zu einem höheren aufgabenspezifischen Reifegrad führt.

Und jetzt kommen die unterschiedlichen Parteien ins Spiel. Fragt man sie, wie sie sich den perfekten Chef vorstellen, kommt dabei Folgendes heraus:

- Die Mitarbeiter sagen: Wir wollen jemand, der kompetent und vertrauenswürdig ist! Die Meisterrolle ist ihnen besonders wichtig. Coaching finden sie interessant, wenn es sie selbst voranbringt. Dem Sozialarchitekten stehen sie skeptisch, dem Manager sogar misstrauisch gegenüber. Nimmt eine Führungskraft die Rolle des Managers und Sozialarchitekten ernst, dann wird er in den Augen der Community leicht zu einem Verräter, zu einem Judas der Community, selbst wenn er ein ausgewiesener Fachmann ist.
- Die Chefs sagen: Führung muss mehr sein, als nur fachliche Interessenvertretung. Sie wollen einen Sozialarchitekten und Manager; einen, der auch die Neuausrichtung, Anpassung und Vernetzung mit anderen Abteilungen im Blick hat. Außerdem soll die perfekte Führungskraft die Interessen des Unternehmens gegenüber den Mitarbeitern vertreten und für die Unternehmensentwicklung werben. Klar, den Meister braucht es auch. Fachliche Standards und Kompetenzen sind wichtig, aber noch wichtiger ist die Absicherung von Effizienz und Wirtschaftlichkeit.
- Die Profis aus Personalmanagement und Management Development sagen: Wir brauchen jemand mit sozialem Geschick. Der Sozialarchitekt ist ihre favorisierte Rolle, allerdings mit einer interessanten Einfärbung. Eigentlich wollen sie den sozial geschickten Durchsetzer, der kritische Themen so geschickt umsetzen kann, dass die Mitarbeiter zufrieden sind und die Mitarbeitervertreter nicht rebellieren. Zynisch könnte man sagen: Der ideale Kandidat für eine Führungsposition bringt brisante Personalthemen so schnell vom Tisch, dass die dabei entstehende Reibungshitze von den Mitarbeitern als Nestwärme empfunden wird.

Diese Kompetenzmischung aus sozialem und politischem Geschick, kombiniert mit geräuschlosem Durchsetzen und Beliebtheit bei Mitarbeitern kriegt man aber nicht. Große Personalerillusion.

Mitarbeiter, Chefs und Personalprofis haben komplett unterschiedliche Wünsche an das, was eine Führungskraft primär leisten soll. Kombiniert mit einem diffusen Leistungsbegriff und einem komplett unterschiedlichen Fokus führt das zu einer komplexen Entscheidungssituation, die für Betroffene nicht mehr nachzuvollziehen ist. Was liegt näher, als geheimnisvolle Mächte zu vermuten, die im Hintergrund ihr perfides Spiel treiben? Wer es dann wird, der muss schon eine verdammt gute Verbindung zu diesen Mächten haben – Vitamin B also.

Was liegt näher, als geheimnisvolle Mächte zu vermuten, die im Hintergrund ihr perfides Spiel treiben?

Stimmt aber so nicht. Was ich nicht sofort nachvollziehen kann, muss kein perfides Spiel sein. Es kann auch schlicht daran liegen, dass ich die Spielregeln nicht kenne oder das Spielfeld nicht überblicke.

Also doch kein Vitamin B? Alles rational, vernünftig und geordnet? Sie glauben mir das nicht?

Recht haben Sie! Keiner hat den gesamten Überblick bei Karriereentscheidungen. Und weil das so ist, spielen Beziehungen eine so große Rolle und zwar flächendeckend, aber in einem völlig anderen Sinn, als es die Vitamin-B-Vermutung nahelegt.

Trauen, vertrauen, zutrauen

Beziehung ist in vielen Kontexten positiv konnotiert. Denken Sie nur an »Beziehungsfähigkeit« oder »eine gute Beziehung« aufbauen oder »tragfähige Beziehung.« Warum hat dann Beziehung im Zusammenhang mit Karriere einen so schlechten Ruf? Warum plötzlich ein hämisches Vitamin B?

Man setzt Beziehung mit Begünstigung gleich. Dahinter stecken Neid und Missgunst. Und letztlich auch die Sorge, dass komplett unfähige Menschen (oder Verwandte, wie bei der Vetternwirtschaft) Karriere machen können, nur weil sie über die besseren Beziehungen verfügen und daher in den Entscheidungsprozessen begünstigt also bevorzugt werden. Begünstigung und Günstling liegen ja verdammt nahe beieinander. Ist man da nicht gut beraten, sich Sorgen zu machen?

Die Unfähigkeit des Begünstigten wird auf seinen Kurfürsten zurückfallen.

Nach meiner Erfahrung funktioniert es aber genau so nicht. Ähnlich einer schlechten Empfehlung, die auf den Empfehlenden zurückfällt, wird die Unfähigkeit des Begünstigten auf seinen Kurfürsten zurückfallen.

Wer Unfähigkeit in Spitzenpositionen hinein manipuliert, der schadet sich letztlich selbst!

Eine positive und tragfähige Beziehung im Management ist doch durchaus wünschenswert, oder? Es ist doch nichts schlimmer für ein Unternehmen als zerstrittene Managementteams, die Grabenkämpfe führen und selbst einfache Entscheidung nicht mehr untereinander abstimmen können.

Wenn man das B positiv deutet, dann bekommt man schnell Zugang zu einem verdeckten, aber hocheffizienten Karrieremechanismus, jenseits der offiziellen Entscheidungsprozesse. Fangen wir ganz vorn an: Chef lernt neuen Mitarbeiter kennen.

Erster Schritt: Wohlwollende Neutralität des Chefs gegenüber dem Mitarbeiter. Er beauftragt ihn zunächst mit einigen einfachen Aufgaben, um ihm Zeit für die Einarbeitung in das neue Sachgebiet zu gewähren.

Zweiter Schritt: Der Mitarbeiter macht seine Sache gut. Er bekommt anspruchsvollere Aufgaben. Der Chef beginnt seine Leistungsfähigkeit zu testen. Der Mitarbeiter bewährt sich. Er liefert seine Ergebnisse. Pünktlich und fehlerfrei.

Dritter Schritt: Der Chef sucht einen engeren Kontakt mit dem Mitarbeiter, weil er zwischenzeitlich Aufgaben bearbeitet, die für die Abteilung sehr wichtig sind. Aufgaben, auf die es ankommt, mit hoher Außenwirkung, entscheidend für die Reputation des Chefs.

Vierter Schritt: Die Kommunikation stimmt. Die beiden verstehen sich. Eine tragfähige Kooperationsbeziehung entsteht. Beide können sich aufeinander verlassen. Man vertraut einander. Fast zwangsläufig wird der Mitarbeiter zum Vertreter seines Chefs.

Aus wohlwollender Neutralität ist Sympathie geworden; eine tragfähige, vertrauensvolle Beziehung. Verwerflich? Wohl kaum! Dieser Prozess lässt sich in wenigen Zeilen beschreiben, in der Realität nimmt er sich die Zeit, die er braucht. Es kann dauern! Die viel gerühmten Blitzbeziehungen, in denen von Anfang an die Chemie stimmt, sind ein Mythos. Mir sind sie bis jetzt sehr selten untergekommen. Stattdessen: viel Beziehungsarbeit. Kontakt, Kommunikation, Kooperation und Verlässlichkeit sind die Voraussetzungen für Vertrauen.

Ein sich selbst stabilisierender Mechanismus: Der Chef kennt den Mitarbeiter und traut ihm daher auch eine Menge zu. Dieses Zutrauen stimuliert wiederum Leistung und Leistungsbereitschaft. Was wiederum das Vertrauen in den Mitarbeiter verstärkt. Eine solche Beziehung macht das Leben des Chefs deutlich einfacher. Er weiß, dass dieser Mitarbeiter verlässlich ist. Er braucht nicht mehr lange nachzudenken, wem er die schlachtentscheidenden Aufgaben anvertraut.

Vertrauen ist eine der wenigen Möglichkeiten, soziale Komplexität zu reduzieren. Auch wenn sie immer eine riskante Vorleistung bleibt.

Ist das ein idealistisches Bild einer Mitarbeiter-Chef-Beziehung? Ja und nein. Wirklich tragfähige Beziehungen sind im Business keine Massenware, allerding auch kein Weltwunder. Wenn sie aber da sind, sollten wir sie einfach nur wertschätzen.

Und jetzt Schritt fünf: Der Chef wird versetzt. Er übernimmt eine leitende Führungsaufgabe. Er wird Bereichsleiter in einem anderen Vorstandsressort. Seine alte Abteilung wird mit einer anderen zusammengelegt. Chef und ehemaliger Mitarbeiter bleiben trotz des Wechsels in Kontakt. Nach kurzer Zeit wird in dem neuen Bereiche eine Abteilungsleiterposition vakant. Vom Anforderungsprofil ist sie mit der alten Abteilung vergleichbar. Drei Mal dürfen Sie raten, wen er als Kandidaten vorschlagen wird.

Tragfähige Beziehungen werden begrüßt und wertgeschätzt, solange sie nicht als Karrierechance kapitalisiert werden.

Und jetzt das Erstaunliche: Das halbe Unternehmen ruft »Vitamin B!«. Tragfähige Beziehungen werden begrüßt und wertgeschätzt, solange sie nicht im Rahmen einer gemeinsamen beruflichen Entwicklung als Karrierechance kapitalisiert werden.

Dabei ist es doch vollkommen nachzuvollziehen, warum Chefs Mitarbeiter mitziehen, wenn sie eine neue verantwortungsvollere Aufgaben im oder außerhalb des Unternehmens übertragen bekommen. Ein großer Vertrauensvorschuss ist der Grund. Einige der erfolgreichsten Managementteams haben fast ihr gesamtes Berufsleben zusammen gearbeitet. Der VW-Vorstand ist dafür ein klassisches Beispiel.

Dieses Nachziehen nennt man auch Seilschaft. Wieder so ein negativ besetzter Begriff. Riecht nach Manipulation, nach Ausschluss der Tüchtigen und Verbrüderung der Inkompetenten.

Es ist das Gleiche wie bei Beziehungen. Seilschaft wird in anderen Kontexten durchweg positiv konnotiert. Jeder, der schon einmal einen Gletscher überquert hat, weiß, wie genial das Prinzip einer Seilschaft ist: Mit dem gemeinsamen Seil sichert man sich gegenseitig. Die Seilschaft ist aber auch eine besonders sensible Angelegenheit, denn wenn es dumm läuft, kann der Sturz eines Beteiligten zum Absturz der gesamten Seilschaft führen,

Lässt sich auch aufs Business übertragen.

Luschen gefährden die gesamte Seilschaft. Deswegen kommen Luschen in erfolgreichen Seilschaften nicht vor!

> Seilschaften sind in Verruf gekommen. Man kann sie aber auch einfach umtaufen und Netzwerk nennen.

Hilft nichts! Seilschaften sind in Verruf gekommen. Ist aber auch nicht so schlimm. Man kann sie einfach umtaufen und Netzwerk nennen. Dann ist man aus dem Schneider. Man ist sogar modern und die Mitglieder der Seilschaft sind Networker und damit unverdächtig. Manchmal ist das Business ganz leicht zu verstehen, oder?

Vertrauen ist der Stoff, aus dem man Karrieren macht! Tragfähige Beziehungen beeinflussen den Prozess der Karriereentscheidungen. Ist das nicht auch eine Form von Vetternwirtschaft? Ja ist es. Eine Vetternwirtschaft ohne Vettern und andere Verwandte, sondern mit Vertrauten.

Vertrauen entscheidet. Am Ende wird es nicht der Vetter vom Vorstand, sondern immer die Person, der man meisten vertraut!

Würfeln ist auch nicht besser!

Sie schütteln den Kopf? Vitamin B entscheidet über Karriere ist also kein Irrtum?

Nein, dieses Mal kann ich keinen echten Irrtum bieten, aber eine gravierende Fehleinschätzung, die sich hinter diesem Nicht-Irrtum verbirgt.

Es gibt nämlich, sehr prominent und lautstark, die Forderung, Beziehung und Vertrauen aus der Karrieregleichung zu streichen und durch objektive Verfahren zu ersetzen.

Das erfolgt in zwei Stufen. Zunächst wird ein Mix aus Fach-, Methoden- und Sozialkompetenzen für Führungspositionen definiert. Immer mehr Unternehmen legen sich solche Kompetenzmodelle zu und versuchen danach Führungskräfte auszuwählen. Dieser Schritt ist völlig unkritisch. Er sorgt für Klarheit über Anforderungen und ermöglicht eine enge Verknüpfung von Management Development und strategischer Ausrichtung des Unternehmens. Strategieumsetzende Personalentwicklungsarbeit hat das mein Kollege Rolf Stiefel genannt. Aber dann fangen die konzeptionellen Probleme an. Wie kann man diagnostizieren, ob ein Kandidat für eine Führungsposition über das Potenzial verfügt, das Kompetenzmodell bestmöglich auszufüllen? Ganz schwieriger Prozess!

Profis können Verhaltenspräferenzen ganz gut beschreiben. Für diese deskriptive Diagnostik steht eine Reihe von zuverlässigen Instrumenten zur Verfügung. Leider kann man mit ihnen nicht Führungserfolg prognostizieren. Man kann nicht einmal feststellen, ob eine Person das Potenzial hat, diese Verhaltensweisen zu entwickeln. Viele Verfahren liegen mit ihrer prognostischen Güte nur knapp über dem Würfeln. Die meisten hat man erst gar nicht validiert.

Führungserfolg lässt sich auch mit den zuverlässigsten Instrumenten nicht prognostizieren.

Die so genannten objektiven Verfahren sind de facto nicht objektiv. Assessment Center sind ein klassisches Beispiel. Obwohl nachgewiesen wurde, dass sie nur eine marginale prognostische Güte haben, werden sie immer wieder für Auswahlentscheidungen herangezogen. Sie haben erhebliche methodische Schwächen. Die Beobachtungs-Situationen sind nicht standardisiert. Die Assessoren nicht ausreichend auf die Beobachtungsaufgabe vorbereitet. Persönliche Präferenzen dominieren den Beurteilungsprozess. Im Kern sind sie eine Art von selbsterfüllender Prophezeiung: Wen man so aufwändig ausgewählt hat, den macht man anschließend auch erfolgreich.

Dennoch! Ich bin ziemlich sicher, dass sich in den nächsten Jahren dieses rationale Karrieremanagement-Kalkül durchsetzen wird.

Man einigt sich auf Verfahren und Kriterien. Dann hat man zwar keine Objektivität, aber Konsens.

Warum? Es gibt einen ganz mächtigen Trend. Er wird Business und Gesellschaft verändern. Es ist das Gleichheits- und Gerechtigkeitsparadigma. Alle Menschen sollen gleich und gleich gerecht behandelt werden. Gleich und gerecht? Wie kann man das garantieren? Ganz einfach! Man einigt sich auf Verfahren und Kriterien. Dann hat man zwar keine Objektivität, aber Konsens. Objektiv ist, was nach diesen Verfahren und Kriterien beurteilt werden kann. (Warum fühle ich mich an dieser Stelle eigentlich immer an Henry Fonda in den *Zwölf Geschworenen* erinnert?).

Objektiv ist auch das, was dokumentiert ist. Der Entscheidungsprozess muss nachzuvollziehen sein, falls irgendwann irgendjemand auf die Idee kommt, vor dem internationalen Gendergerichtshof zu klagen.

Ein übermächtiges Paradigma! Es wird auch die letzten Reservate von Beziehung und Vertrauen stürmen!

Meine große Befürchtung: Einige Jahre später, nachdem wir es endlich gleich und gerecht haben, wird man jammern. Warum? Weil das Wirtschaftsleben wieder einmal gefühlt um einiges kälter geworden ist! Es wird kälter, weil Vertrauen und Beziehung fehlen!

Wo ist das Vitamin B hin? Plötzlich wird klar, dass es zum Überleben dringend benötigt wird. Selbst Schuld! Gleichheit und Gerechtigkeit gibt's nicht zum Nulltarif.

Irrtum 12
Ein Himmelreich für klare Kanten –
an der Spitze wird nur rumgeeiert

»Das ist besser: heißes Herz und klare Kante, als Hose voll!« Kennen Sie diesen Satz? Das ist eine der Kernaussagen aus Franz Münteferings Rede im Hofbräuhaus im September 2008. Die Rede ist Legende. Sein unorthodoxer Stakkato-Stil wurde ein YouTube-Blockbuster.

Überhaupt: Verkürzende Klarheit kommt bei den Menschen gut an. Sie mögen es, wenn jemand aus seinem Herzen keine Mördergrube macht. Zuspitzungen sind gewünscht. Klartext ist angesagt. Der Alltag ist so erschütternd vielschichtig und farbig, da darf es dann ruhig mal schwarz-weiß sein.

Und genau das erwarten auch Mitarbeiter von ihren Chefs. »Seit Wochen diskutieren wir die neue Vertriebsstrategie. Wir erarbeiten die wichtigsten Handlungsfelder. Dann wird noch einmal mit Schlüsselkunden geredet, dann wird noch einmal mit den Produktionsleuten geredet, dann wird der Aufsichtsratsvorsitzende befragt.« So hat sich eine mittlere Führungskraft aus einem Kundenunternehmen bei mir beschwert. »Und dann kommen wieder wachsweiche Aussagen. Keine Ansage, in welchen Märkten wir wachsen wollen. Keine Festlegung, in welche Zielgruppen investiert werden soll. Das ewige Rumgeeiere geht mir voll auf die Nerven. Ein Himmelreich«, hat er mir angeboten, »für klare Kante an der Spitze«.

> Der Alltag ist so erschütternd vielschichtig und farbig, da darf es dann ruhig mal schwarz-weiß sein.

Vielen Führungskräften und Mitarbeiter spricht er aus der Seele. Offensichtlich wird dieses Bedürfnis nach Klarheit, Eindeutigkeit und Einfachheit von den Bossen ignoriert. Stattdessen: komplizierte Strategiepapiere, deren Logik sich selbst Eingeweihten nicht immer erschließt. Oder so generelle Aussagen, dass man sich alles Mögliche darunter vorstellen kann. »Wenn ich unsere Vision lese, dann könnte ich auch in einer Strumpfhosen-Fabrik arbeiten!«, so die Aussage eines Managers aus einem Maschinenbauunternehmen.

Wird an der Spitze von Unternehmen tatsächlich nur noch rumgeeiert? Warum kommt man nicht mehr auf den Punkt?

Irreversible Entwicklungen

In der Physik kennen wir irreversible Prozesse. Häufig wird das mit einem Glas illustriert, das vom Tisch fällt und in Dutzende Teile zerspringt. Dieser Prozess ist irreversibel, weil er niemals spontan in die andere Richtung verlaufen kann. Das Glas wird sich nicht wieder von selbst zusammenfügen. Gut, man kann es schmelzen und wieder neu gießen. Aber im neuen Glas werden die Moleküle anders angeordnet sein als im alten.

> Es ist völlig unwahrscheinlich, dass eine komplexe Marktsituation von sich aus wieder einfacher wird.

Mit der Entwicklung zur Komplexität verhält es sich genauso. Sie ist irreversibel. Es ist völlig unwahrscheinlich, dass eine komplexe Marktsituation von sich aus wieder einfacher wird. Fernsehzuschauer haben sich daran gewöhnt, auf ein Angebot von hundert und mehr Kanälen zurückzugreifen. Es ist völlig unwahrscheinlich, dass sie ihren Medienkonsum von sich aus wieder auf einen Kanal einschränken. Im Gegenteil: Sie können auf zusätzliche Angebote im Internet zurückgreifen – stationär und mobil, bezahlt und unbezahlt. Die Situation wird allenfalls noch komplexer. Was dem einen Freud, ist dem andern Leid! Medienkonsumenten mögen sich über die vielen Optionen freuen. Für Unternehmen, die medialen Inhalt produzieren, ist die Komplexität schier erdrückend.

Finden wir uns also damit ab – die Komplexität der Welt um uns herum wird zunehmen. Eine Vereinfachung aus eigener Kraft ist ausgeschlossen. Das scheinbare Herumgeeiere der Bosse ist nichts anderes als eine Reaktion auf diese Komplexität.

Warum gibt es auf komplexe Herausforderungen keine einfachen Antworten? In meinen Augen gibt es dafür drei wichtige Gründe: die Multioptionalität, die Fortschrittsmaschine und die kulturelle Komplexität.

Versetzen Sie sich einmal in die Rolle eines Automobilherstellers, der über zukünftige Antriebstechnologien nachdenkt. Vielfältige Rahmenbedingungen sind zu berücksichtigen. Viele davon sind außerhalb seines Einflussbereichs: Entwicklung des Ölpreises, Anrechnungsfaktor von Elektroantrieben auf die CO_2-Grenzwerte, Entwicklung der Batterietechnologie, Akzeptanz neuer Antriebe durch den Kunden und so fort. Die Entwicklung auf jedem dieser Gebiete ist prinzipiell unsicher, aber man kann die möglichen Variationen in einem Szenario abbilden. Und jetzt geht es um die Investitionsentscheidung in eine Antriebstechnologie. Soll man ausschließlich auf Elektroantrieb setzen? Ist die Wasserstofftechnologie noch eine Alternative? Oder das vor einigen Jahren intensiv diskutierte Solarfahrzeug? Abhängig von dem angenommenen Szenario kann die Entscheidung unterschiedlich ausfallen.

Wenn eine Entscheidung nur in einem Szenario günstig, in den anderen aber verheerend ist, dann sprechen die Szenarioforscher vom Holzweg. Alles auf die 36, ein Spiel und der Kasinobesuch sind zu Ende. Und was ist der Königsweg? Eine Entscheidung, die in vielen Szenarien günstig ist, bei gleichzeitiger Überprüfung, wann man sich endgültig festlegen muss. Man hält sich also möglichst viele Optionen offen. Was als Rumeiern gedeutet wird, ist eigentlich ein vernünftiges Entscheidungsverhalten in Situationen mit vielen Optionen und unklaren Szenarien.

Alles auf die 36, ein Spiel und der Kasinobesuch sind zu Ende.

Man könnte annehmen, dass Wissen Komplexität reduziert. Wenn man Bescheid weiß, dann wird alles einfacher. Das Gegenteil ist der Fall: Wissen produziert neue Fragen und Optionen. Erkenntnisfortschritt, Weiterentwicklung von Technologien, die Umsetzung des Wissens in neue Lösungen für den Alltag, alles scheint die Komplexität noch anzutreiben. Die Fortschrittsmaschine läuft auf Hochtouren.

Die neuen Smartphone-Technologien sind ein typisches Beispiel. Das sie uns Orientierung in unbekanntem Terrain ermöglichen, ist selbstverständlich. Reiseführer und Restaurantempfehlungen – selbstverständlich. Zeitungen und Kommentare von Freunden – selbstverständlich. Und jetzt stellen Sie sich eine intelligente Verknüpfung dieser vielen Informationen vor: Reiseführer, Zeitung, Restaurantkritiken mit den neuesten Kommentaren von Gästen zu den empfohlenen Restaurants – das gesamte Wissen über einen Ort steht zur Verfügung. Da steht dann als Kommentar zum gesuchten Restaurant: »Den Fisch essen Sie besser nicht!« Oder: »Der Service hat heute schlechte Laune!«

Leider entwickeln diese kleinen rechteckigen Technikgenies ein Eigenleben. Eine Lösung und ein Dutzend neue Fragen: Wie schützen wir uns vor Spähern? Wie können wir sicher sein, dass die Restaurant-Empfehlung nicht manipuliert ist? Und vor allen Dingen, nachdem wir nun alle attraktiven Restaurants im Umkreis von fünfhundert Metern kennen: Wo gehen wir hin?

Und in Unternehmen? Gleicher Mechanismus: Man hat gewaltige Fortschritte in der Prüftechnologie erzielt. Man kann Produkte auf Herz und Nieren prüfen. Sicherheitskritische Bauteile können zerstörungsfrei in allen Details analysiert und beurteilt werden. Gute Nachricht? Leider werfen die Analysen Fragen auf, die zurzeit nicht beantwortet werden können. Man sieht feinste Oberflächenschäden, hat aber nicht die Möglichkeit, sie durch eine geeignete Fertigungstechnologie zu beheben. Was bleibt, ist eine neue Erkenntnis, die verunsichert. Gefährden die Beschädigungen die ordnungsgemäße Funktion? Wie soll man jetzt vorgehen? Wenn etwas schiefgeht, wird man dann zur Rechenschaft gezogen, weil man vorher von den Schäden wusste? Das sogenannte Rumeiern beginnt.

Es ist auch so etwas wie kulturelle Komplexität entstanden. Die Welt ist ein Dorf geworden, zumindest was Geschäftsbeziehungen angeht. Im Business gibt es die geringsten Ängste vor dem Fremden. Das kann man immer wieder beobachten, wenn Themen wie Armuts-Migration durchs populistische Dorf getrieben werden: Flächendeckendes Kopfschütteln bei allen mir bekannten Managern. Wer diese Säue durchs Dorf treibt, muss sich auch nicht ernsthaft mit einem leergefegten Facharbeitermarkt auseinandersetzen.

In vielen Unternehmen ist die Globalisierung im Alltag angekommen. Mit ausländischen Kollegen auf ausländischen Märkten Erfolge zu erzielen, gelingt nur, wenn Unternehmen die neuen Mitarbeiter und kulturelle Besonderheiten der Länder und Zielgruppen gut integrieren. Welche Regeln und Tabus gibt es für die Zusammenarbeit im Betrieb? Was darf man sagen und was nicht? Ausdrücke und Beschreibungen, die zum gewohnten Repertoire im eigenen Kulturkreis gehören, können irritieren oder kränken. Interne und externe Kommunikationsprozesse werden zu einer Gratwanderung zwischen Rücksichtnahme und Klarheit. Manchmal bleibt die Klarheit auf der Strecke.

Eigentlich sind alle diese Trends und Entwicklungen bekannt. Komplexität als universelles Phänomen kann niemanden mehr überraschen. Die Vernunft müsste eigentlich sagen: Findet euch mit Mehrdeutigkeiten ab. Vergesst die klaren Kanten und stellt euch der Komplexität. Leider siegt die Vernunft selten. Die Sehnsucht nach Klarheit und Einfachheit bleibt. Wer eine einfache Erklärung für ein komplexes Phänomen anbietet, findet weitläufige Resonanz.

Die Sehnsucht nach Klarheit und Einfachheit bleibt.

Ein typisches Beispiel aus dem Wirtschaftsleben ist die Heuschreckendebatte der Jahre 2004/2005. Losgetreten hat sie »Klare-Kante-Franz« mit der populistischen These: Private-Equity-Fonds überfallen wie ein Heuschreckenschwarm die gesunden deutschen Unternehmen und plündern sie. Diese Trivialisierung ist besonders fatal, weil sie neben der einen Ursache auch sofort einen Schuldigen mit anbietet. Sie hat sich dann auch noch verselbstständigt. Mit Blacklists in den einschlägigen Medien wie *Stern* und *Bild* wurde auf die Private-Equity-Fonds eingeschlagen. Tenor: Wir müssen die guten Unternehmen (was immer das ist) gegen die bösen Investoren (wer immer das ist) verteidigen. Bei solchen Fragen wendet man sich in Deutschland gerne an den Gesetzgeber. Große Zustimmung beim Publikum. Da traut sich offensichtlich jemand mal die Wahrheit anzusprechen. Da zeigt jemand Autorität. Da hat jemand mal den Mut, mit der Faust auf den Tisch zu hauen!

Und das Resultat? Die Fonds gibt es immer noch. Wer die Guten sind, ist auch nicht immer klar. Vor allen Dingen wissen wir es nicht vorab. Beleg: Drei Jahre später stellte sich heraus, dass sich einige der größten Zocker unter den öffentlichen Banken befanden, die bekanntlich von prominenten Mitglieder der Legislative kontrolliert werden. Zu Heuschreckenzeiten galten sie noch als Hort der Stabilität und Seriosität. Es wurde auch klar, dass sich die Investmentableger deutscher Banken im Ausland ebenfalls als Heuschrecken aufgeführt hatten.

Jetzt sind halt die bösen Banken schuld. Die nächste einfache Erklärung, der man wieder genauso gerne zustimmt wie der davor.

Woher kommt die suggestive Kraft dieser einfachen Welterklärungsformeln? Warum die Sehnsucht nach klarer Kante? Und welche Konsequenzen können sich daraus ergeben?

Die archimedische Verführung

Ich glaube, dass diese Sehnsucht etwas mit dem alten naturwissenschaftlichen Blick auf die Welt zu tun hat. Naturgesetze sind scheinbar einfach. Gegenstände fallen nach unten, gegensätzlich magnetisierte Metalle ziehen sich an, und je mehr Kraft man einsetzt, umso leichter kann man Gegenstände bewegen. Natürlich ist dies eine sehr mechanistische Sicht auf die Welt. Erkenntnisse der Quantenphysik, die ein sehr viel differenzierteres Weltbild zeichnen, bleiben der Einfachheit halber außen vor. Keine Tricks, keine Elementarteilchen, die ein abstruses Eigenleben führen.

Ich nenne das die archimedische Verführung. Im Kern ist es die Suche nach dem großen Hebel, der die Dinge einfach in die richtige Richtung bewegt. Archimedes schreibt man die folgende Aussage zu: »Gib mir einen Punkt, wo ich sicher stehen kann, einen Hebel der lang genug ist und ich bewege die Erde mit einer Hand.« Er wollte damit die Hebelgesetze illustrieren. Mit klarer Kante überträgt man das Hebelgesetz auf die Erklärung der Welt. Nachvollziehbar ist dies allemal. Ein mechanistisches Weltbild hat genau diese Vorzüge. Sinnbildlich geht es darum einen sicheren Stand zu haben und den Hebel zu finden, mit dem man ein für alle Mal ein Problem aus der Welt hebelt. Das ist die Suche nach der einen großen Lösung: Wenn wir den Euro abschaffen, dann sind alle ökonomischen Probleme in Europa aus der Welt und alles kann wieder seinen gewohnten Gang gehen.

Die Welt als »Trivialmaschine«, wie sie der Physiker und Philosoph Heinz von Förster nennt: eine Ursache, eine Wirkung, und das Leben wird wieder beherrschbar! Trivialmaschine, das ist eine Denkfigur, ein Steuerungsmuster, das von einer vollständigen Beherrschbarkeit des Lebens ausgeht. Man muss nur lange genug suchen, dann wird man die Weltformel entdecken.

Trivialmaschine, das ist eine Denkfigur, ein Steuerungsmuster, das von einer vollständigen Beherrschbarkeit des Lebens ausgeht.

Ich illustriere das gerne am Beispiel des Eierkochens. Auf den ersten Blick scheint nichts trivialer. Man kann alle wichtigen Einflussgrößen erfassen: Zeit, Temperatur des Wassers, Größe des Eis. Da müsste es ein Leichtes sein, für meine Frau wunschgemäß ein weiches Ei zu kochen, mit verschwindend geringem Restrisiko.

Aber hier fangen die Schwierigkeiten an: Wir beide haben unterschiedliche Auffassungen davon, was weich ist. Potenziert wird diese Verwirrung dadurch, dass der jeweilige Tagesgemütszustand bei beiden von uns beeinflusst, ob ein Ei zu weich oder akzeptabel ist. Und dadurch, dass ich nebenher Zeitung lese. Wenn ich einen Artikel spannend finde, vergesse ich schon mal die Eier. Sie merken: Sobald Menschen beteiligt sind, können Sie die Trivialmaschine vergessen.

Naja, werden Sie sagen. Beim Eierkochen bringt das Prinzip »sechs Minuten« doch gute Ergebnisse, auch wenn es vielleicht eine Trivialisierung ist. Was ist so schlimm daran, wenn man die Dinge etwas vereinfacht und auf den Punkt bringt?

Gefährliche Trivialisierung

Leider haben Trivialisierungen einige gefährliche Wirkungen. Wenn die Probleme anspruchsvoller werden, dann führen sie zu gravierenden Fehleinschätzungen.

»Über die Bekanntheit eines Produkts entscheiden die Marketingausgaben«, ist eine dieser klassischen Formeln, die klar sind, aber grob vereinfachend und daher an vielen Punkten falsch. Denn wie erklärt man sich dann das Phänomen der Subkulturmarken, die aus dem Nichts bekannt werden?

»Die schiere Größe entscheidet immer noch den Wettbewerb« – Und wie erklärt man sich dann den Markteintritt neuer Unternehmen? Wie kommt es dazu, dass neue Wettbewerber wie Amazon, Google, Facebook & Co. mit Leichtigkeit große arrivierte Spieler aus dem Wettbewerb drängen konnten?

Mit den Formeln ist es wie mit der Mechanik: Man kann damit einiges erklären, aber nicht alles! Der Beliebtheit der mechanistischen Sichtweise tut das aber keinen Abbruch. Es passiert immer wieder, dass jemand daher kommt und die Dinge einfach mal beim Namen nennt, ohne Tabus, klar und nachvollziehbar: So sind die Zusammenhänge! Überschaubar! Alles nicht so schwierig! Man muss nur wollen und an den zwei oder drei entscheidenden Stellschrauben drehen. Das ist das wirklich Gefährliche an der mechanistischen Klare-Kante-Reduktion: Sie verleitet auch zu einfachen Ansätzen, zu Patentrezepten, die todsicher schiefgehen.

<small>Die Klare-Kante-Reduktion verleitet zu einfachen Ansätzen, zu Patentrezepten, die todsicher schiefgehen.</small>

Das Verhalten in Veränderungsprozessen ist typisch für die fatale Wirkung der mentalen Trivialmaschine, wie das folgende Beispiel zeigt: Geplant ist, die Arbeitsweise einer Außendienstmannschaft komplett zu verändern. Es soll mit automatischer Routenfestlegung gearbeitet werden. Der Plan für den nächsten Tag wird abends auf ein iPad gespielt und dient gleichzeitig der Dokumentation des Kundenbesuchs und der dabei getätigten Geschäfte. Der spürbaren Arbeitsentlastung für die Mitarbeiter steht die totale Transparenz gegenüber. Für Außendienstler eine Horrorvision. Entsprechend zäh läuft der Umsetzungsprozess.

<small>Die Regierung ist gut, man gebe uns ein neues Volk!</small>

Und jetzt fängt das Trivialmaschinen-Management an. Das Management geht davon aus: Die Außendienstler haben noch nicht die Vorzüge durch die Entlastung kapiert. Also: noch druckvoller kommunizieren, noch mehr Pro-Argumente sammeln und den Umsetzungsdruck auf die betroffenen Mitarbeiter im Führungsprozess erhöhen. »Wir werden den Widerstand gegen die Veränderung schon knacken und Bewegung erzeugen«, gibt der Projektverantwortliche als Losung aus. Erstaunlicherweise verstärkt das eher den Widerstand. Und zum Schluss geht gar nichts mehr! Und die Reaktion auf diesen kraftvollen Stillstand? »Meine Erfahrung ist, dass man immer auch Köpfe tauschen muss!«, hat mir dieser Hebelexperte aus dem Topmanagement erklärt. Na, hoffentlich tauscht ihn das Unternehmen nicht nach der nächsten gescheiterten Veränderung aus. Kein Einzelfall: Wenn ein Prozess steckenbleibt, dann liegt es an der Bockigkeit und Unwilligkeit der Menschen. Die Regierung ist gut, man gebe uns ein neues Volk! Der Austausch der kompletten Mannschaft als ultimativer Hebel.

So ist das mit dem verbal-mechanistischen Wirtschaftsbild. Man kann mit Trivialisierungen ganz schön daneben liegen und zu abenteuerlichen Handlungsempfehlungen kommen. Für Unternehmen ist die archimedische Verführung gefährlich.

Der sichere Stand ist längst verloren gegangen. Unternehmen können sich auf ihre aktuelle Position im Markt nicht mehr verlassen. Die Entwicklungen sind so turbulent, dass die Marktposition jederzeit gefährdet werden kann. Der eigene Hebel ist brüchig. Niemand weiß, ob die Kompetenzen des Unternehmens ausreichen, um die Zukunft zu meistern. Ein Hebel allein hilft auch nicht, weil mehrere Probleme gleichzeitig aus der Welt geschafft werden müssen, die auch noch zusammenhängen, sich ungeplant und mit steigender Geschwindigkeit vermehren können. Und genau wegen dieser faktischen Unsicherheit ist die Schein-Sicherheit der Trivialmaschine so beliebt.

Jeder braucht Orientierung und Richtung, damit die Arbeit Sinn macht. Am liebsten Orientierung von außen. Klare-Kante-Aussagen haben eine kompass-ähnliche Wirkung: Sie zeigen, wo Norden ist. Sie geben Orientierung. Aber wer den Kompass als Wegweiser missversteht, landet am Nordpol. Das macht ihn so gefährlich. Was sind Alternativen? Wie können Unternehmen mit der Komplexität umgehen?

Vielschichtigkeit als Chance

Eigentlich gibt es nur eine Alternative, und die ist reichlich simpel: Komplexität akzeptieren und annehmen. Im ersten Schritt muss man sich davon verabschieden, dass eine Orientierung von außen möglich ist. Tschüss klare Kante! Das gelingt nur, wenn Unternehmen die Komplexität der Welt nicht als Gefahr begreifen, sondern als Chance. Eine Chance, die die Manager zugunsten des Unternehmens nutzen können, wenn sie geschickt vorgehen.

Zwei Prinzipien können dabei helfen: Polyfokalität und die Kraft der Narration.

Polyfokalität? Ich weiß, das ist ein echtes Wortungetüm. Der Kunsthistoriker Werner Hoffmann hat den Ausdruck geprägt. Er bedeutet Mehransichtigkeit: ein Phänomen aus unterschiedlichen Perspektiven betrachten. Das hilft zu realitätsangemessenen Beobachtungen und Entscheidungen zu kommen. Gareth Morgan – ein amerikanischer Organisationswissenschaftler – hat sich intensiv mit den unterschiedlichen Sichten auf Unternehmen auseinandergesetzt. *Images of Organizations* nennt er das. Im mechanistischen Bild ist das Unternehmen eine Maschine, die man pro-

> Ein Phänomen aus unterschiedlichen Perspektiven betrachten.

grammieren kann. Für einfache technische Prozesse kann diese Sicht hilfreich sein. Aber für komplexe Marktgeschehnisse, für eine Einschätzung des Mitarbeiter- und Kundenverhaltens nicht.

Mehrdeutigkeit braucht Mehransichtigkeit! Unternehmen können wir als Organismus, als Gehirn, als Kultur, als politisches System, als psychisches Gefängnis, als Fluss und Wandel oder auch als Machtinstrument betrachten. Jedes Bild liefert neue Facetten, bereichert, schafft neue Einsichten in Zusammenhänge und damit eine andere Form der Orientierung. Erst die Vielfalt der Bilder ermöglicht uns ein autonomes und selbstverantwortliches Urteil. Lösungen und Entscheidungen werden vielschichtiger.

Man erkennt schnell, dass Klare-Kante-Franzens Heuschrecken-Metapher Unternehmen fast ausschließlich aus einer Machtperspektive betrachtet. Natürlich hat jeder seine Lieblingssicht. Bei mir ist das Fluss und Wandel, daher meine Präferenz für das Prinzip der Selbstorganisation. Wer viele Sichten auf ein Unternehmen einnehmen kann, der ist vor der archimedischen Verführung gut geschützt.

Das zweite Prinzip geht auf die Kraft der guten Geschichten zurück. Uns interessieren nämlich keine Geschichten, die einfach gestrickt sind. Klare Kante würde bedeuten, dass bereits auf der ersten Seite klar wird, was gut oder böse ist. Wer der Mörder ist. Welches Liebespaar sich findet. Langweilig! Ronald Tobias hat die wichtigsten Werke der Weltliteratur gesichtet und darin zwanzig Masterplots identifiziert. Man muss sich diese Plots wie Gene vorstellen, aus denen berührende Geschichten zusammengesetzt werden. Die Plots sind alles, bloß nicht einfach. Nichts mit Klare Kante. Stattdessen so diffuse Plots wie Rache, Rätsel, Rivalität, Auf- und Abstieg, um nur einige zu nennen. Kurz: Es ist wissenschaftlich erwiesen, dass Geschichten dann interessant werden, wenn sie mehrdeutig sind.

Überträgt man das Prinzip der berührenden Geschichte beispielsweise auf Strategie- und Veränderungsprozesse, dann wird schnell klar, warum wir uns langweilen. Die Geschichten, die wir da hören, sind trivial. Keine Spannung. Keine Rätsel. Alles klar. Wir sind sowieso die Besten und daher werden wir Marktführer.

Klare Kante verkehrt sich in ihr Gegenteil. Große Langeweile und klare Kante sind ganz eng aneinander gebaut. Komisch, oder? Mitarbeiter fordern Einfachheit und Klarheit, andererseits ist genau das ziemlich langweilig, wenn man eine Zeit lang zugehört hat.

Wer in Unternehmen spannende und mehrdeutige Geschichten erzählt, dem wird zugehört; der erreicht die Mitarbeiter, kann sie berühren und für die Entwicklung des Unternehmens begeistern. Ich habe das selbst vor einigen Monaten hautnah erleben können. Wir standen kurz vor dem Start eines Geschäftsmodell-Entwicklungsprozesses. Dieses Instrument ist schon schwierig genug und mutet den Beteiligten einiges an Verunsicherung zu. Verstärkt wurde das aber noch dadurch, dass mein Kundenunternehmen immer wieder im Rahmen von Unternehmensübernahmen gehandelt wurde. Als Übernommener und auch als Übernehmender, die ganz normale Zockerei im Vorfeld von Marktbereinigungen.

> Große Langeweile und klare Kante sind ganz eng aneinander gebaut.

Die Informationsveranstaltung für die Beteiligten sollte in einer Stunde beginnen und noch immer war sich das Management nicht klar darüber, was es erzählen sollte. »Zu viele Wenns und Abers, das kann man den Leuten gar nicht klar vermitteln«, so die Mehrheitsmeinung. »Wissen Sie was«, sagte das zuständige Vorstandsmitglied auf einmal, »ich gehe jetzt da raus und erzähle den Leuten, wie es mir selbst geht. Diese ganze emotionale und fachliche Achterbahnfahrt. Alle Unsicherheiten kommen auf den Tisch. Wo keine Klarheit ist, da kann ich auch keine herbeireden.« Er hat es genau so gemacht. Und es war ein voller Erfolg! Einer der Beteiligten sagte mir später, dass es für ihn die spannendste und berührendste Rede war, die er in diesem Unternehmen je gehört habe.

Klare Kante bedient auf verbal-mechanistische Weise die Sehnsucht nach Klarheit und Eindeutigkeit. Hinter der Sehnsucht steckt eine kindlich-naive Weigerung, die Vielschichtigkeit und Uneindeutigkeit unserer Alltagswelt zu akzeptieren. Es gibt keine Macht in der Welt, die Komplexität abschaffen kann. Sie ist ein irreversibler Prozess. Aber es gibt immer wieder Menschen, die das versprechen, und andere, die dem Versprechen glauben.

Einfach nur gute Geschichten erzählen! Bosse sind gut beraten, sich nicht auf den Klare-Kante-Bedarf einzulassen. Entwicklungsprozesse im Unternehmen sind zu vielschichtig, um sie fahrlässig zu trivialisieren. Sie sollten die unterschiedlichen Perspektiven in interessante Geschichten verpacken, dann werden die Mitarbeiter auch bereit sein, sich auf eine unsichere Expedition in Richtung Zukunft einzulassen. Keine Klare Kante! Kein Rumeiern! Einfach nur gute Geschichten erzählen!

Teil IV
Im Dschungel der Zusammenarbeit
*Von energiefressenden Pflanzen, Parasiten,
Einsiedlern, Murmeltieren und der großen Sehnsucht*

Irrtum 13
Meetings sind nur Zeitverschwendung

Unternehmen suchen den Superverschwender! Kennen Sie das Spiel? Es findet in vielen Unternehmen statt. Man schwärmt aus und untersucht Arbeitsabläufe und Prozesse. Ist jeder Arbeitsschritt wirklich erforderlich? Gibt es Doppelarbeiten oder redundante Abstimmungen? Die Mitarbeiter können Verbesserungen vorschlagen und beschreiben, was aus ihrer Sicht überflüssig ist. Es geht darum, Verschwendung zu eliminieren, um schneller auf Kundenwünsche reagieren zu können und Kosten einzusparen. Man will sich auf das konzentrieren, was wirklich wertschöpfend ist.

Manchmal überraschen die Ergebnisse. Aber von einem kann man mit großer Gewissheit ausgehen: Meetings sind als Superzeitverschwender immer unter den Top 3.

Meetings sind die praktische Alternative zur Arbeit.

Einer meiner Klienten hat vor einigen Jahren die Meeting-Vorurteile launisch-sarkastisch auf den Punkt gebracht: Meetings sind die praktische Alternative zur Arbeit; man kann Kaffee trinken, Kekse essen, bunte Bilder anschauen und Schlaf nachholen. »Frei schwebende Anwesenheit« hat er diesen Meeting-Schlaf genannt: Vordergründige Aufmerksamkeit durch gelegentlich-zustimmendes Kopfnicken, sporadisches »zu-Bedenken-Geben«, bei gleichzeitig innerem Tiefschlaf.

Mancherorts sind Kaffee und Kekse im Rahmen von Kostenoptimierungs- und Cash-Programmen gestrichen worden. Und der Schlaf ist durch intensive Kommunikationsarbeit auf iPhone & Co. ersetzt worden.

Geblieben ist die Einschätzung: Meetings sind Zeitverschwendung. Sie finden zu oft statt und es kommt nichts dabei heraus

Ich behaupte das Gegenteil! Wenn Meetings nicht schon so häufig anzutreffen wären, dann müsste man sie glatt erfinden. Meetings haben schlicht und einfach einen schlechten Ruf. Und das wundert mich eigentlich auch überhaupt nicht.

Wenn das Charles Eames geahnt hätte

Die Tür fällt ins Schloss und Walter S. ist verschwunden. Sein letzter Satz wirkt noch nach: »Dann bin ich im verkehrten Raum!«, hat er gesagt. Eine gute Stunde nach Meeting-Beginn. Es herrscht peinlich berührte Stille.

Wir sind im Auftaktmeeting eines politisch brisanten Projekts. Die Abwicklung der Kundenaufträge soll von Grund auf neu gestaltet werden – ein Kernprozess, an dem viele Bereiche und Abteilungen mitwirken. Wer diesen Ablauf ändern will, operiert sozusagen am offenen Herzen und muss mit Turbulenzen und Widerständen rechnen.

Die Unternehmensleitung hat mit Ralf D. eine der besten Führungsnachwuchskräfte als Projektleiter eingesetzt. Er ist fachlich sehr versiert, hat aber nur wenig Erfahrung im Projektmanagement. Mein Auftrag ist es, ihn und das Kernteam als Coach zu unterstützen.

Ich lerne ihn erst unmittelbar vor dem Meeting kennen. Ein sympathischer Mittdreißiger, der sich wirklich auf das Projekt freut und auch die externe Unterstützung begrüßt. Wir einigen uns darauf, dass ich als Beobachter teilnehme. Für die Abstimmung einer Sitzungsmoderation reicht die Zeit nicht mehr.

Wenn Meetings nicht schon so häufig anzutreffen wären, dann müsste man sie glatt erfinden.

Und dann geht es los. Elegantes Sitzungszimmer mit der obligatorischen Eames-108-Bestuhlung – alles geschmackvoll, alles edel, alles hundert Mal gesehen. Ralf D. weiß, dass die Teammitglieder aus den Produktionswerken etwas später kommen, weil sie in dem Stau stehen, den ich auch schon genießen durfte. Ralf D. entschließt sich, das Meeting dennoch zu starten.

Nach einer kurzen Einführung leitet er direkt zum Thema über. Er hat PowerPoint-Folien vorbereitet, auf denen er die Marktherausforderungen beschreibt und auch deutlich macht, warum die heutige Auftragsabwicklung die neuen Kundenanforderungen nicht bewältigen kann. Leider führt schon die dritte Folie zu einer ungeordneten Debatte. Wunderbar für mich, denn ich lerne hautnah die unterschiedlichen Positionen und Interessen kennen; ätzend für Ralf D., denn die Debatte zerschießt ihm seine Vortragsdramaturgie und er weiß wohl auch nicht so recht, wie er intervenieren soll.

So eskaliert die Debatte munter vor sich hin, bis die Tür aufgeht und die Stau-Teilnehmer hereinkommen. Verunsichert stellen sie sich kurz vor, weil sie viele der Anwesenden nicht kennen. Jetzt müssen sich natürlich auch alle anderen Teammitglieder vorstellen.

Während der Vorstellungsrunde blättert Ralf D. plötzlich hektisch in seinen Unterlagen und ich merke, wie er noch einmal die Teilnehmerzahl abcheckt. Irgendetwas scheint nicht zu stimmen. Auch Walter S. schaut zunehmend verunsichert in die Runde. Dann fragt er »Ist dies der Raum New York?« »Nein!«, antwortet Ralf D. »Dies ist Shanghai!« »Oh! Mist!«, sagt Walter S.„ »dann bin ich im verkehrten Raum!« Steht auf und geht.

Und das Verrückte? Noch vor wenigen Minuten hat Walter S. besonders energisch und mit einem leichten Hang zur Theatralik widersprochen: »Ich muss das in aller Deutlichkeit entschieden zurückweisen!« Abgesehen von der abenteuerlichen Komparation: Wie kann man etwas zurückweisen, wenn man gar nicht gemeint ist? Weder er selbst noch seine Abteilung sind von den geplanten Veränderungen betroffen, wie mir Ralf D. später erklärt. Eigentlich hat er auch keine Ahnung von dem Prozess, um den es geht.

Macht nichts! Das Projekt spielt keine Rolle! Der Inhalt ist unwichtig.

Walter S. ist ein Meeting Professional. Und der kann zu allem etwas sagen. Und der kann auch allem widersprechen. Hauptsache er ist im richtigen Raum.

Wenn Eames geahnt hätte, wie viel Mist auf seinen Stühlen verzapft wird, er hätte sie deutlich unbequemer gestaltet, um das Elend abzukürzen.

> Wenn Eames geahnt hätte, wie viel Mist auf seinen Stühlen verzapft wird, er hätte sie deutlich unbequemer gestaltet.

Natürlich kommt bei Meetings, die so ablaufen, nichts heraus. Wie auch? Wenn man den Meeting Professionals die Hoheit über das Geschehen gibt, dann kann schon mal gar nichts passieren, denn die sind am Inhalt nicht interessiert. Aber es liegt nicht nur an Walter S. & Co. In den meisten Meetings geht es darum, gemeinsam eine Problemlösung zu erarbeiten. Und das ist kein einfacher Job. Immerhin müssen unterschiedliche Parteien gehört, Interessen verhandelt und Kompromisse gefunden werden.

Wer Sitzungen erfolgreichen managen will, der muss nach meiner Erfahrung mit vier Schwierigkeiten kämpfen: mit den Sitzungswichteln, der natürlichen Effizienzbremse, der Commitment-Falle und den Bühnenstars. Das sind anstrengende Jobs. Mit alle Vieren. Es ist halt keine Selbstverständlichkeit, dass bei Meetings etwas herauskommt, obwohl man immer wieder davon ausgeht.

Wichteltage

Genau genommen steckt sogar ein Sitzungswichtel in jedem vom uns.

Ein Handwerker hat mir mal von den Wichteltagen auf der Baustelle berichtet, wenn alles schiefgeht: Die Maurerkelle hat sich von selbst verlegt, die Wasserwaage ist weg, der Speiskübel fehlt und der Architekt kommt nicht bei. Am Abend stellt sich dann heraus, dass die Mauer an der verkehrten Stelle steht, weil Architekt und Bauherr den Plan geändert haben. Ein Tag für die Katz.

Sitzungswichtel funktionieren genau so: Sie schaffen es in rasender Geschwindigkeit Chaos zu verbreiten. Wenn man nicht aufpasst, stürmen sie in den Konferenzraum, kapern die Sitzung, tanzen auf dem Tisch und genießen feixend, dass wieder einmal nichts herauskommt. Machen Sie es sich aber bitte nicht zu leicht. Man kann die Wichtel nicht eins zu eins Personen zuordnen. Sie sind nicht einfach nur renitente und chaotische Meeting-Teilnehmer, die man zur Ordnung rufen kann. Die Sitzungswichtelbande operiert verdeckt, manchmal charmant, immer aufsässig. Genau genommen steckt sogar ein Teil der Bande in jedem von uns.

Ich stelle Ihnen am besten die wichtigsten Mitglieder der Bande einmal vor.

Der Geheimniskrämer!

Seine Spezialität: Klarheit in der Vorbereitungsphase verhindern, Zielsetzung und Agenda verschleiern. Er schafft es, aus jedem Meeting eine Wundertüte zu machen: Aufmachen, staunen was drinnen ist, und den Inhalt nach einem Tag vergessen.

Wenn er gut arbeitet, dann blühen die Spekulationen im Vorfeld und jeder Meeting-Teilnehmer stellt sich auf alles Mögliche oder gar nichts ein. Man kann ihn am besten mit einer sauberen Information über Ziele und Ablauf bekämpfen. Was natürlich voraussetzt, dass die Verantwortlichen selbst wissen, was nach dem Meeting anders sein soll. Ich bin mir ehrlich gesagt nicht immer sicher, ob man davon ausgehen kann.

Ralf D. hatte von Beginn an schlechte Karten. Der Geheimniskrämer hatte die Unternehmensleitung unterwandert. »Am besten, wir hängen das Ganze nicht an die große Glocke«, hatte man ihm gesagt, »sonst gibt es bereits einen Aufstand, bevor es richtig los geht! Also bitte keine großen Ankündigungen. Behutsam vortasten«, so die Anweisung. Valides Argument, wenn man ein Projekt nicht richtig verankern will. Auf jeden Fall ist es Futter für den Geheimniskrämer. Der stellt sofort sicher, dass niemand weiß, worum es bei dem Meeting gehen soll.

> Bloß nicht an die große Glocke hängen!

Der Faulpelz!

Seine Spezialität: mit großem Charme und viel Augenzwinkern die Vorbereitung torpedieren.

Er suggeriert den Teilnehmern, dass es sich sowieso nicht lohnt, sich auf irgendetwas vorzubereiten. Erstens, weil es die anderen auch nicht tun. Und zweitens, weil es doch jedermanns Lebenserfahrung ist, dass man die Dinge am besten auf sich zukommen lässt. Nichts wird so heiß gegessen, wie's gekocht wird.

Man kann ihn schon in den Griff bekommen, den Faulpelz. Ist aber aufwändig. Gezielte, individuelle und über die Chefs eingesteuerte Vorbereitungsaufgaben sind in meinen Augen die beste Abwehrstrategie gegen diesen listigen Gesellen.

> Nichts wird so heiß gegessen, wie's gekocht wird.

Im Projekt von Ralf D. konnte der Faulpelz seiner Lieblingsbeschäftigung nachgehen: tief und fest schlafen. Seinen Job hat bereits der Geheimniskrämer übernommen. Wer nicht weiß, worum es geht, kann sich auch nicht vorbereiten. Ralf D. hat zwar gegen die Anweisung mit einigen Teilnehmern vorab gesprochen, aber ansonsten herrschte zu Beginn des Meetings freundliche Ahnungslosigkeit.

Der Kaltstarter!

Seine Spezialität: sofort loslegen, den Gruppenmotor hochdrehen, überhitzen und sauer fahren.

Bitte keine langen Vorreden! »Bitte keine langen Vorreden«, sagt er, »wir sind alle erwachsen und wissen, worum es geht (dabei grinst er den Geheimniskrämer und den Faulpelz unverschämt an), lasst uns einfach mit den Inhalten starten«. Das perfide an seiner Strategie? Er verbindet sich mit der Meeting-Aversion vieler Teilnehmer, die das Ganze möglichst schnell hinter sich bringen wollen. »Kommen wir zur Sache« ist sein Lieblingsslogan und schon hat er viele Teilnehmer an der Angel.

Es ist eine verdammt schwierige Aufgabe für den Meeting-Verantwortlichen, diesen Wichtel in die Schranken zu weisen. Am besten ist es, ihn von Beginn an zu irritieren.

Ein mutiger Ralf D. könnte beispielsweise die Mitglieder seines Kernteams fragen: »Sie sind ja alle schon lange genug in diesem Unternehmen und kennen seine Gepflogenheiten in- und auswendig. Wie müssen wir nach Ihrer Erfahrung vorgehen, um dieses schwierige Projekt todsicher an die Wand zu fahren?« Ich garantiere, nach so einer Frage hält der Kaltstarter den Mund. Dummerweise hatte Ralf D. sich dazu entschlossen, diese Rolle selbst zu spielen. Kein Kennenlernen zum Start, keine Interessenabklärung, direkt rein in das Thema.

Der Agent!

Seine Spezialität: Versteck spielen und zur Illoyalität verführen.

Immer schön in Deckung bleiben! In Projekten sind die Kernteammitglieder immer Interessenvertreter ihrer Abteilung. Sie müssen eine doppelte Loyalität entwickeln; zum Projekt und den Ergebnissen und zum Heimatbereich und dessen Interessen. Der Agent verführt die Teilnehmer dazu, Doppelverräter zu werden. Immer schön in Deckung bleiben! Im Projekt halten sie sich bedeckt, was die Interessen des Bereichs angeht und im Bereich erzählen sie nichts über den Verlauf und die Ergebnisse des Projekts. Meistens fällt das Doppelspiel erst bei der Umsetzung auf. Das Kernteam ist schon längst entlastet und man kann das Scheitern anderen in die Schuhe schieben.

Den Agenten kann man relativ leicht in den Griff bekommen, wenn man vom Start weg die Interessen der Kernteammitglieder auskundschaftet, notfalls vor Beginn der Projektarbeit und unter vier Augen.

Ralf D. hat das versäumt. Er kannte das Kraftfeld nicht, mit dem er es zu tun bekommen würde. Sonst hätte er die Agenda anders aufgebaut. Man muss auch immer wieder überprüfen, wieweit die Befugnisse der Kernteammitglieder gehen. Dürfen sie überhaupt Entscheidungen treffen? Wenn die Entscheidungslimits nicht klar sind, dann braucht man sich nicht zu wundern, dass in der Beschlussphase eines Meetings herumgeeiert wird.

Der Strukturchaot!

Spezialität: Freistil-Interaktion und sozialer Nahkampf.

Er animiert die Teilnehmer, sich an keine Diskussionsspielregeln zu halten. Aus der klassischen Regel für Gruppenarbeiten »Störungen haben Vorrang« leitet er das Recht ab, sich immer gestört zu fühlen und deswegen auch permanent Vorrang zu haben. Er unterbricht andere. Er hört nicht zu und ist selbst erbost, wenn seine Argumente nicht gewürdigt werden. Alles will er sofort diskutieren, auch wenn die Agenda gesprengt wird. Er liebt den Austausch von Standpunkten.

Störungen haben Vorrang!

Für mich ist ein Standpunkt ein Blickfeld mit dem Radius Null. Man kann beliebig viele Standpunkte hin und her tauschen, ohne dass irgendetwas passiert. Nur die Stimmung wird immer schlechter. Der Strukturchaot liebt die Geschwindigkeit, leider nur in Form einer kreisförmigen Diskussionsbewegung.

Was tut man gegen diesen Chaoten? Eine Anleihe aus dem Fußball hilft. Berti Vogts, als er noch ein guter Außenverteidiger war, pflegte läuferisch überlegene Flügelstürmer bereits in den ersten Spielminuten durch ein hartes Pressing oder eine spektakuläre Grätsche zu beeindrucken. Manchmal grenzwertig, aber so früh fliegt man nicht vom Platz. Die läuferische Überlegenheit hatte sich damit in der Regel erledigt. Ich glaube, dass die frühe Grätsche auch die beste Strategie gegen Strukturchaoten ist. Nennen wir sie in memoriam den Berti-Ansatz.

In unserem Startmeeting lief der Strukturchaot bereits bei der dritten Folien zur Höchstform auf. Ich hatte nicht den Eindruck, dass Ralf D.

in seiner Ausbildung zur Führungskraft mit dem Berti-Ansatz vertraut gemacht worden ist. Vielleicht lernt man das ja auch heute nicht mehr. Gut, dass Walter S. im falschen Raum war, es wäre für den guten Ralf noch richtig herausfordernd geworden.

Meeting Rules heißen die Warntafeln. Aber wer sagt, dass Sitzungswichtel Englisch können?

Ich vermute, diese Wichtel-Rasselbande kennt fast jeder von Ihnen. In den Konferenzräumen wird immer wieder vor der Bande gewarnt. Meeting Rules heißen die Warntafeln. Aber mit Appellen kommt man dieser Chaos-Bande nicht bei. Vielleicht verstehen sie ja auch schlicht und einfach kein Englisch?

Die Bremse lösen

Viele Manager konzentrieren sich bei der Meeting-Steuerung auf die Wichtelbande. Es gelingt Ihnen sogar, die Bande aus dem Konferenzraum zu jagen. Und die Ergebnisqualität? Leider kommt immer noch nicht das heraus, was man sich wünscht. Denn: Die natürliche Effizienzbremse ist noch angezogen.

Stellen Sie sich bitte einmal vor: Sie sind zu einem Meeting eingeladen und Sie wissen genau, was auf Sie zukommt. Sie wissen, dass die anderen gut vorbereitet sind und sie haben sich deshalb selbst gut vorbereitet. Ihr Chef hat sich mit Ihnen ausführlich abgestimmt. Sie haben jetzt Handlungsfreiheit in der Vertretung der Interessen des Bereichs und Sie können auch für den Bereich entscheiden. (Ich weiß, ich weiß: das ist nicht Ihre Realität – Sie sollen es sich ja nur vorstellen!) Geheimniskrämer und Agent geben sich sofort geschlagen. Der Faulpelz ist gar nicht erst aufgewacht!

Lieber nimmt man partielle Ineffizienz in Kauf, als sich den Anstrengungen dieses professionellen Aushandlungsprozesses auszusetzen.

Jetzt kann mit offenem Visier gearbeitet werden, der Austausch- und Aushandlungsprozess beginnt. Unterschiedliche Meinungen kommen da zutage, jeder hat eine andere Sicht auf die Stärken und Schwächen des bis dato bestehenden Arbeitsprozesses. Und daher auch andere Lösungsvorschläge für die Neugestaltung.

All das kostet Konzentration. Energie. Ausdauer. Manchmal habe ich den Verdacht, dass man lieber partielle Ineffizienz in Kauf nimmt, als sich den Anstrengungen dieses professionellen Aushandlungsprozesses auszusetzen.

Ich nenne dieses Phänomen »natürliche Effizienzbremse«. Niemand kann acht bis zehn Stunden hocheffizient durcharbeiten. Unser Organismus spielt da einfach nicht mit. Er wird sich kleine Pausen und Verteilzeiten organisieren. Das ist ganz und gar normal. Meetings sind eine angenehme Verteilzeit. Denken sie an die frei schwebende Anwesenheit bei innerem Tiefschlaf. Das ist die eine Gefahr.

Und die Zweite: Das Prinzip der Effizienzbremse gilt auch für Meetings selbst. Wenn der Austauschprozess wirklich konstruktiv ist, dann wird es anstrengend und man benötigt Verteilzeiten und Pausen. Und was ist die Realität? Es wird durchgesessen. Am Stück. Vielleicht liegt es ja auch den Stühlen von Eames. Ich habe mich schon immer gewundert, warum die bequemsten Stühle eines Unternehmens in den Konferenzräumen zu finden sind. Eine Design gewordene Einladung zum Sitzungsmarathon. Man sollte Pausen in Meetings lieben lernen oder gleich Holzbänke nehmen. Aber Achtung: Der Kaltstarter wird bei Pausen sofort Protest einlegen und Verschwendung rufen. Sie müssen den Kaltstarter kalt stellen, sonst funktioniert das mit den Pausen nicht.

Und jetzt stellen Sie sich bitte ein Zweites vor: Sie sind am Ende eines wirklich effizienten Meetings. Gemeinsam haben Sie interessante Lösungsalternativen erarbeitet und jetzt geht es darum, die nächsten Schritte abzustimmen. Wer übernimmt welche Aufgabenstellung? Was muss zum nächsten Meeting vorbereitet werden? Wie sollen die einzelnen Abteilungen informiert werden?

Merken Sie was?

Es wird eng! Nach der ganzen Anstrengung kommt jetzt keine Belohnung – sondern eine neue Herausforderung: Sie müssen sich festlegen. Aus der Nummer kommen Sie nicht mehr heraus. Die Commitment-Falle schnappt zu! Commitments sind der Ersatz der Grauzonen durch Verbindlichkeit. Nichts ist es mehr mit einer höchst individuellen Interpretation der Sitzungsergebnisse. Jeder geht Verpflichtungen ein.

> Nichts ist es mehr mit einer höchst individuellen Interpretation der Sitzungsergebnisse.

Ein offenes Meeting-Ende mit unklaren Ergebnissen hat durchaus Vorteile. Es schafft ungeahnte Freiräume für Interpretationen. Herrliche Chancen für Eigenmächtigkeit entstehen. Unklarheit verbündet sich gern mit dem urmenschlichen Bedürfnis nach Handlungsfreiheit.

Warum soll man darauf verzichten? Weil es neben der Freiheit auch das Prinzip der Verantwortung gibt. Hinter jedem Commitment steht letztlich auch eine Mitverantwortung für die Ergebnisse des Meetings. Mitverantwortung als Synonym für Zugehörigkeit zu einer leistungsstarken Gruppe. Auch nicht schlecht, oder?

Trotzdem! Die Scheu vor Verbindlichkeit bleibt.

Tschüss Chef, ich geh' zur Bühne!

Drei der vier Schwierigkeiten haben Sie jetzt kennengelernt. Die Sitzungswichtel, die natürliche Effizienzbremse und die Commitment-Falle haben einen unmittelbaren Einfluss auf die Vorbereitung und Gestaltung eines Meetings.

Die vierte Schwierigkeit ist wirkmächtiger, weil sie mit der Bedeutung der Arbeit selbst verknüpft ist. »Es steht außer Frage«, sagt J. B. Rohrlich, ein amerikanischer Psychoanalytiker, »dass Arbeit und Berufsleben tiefgreifende Wirkungen auf das Selbstgefühl und das Gefühl des persönlichen Wertes haben. Stolz, Befriedigung, Ruhm und Berühmtheit – all diese Begriffe hängen mit Arbeit zusammen.« Rohrlichs Studie stammt aus den 1980ern. Was hat sich seitdem geändert? Die Bedeutung von Arbeit ist noch weiter gewachsen.

Die Arbeit ist zu einer ganz zentralen Instanz für Selbstbehauptung, Präsenz und Selbstdarstellung geworden. Hier kann man sich zeigen und Kompetenz unter Beweis stellen. Wenn Arbeit das Theater für die alltägliche Präsenz ist, dann sind Meetings die Bühne. Eine Bühne für Selbstdarsteller und Selbstdarstellung. Hier kann man bei Präsentationen und in den verbalen Scharmützeln zeigen, was man drauf hat, wie wichtig man ist und welche Bedeutung das eigene Wissen für das Unternehmen hat.

Und dann prallen sie aufeinander, die unterschiedlichen Bühnenverständnisse. Die einen lieben diese Form der Selbstinszenierung. Das sind die Meeting Professionals. Die Bühnenstars. Egal, um was es geht, sie entern die Bühne und brauchen den Raum. Wenn sie zwei von dieser Sorte in einem Konferenzraum haben und die Sonne scheint, dann muss die Sonne raus, sonst wird der Raum knapp.

Andere wiederum leiden darunter, weil sie nicht mit dem Talent der großen Geste und des mächtigen Wortes ausgestattet sind. Das erklärt auch, warum wichtige Informationen und unverzichtbares Wissen außen vor bleiben. Die Bühne ist voll mit Selbstdarstellern und wichtige Knowhow-Träger sitzen im Orchestergraben und hoffen, dass dieses Schauspiel bald vorbei ist. Sie werden einen Teufel tun und ihr Wissen zur Verfügung stellen. Sie wissen ganz genau, dass dieses Spiel da auf der Bühne ein definiertes Ende hat. Das Ende heißt Alltagsrealität. Und mit dieser Rollenteilung fährt jedes Meeting wunderbar an die Wand.

Wichtige Knowhow-Träger sitzen im Orchestergraben und hoffen, dass das Schauspiel bald vorbei ist.

Und jetzt stellen Sie sich ein Drittes vor: Die Sitzung wird konsequent moderiert und gesteuert. Die Moderation erfolgt durch die Teilnehmer selbst, nach einem rollierenden System. Auch die Meeting-Tenöre müssen in den Orchestergraben und die anderen Knowhow-Träger bekommen Raum. Sie können sich sicherlich sofort vorstellen, wen Sie als erbitterten Gegner haben werden. Wer verliert schon gerne seine Hauptrolle? Sie müssen die Meeting Professionals von der Bühne zerren und am besten gleich ganz aus dem Theater werfen.

Es führt kein Weg daran vorbei. Das Ensemble muss ausgeglichen besetzt werden und jeder muss auf die Bühne, sonst gehen wichtige Einschätzungen verloren und das Ergebnis wird fragwürdig.

Die Sitzungswichtel sind ätzend, aber mit einer professionellen Steuerung gut zu bändigen. Der Rest macht deutlich mehr Schwierigkeiten, weil Ängste im Hintergrund lauern. Die natürliche Effizienzbremse entsteht durch die Angst vor professionellen Austauschprozessen, die ja zum Verlust des geliebten, eigenen Standpunkts führen können. Die Commitment-Falle entsteht durch die Sorge, Handlungsspielräume zu verlieren. Und der Verlust der Bühne attackiert das tiefsitzende Bedürfnis nach Wertschätzung und Selbstdarstellung, das allerdings sehr unterschiedlich ausgeprägt ist.

Jeder muss auf die Bühne, sonst gehen wichtige Einschätzungen verloren und das Ergebnis wird fragwürdig.

Meetings finden zu oft statt und es kommt zu wenig dabei heraus! Das war der zentrale Vorwurf. Gut, verstanden, werden Sie sagen, das mit der Ergebnisqualität kriegt man in einem mühseligen Steuerungsprozess hin. Aber warum der ganze Aufwand? Am besten man überprüft, ob das Meeting überhaupt sinnvoll ist!

Unverzichtbarer Geruch

Ja, ich kenne die Aussage, dass jedes noch so effiziente Meeting ein Meeting zu viel ist. Ich kenne auch den Schnack, nach dem Meetings der »Sieg des Gesäßes über den Verstand« sind.

Erstens funktioniert das mit dem Sieg nur, wenn die Stühle bequem sind. Und zweitens bin ich mir auch nicht immer sicher, ob nicht das Gesäß leichtes Spiel hat. Zumindest legt diese komische Hoffnung auf eine meeting-freie Zone das nahe.

Natürlich muss man periodisch überprüfen, ob ein Meeting noch sinnvoll ist – keine Frage! Aber bitte geben Sie sich nicht der Illusion hin, man könnte die Anzahl der Meetings langfristig deutlich senken. Die Meetingflut ist ja eine Reaktion auf einen mächtigen Trend und der heißt: Komplexität.

> Die Meetingsflut ist eine Reaktion auf einen mächtigen Trend und der heißt: Komplexität.

Man kann sich organisatorisch aufstellen, wie man will; man kann die Organisation noch so oft optimieren: Die Probleme, die ein Unternehmen lösen muss, wenn es am Markt erfolgreich sein will, richten sich einfach nicht nach der internen Organisation eines Unternehmens. Es sind immer mehrere Abteilungen betroffen und man muss – nolens volens – alle einbinden und vertrauensvoll zusammenarbeiten, um zu tragfähigen Lösungen zu kommen.

Überdies ist das für die Lösungsfindung benötigte Wissen fragmentiert, in der Regel nicht dokumentiert und im Unternehmen breit gestreut. Das vielleicht allerwichtigste Knowhow ist in einem ganz merkwürdigen Speicher abgelegt. Die beiden Wissensforscher Nonaka und Takeuchi nennen diesen Speicher Tacid Knowledge – implizites Wissen und Können. Man kann etwas, ohne sagen zu können, wie man es kann. Für gute Lösungen braucht man das gesamte Knowhow im Unternehmen einschließlich des Tacid Knowledges. Intensive Austauschprozesse sind die einzige Möglichkeit sich den gesamten Wissensfundus zu erschließen.

Sie werden zurecht einwenden, dass in den letzten Jahren vielfältige Interaktionstechniken entwickelt worden sie, wie beispielsweise Intranet-Foren, Chats, Video-Telefonie und Video-Conferencing. Alles funktioniert zunehmend perfekt und sicher. Muss man sich da überhaupt noch persönlich treffen?

Nach meinen Beobachtungen funktionieren diese ganzen digitalen Meetingtechniken nur dann wirklich zuverlässig, wenn die Beziehung bereits intakt und tragfähig ist.

Aber das klappt doch bei Facebook, LinkedIn & Co. auch ohne persönlichen Kontakt, wird man einwenden. Vorsicht! Wir reden von völlig unterschiedlichen Formen der Begegnung. Wenn wir das Projekt von Ralf D. wieder als Beispiel nehmen, dann geht es nicht darum, Social-Media-Trivialitäten zu posten, sondern elementar wichtige Einschätzungen abzugeben, auf die sich andere verlassen müssen. Es geht darum, Konsens zu erzielen, wenn unterschiedliche Meinungen und Lösungsansätze aufeinander prallen. Letztlich müssen alle Beteiligten für das Ergebnis dieses Aushandlungsprozesses die Verantwortung übernehmen. Das setzt viel Vertrauen voraus.

Ich habe das in einem Entwicklungsprojekt der Luftfahrtindustrie selbst erleben können. Flugzeuge und deren Komponenten werden heute in einem weltweiten Netz von Partnern arbeitsteilig entwickelt. Ich habe als Projektcoach ein Entwicklungsprogramm begleitet. Amerikanische und deutsche Entwickler sollten eng und abgestimmt zusammenarbeiten. Über die Entfernung und ohne Vorbereitung.

Kann nur schiefgehen. Da prallen nicht nur Zeitzonen und Sprachen aufeinander.

Da geht es um Rollenverständnisse: Was ist die Aufgabe eines Entwicklungsingenieurs? Für was hat er sich verantwortlich zu fühlen?

Da geht es um methodische Gewohnheiten: Zuerst grobe Lösungen und dann immer feiner, also eine iterative Annäherung an ein ideales Ergebnis oder »first time right« – von Anfang an richtig?

Und natürlich geht es auch um Haltung zu Arbeit, Führung und Zusammenarbeit: Wann meldet man einen Terminverzug? Welche Bedeutung hat ein gutes Ergebnis für das Selbstwertgefühl? Welche Bedeutung hat generell die Arbeit?

Viele Möglichkeiten also, sich gründlich misszuverstehen. Im geheimen Handbuch des Projektmanagements gibt es den § 1: Was schiefgehen kann, geht irgendwann auch schief. Meistens schneller, als man denkt.

Aus Missverständnissen werden Vorurteile, aus Vorurteilen mangelndes Vertrauen und am Ende sind es dann massive Konflikte. Aus Missverständnissen werden Vorurteile, aus Vorurteilen mangelndes Vertrauen und am Ende sind es dann massive Konflikte. So auch hier – Konflikte bis hin zur Kommunikationsverweigerung. Gemeinsam mit dem Leiter des Projekts haben wir ein spezielles Hospitationsprogramm entwickelt. Eine Mischung aus fachlichem Erfahrungsaustausch, gemeinsamer Entwicklungsarbeit und Rollenklärung durch einen Teamentwicklungsworkshop.

Im Workshop haben wir nichts anderes gemacht, als das verteilte Entwickeln zu simulieren. Aus Pappe und Papier mussten die Teilnehmer eine Brücke bauen. Eine klassische Teamübung, dieses Mal aber mit verteilten Gewerken, die anschließend so gut zusammenpassen mussten, dass die Brücke einen Brunnen überspannen und den leichtesten Teilnehmer tragen konnte. Hat perfekt funktioniert: Arbeit und gemeinsamer Blödsinn verbindet. Jetzt funktioniert auch die Arbeit auf Distanz mit dem ganzen Spektrum neuer Medien.

Persönliche Begegnung und intensives Kennenlernen sind Voraussetzung für Vertrauen.

Nur Vertrauen ermöglicht komplexe Absprachen und Austauschprozesse.

Der Prozess des Vertrauensaufbaus läuft immer noch nach archaischen Regeln ab: Kontakt und Begegnung kommt vor Kommunikation, Kommunikation kommt vor Kooperation, Kooperation kommt vor Verlässlichkeit und Verlässlichkeit kommt vor Vertrauen. Ich halte es zurzeit noch für ausgesprochen schwierig, diesen Prozess komplett digital nachzubilden.

Ich bleibe bei meiner Behauptung, dass Meetings unverzichtbar sind. Sie sind eine der wenigen Möglichkeiten, über Kontakt und direkte Kommunikation kooperatives Verhalten zu stimulieren, Verlässlichkeit zu zeigen und Vertrauen aufzubauen. Wir sind also gut beraten, Meetings endlich ernst zu nehmen und professionell zu gestalten. Und nicht von ihrem Verschwinden zu träumen.

Digitale Workflows, intranet-basierte Chats, Competence-Groups und Austauschmöglichkeiten über Bildtelefonie können helfen, die Abstimmung effizienter zu gestalten. Ein noch so großer Technikeinsatz wird aber den evolutorisch verankerten Begegnungsprozess nicht ersetzen können. Am Anfang steht die Begegnung – face to face. Man muss sich schon riechen, damit man sich riechen kann!

> Wir sollten Meetings endlich ernst nehmen. Und nicht von ihrem Verschwinden träumen.

Was Unternehmen brauchen, sind nicht weniger Meetings, sondern mehr Vertrauen, um Probleme schneller bearbeiten zu können. Die entscheidenden Fragen und Problemstellungen lassen sich nicht im Alleingang bearbeiten. Nur das Gesäß kommt allein zurecht, der Verstand nicht!

Irrtum 14
Teams sind Einzelkämpfern überlegen

»Ihr Verhalten ist kooperativ und teamorientiert, geprägt von hoher Sozialkompetenz und kommunikativem Geschick. Verantwortungsbewusstsein, Selbstständigkeit, Eigeninitiative und Zuverlässigkeit runden Ihr Persönlichkeitsprofil ab! ...«, steht da.

Was eigentlich noch alles, frage ich mich.

Gott sei Dank muss ich mich nicht mehr bewerben. Seitdem ich beschlossen habe, mein eigenes Unternehmen zu gründen, bewerbe ich mich nur noch bei mir selbst. Nein, die Tatsache, dass ich den Stellenmarkt einer überregionalen Tageszeitung durchforste, hat eher etwas mit Sportsgeist zu tun. Ich will wissen, was am häufigsten genannt wird. Was ist die wichtigste Eigenschaft, die Arbeitnehmer haben müssen?

In der vor mir liegenden Anzeigen-Poesie gibt es einen eindeutigen Spitzenreiter: Teamfähigkeit. In gefühlt 80 Prozent der Stellenanzeigen kommt sie vor. Nun sind Tageszeitungen nicht mehr das Medium erster Wahl für den Stellenmarkt. Aber auch die Analyse von Internet-Stellenbörsen bringt kein anderes Ergebnis. Teamfähigkeit liegt vorn!

Letzter Versuch auf den Webseiten der besten Arbeitgeber: Die Techniker Krankenkasse liegt bei Great Place to Work vorn, Audi bei vielen anderen Rankings. Macht aber keinen Unterschied. Teamfähigkeit ist die unangefochtene Nummer Eins der Hitliste von gewünschten Bewerber-Eigenschaften.

Unternehmen brauchen Teamarbeiter, so das Fazit.

Teamfähigkeit ist eine zentrale Anforderung und Teamarbeit hat einen hohen Stellenwert in der Arbeitsorganisation. Dahinter steht die Annahme: Teams sind leistungsfähiger als eine Gruppe von Einzelkämpfern. Die typischen Einzelkämpfer-Eigenschaften Mut, Selbstvertrauen, Autonomie, Risikobereitschaft und Zivilcourage habe ich in den Stellenangeboten nicht gefunden. Als Einzelkämpfer kann man offensichtlich seine beruflichen Hoffnungen sofort auf dem Friedhof der gescheiterten Karrieren begraben.

Sind Einzelkämpfer eine aussterbende Spezies, die Dinosaurier des Business? Sind Teams tatsächlich erfolgreicher?

Bis der Arzt kommt

Teamarbeit als eine Art von Breitbandantibiotikum: Hilft gegen alles und schadet nichts.

Zumindest ist Teamarbeit ist zu einem universellen Prinzip geworden, zu einem festen Bestandteil moderner Unternehmensorganisation, sowohl in den Werkhallen als auch in der Verwaltung. Teamarbeit als eine Art von Breitbandantibiotikum: Hilft gegen alles und schadet nichts.

Aber achtet da eigentlich noch jemand auf die Indikation? Was »heilt« eigentlich Teamarbeit?

Dass Teamarbeit immer und überall gefragt ist, hat meiner Beobachtung nach vier Gründe:

Erstens: Kooperation ist eine existenzielle Notwendigkeit.

Und das ist seit jeher so. Oder glauben Sie, unsere Vorfahren hätten Wisent und Mammut allein gejagt? Die Anforderungen mögen sich geändert haben, aber im Alltag sind diese Kooperationszwänge immer noch zu spüren: Der eine steht auf der Leiter, der andere reicht an; der eine schraubt, der andere hält fest ... zu zweit geht es einfach schneller und meistens auch besser. Und in Unternehmen? Da ist es dann der Einbau eines Motors in das Chassis am Montageband: Einer bedient das Hebezeug, der andere montiert. In den Büros ist es das Zweiergespräch mit dem Lieferanten oder mit dem Bewerber: Der eine führt das Gespräch, der andere dokumentiert die Informationen. Natürlich kann man das alles auch irgendwie allein bewerkstelligen. Aber mit deutlich höherem Aufwand.

Zweitens: Fragmentierte Arbeitsprozesse verlangen nach Abstimmung.

Permanenter Abstimmungszwang ist Alltagsrealität geworden - eine nervige Pflicht!

Es ist unwahrscheinlich, dass Mitarbeiter den Gesamtprozess beherrschen, auch wenn diese Allmachtsfantasie immer wieder einmal entsteht. Vom Auftragseingang bis zur Auslieferung und Fakturierung werden beispielsweise so viele unterschiedliche IT-Systeme verwendet, dass selbst gut ausgebildete und branchenkundige Fachleute passen müssen. Alle Arbeitsschritte sind aufeinander bezogen. Fakturiert werden kann erst nach der Auslieferung; die Auslieferung setzt eine Qualitätskontrolle voraus und hergestellt wird, wenn der Auftrag eingegangen und korrekt spezifiziert ist. Permanenter Abstimmungszwang ist Alltagsrealität geworden – eine nervige Pflicht! Gut eingespielte Arbeitsteams tun sich damit leichter, als eine Truppe qualifizierter Einzelkämpfer, die auf Abgrenzung von Kompetenz und auf ihrem Expertenstatus besteht.

Drittens: Problemlösung erfordert die Vernetzung von Knowhow.

Vor wenigen Jahren war es noch möglich, eine akzeptable Webpräsenz durch einen Experten erstellen zu lassen. Heute wirken Fotografen, Grafik-Designer, Web-Designer, Web-Programmierer, Datenbankprogrammierer (man will ja auch einen Web-Shop oder eine Buchungsmaschine anhängen) und Social-Media-Experten (man will sich auch vernetzen) zusammen. Und wieder tut sich ein eingespieltes Team leichter. Kunden werden keine Lust haben, die Koordination der Experten selbst zu übernehmen.

Viertens: Verantwortliche Selbststeuerung von Teams ist einem zentralen Reglement überlegen.

Gut funktionierende Teams entwickeln effiziente Kooperations- und Arbeitsroutinen. Man kennt sich und versteht sich. Jeder weiß, was erwartet wird. Aus Routinen entsteht eine neue Kompetenz: die Fähigkeit sich selbst zu steuern und zu organisieren. Teilautonome Teams können sehr schnell und kompetent auf Veränderungen reagieren können. Ein nicht zu unterschätzender Vorteil, wenn Märkte und Kunden verrückt spielen. In der Reaktionsgeschwindigkeit sind sie zentralen und dirigistischen Steuerungssystemen allemal überlegen.

Es gibt also gute Gründe, Arbeit in Teams zu organisieren. Und dennoch: Teams funktionieren nicht immer. Selbst, wenn darin ausschließlich kompetente Menschen mit gutem Willen und guten Ideen zu finden sind.

Einfach mal ein Team aufstellen und dann wird die Arbeit sich fast wie von alleine machen? Kann nur schiefgehen. Das Ergebnis manifestiert sich dann in Klosprüchen und Kantinenwitzen wie diesen:

TEAM, das ist eine Abkürzung für »Toll, ein anderer macht's«!

Das Kamel ist ein Pferd, das der Vorstand in einer Teamklausur entwickelt hat.

Team – die perfekt organisierte Verantwortungslosigkeit!

Team bedeutet: der Sieg des Mittelmaßes über das Geniale.

Die beste Wirkung erzielt ein Medikament bei einer spezifischen Indikation.

Es nützt also nichts, auf die Wirkungsallmacht des Breitbandantibiotikums zu hoffen. Denn die beste Wirkung erzielt ein Medikament bei einer spezifischen Indikation. Und das gilt auch fürs Business: Nicht für jede Art von Problem eignet sich jede Art von Teamarbeit.

Wenn spontan nicht geht

Gemeinsam mit einem Kollegen soll ich einen Workshop zum Thema »Einführung von Teamarbeit in der Automobilmontage« im Rahmen eines Kongresses gestalten. Das Konzept der teilautonomen Gruppenarbeit, das wir vorstellen wollen, funktioniert so: Ein Bandabschnitt wird in mehrere Teams mit acht bis zwölf Mitarbeitern aufgeteilt. Jedes Teams übernimmt dispositive und steuernde Aufgaben; es regelt zum Beispiel Urlaubs- und Krankheitsvertretung, gestaltet Schichtpläne nach vereinbarten Spielregeln, diskutiert Verbesserungsmaßnahmen und disponiert das benötigte Material. Auch die Koordination der Abstimmungstreffen übernimmt das Team.

Wir hatten in unserem Workshop gerade dieses Konzept vorgestellt, da meldet sich eine Workshop-Teilnehmerin mit dem Einwand: »Das ist aber doch keine Teamarbeit!« Wir sind verblüfft. Wieso sollte das keine Teamarbeit sein? Auf Nachfragen erfahren wir, dass die Teilnehmerin hauptsächlich Workshops in sozialen und kirchlichen Einrichtungen moderiert – Teams sind für sie Gruppen, die sich spontan zusammenfinden, um ein Problem zu lösen. Mit spontan geht aber an einem Montageband gar nichts! Man müsste schon das ganze Band stoppen, um sich eben mal kurz zu besprechen.

Missverständnisse, was Teamarbeit angeht, gibt es zuhauf. Der Begriff Team wird für alles und jedes verwendet. Zugespitzt gesagt: Popularität ersetzt Trennschärfe! Und dann wird das verkehrte Medikament verordnet.

Der Begriff Team wird für alles und jedes verwendet. Popularität ersetzt Trennschärfe!

Ich unterscheide Teams nach ihrem Existenzgrund, ihrer Existenzzeit und den erforderlichen Existenzbedingungen:

Feste Arbeitsteams haben eine Aufgabe, die die dauerhafte Zusammenarbeit verlangt, und (hoffentlich) gemeinsame Ziele. Die Rollen im Team sind beschrieben und die Kooperationsbeziehungen fest verdrahtet.

Projektteams kooperieren nur für einen definierten Auftrag in einer definierten Zeit. Je nach Projektumfang werden die Teammitglieder von ihrer regulären Arbeit freigestellt oder sie müssen die Projektarbeit neben ihrem Alltagsgeschäft bewältigen.

Gremien und Managementteams treffen sich regelmäßig. Sie haben eine feste Zusammensetzung und einen klar beschriebenen Management- und Steuerungsauftrag.

Problemlösungsteams werden kurzfristig für die Bearbeitung eines definierten Themas zusammengestellt.

Warum sind diese Unterscheidungen wichtig? Viele Probleme und Störungen in der Teamarbeit entstehen, weil die gewählte Teamarbeitsform nicht zum Problem passt. Typische Beispiele:

Da wird ein bereichsübergreifendes Thema in einem festen Arbeitsteam bearbeitet. Ein Projektteam wäre die bessere Lösung. Da wird ein Projektteam installiert, obwohl die Aufgabe eigentlich in die Zuständigkeit eines festen Arbeitsteams fällt. Glauben sie mir: Spätestens bei der Umsetzung der Ergebnisse wird sich das feste Arbeitsteam rächen. Durch »Nichtstun«. Da beginnt ein Managementteam sich als Problemlösungsteam aufzustellen, statt den Problemlösungsprozess zu steuern.

Besonders verheerend wird es, wenn eine Aufgabe im Team bearbeitet werden soll, die besser ein Einzelkämpfer erledigt. Da wird beispielsweise die Präsentation der Geschäftsergebnisse für ein Aufsichtsgremium im Team abgestimmt. Lange Diskussionen um einzelne Begriffe entstehen. Ist »nachhaltig«, »langfristig«

Teamarbeit wird zur Diskussionsmüllhalde.

oder »verantwortlich« der bessere Begriff, um die »grüne« Strategie zu beschreiben? Teamarbeit wird zur Diskussionsmüllhalde.

Nichts ist es mit dem archimedischen »Heureka, wir haben das Patentrezept für alle Organisationsschwierigkeiten gefunden«. Die Aussage »Teams sind Einzelkämpfern überlegen« würde ich nur unterschreiben, wenn die Indikation stimmt.

Aber selbst mit einer professionellen Indikation ist der Erfolg von Teamarbeit nicht garantiert. Woran liegt es, dass Teamarbeit immer wieder scheitert und als unproduktiv und ineffizient empfunden wird?

Zu Risiken und Nebenwirkungen fragen Sie ...

Wie jedes Medikament bringt auch die Teamarbeit Risiken und Nebenwirkung mit sich. Statt sich damit aber intensiv zu beschäftigen, tun Teams meist gar nichts. Arzt oder Apotheker fragen? Müssen wir doch nicht. Erwachsene Menschen können mit ein wenig gutem Willen auch gut zusammenarbeiten, oder?

Können könnten sie schon, leider tun sie es nicht immer!

Jedes Team durchläuft ein archaisches Findungsritual, für das der amerikanische Psychologe Bruce Tuckmann ein Modell entwickelt hat. Er unterscheidet vier Phasen, die jede Gruppe und jedes Team durchlaufen muss: forming, storming, norming und performing.

In der ersten Phase formiert sich das Team. Man orientiert sich, lernt die anderen Teammitglieder kennen und sichert seine Zugehörigkeit ab. Im Storming geht es dann zur Sache: Unterschiedliche Vorstellungen vom Arbeitsauftrag prallen aufeinander und verbinden sich mit den unterschiedlichen Gestaltungs- und Machtansprüchen zu einer brisanten Melange. Da ist jede Menge Zoff vorprogrammiert. In der Norming-Phase verständigen sich die Teammitglieder über Regeln, Normen und Rollen, bevor sie sich dann in der Performing-Phase effizient und konzentriert auf die Erledigung der gestellten Aufgabe konzentrieren können.

Feste Arbeitsteams können sich für den Findungsprozess Zeit lassen. Dennoch geht es von Anfang an um die Wurst. Denn wenn das Kooperationsmodell nicht funktioniert, hat man sich das Arbeitsleben versaut.

Das Ärgerliche: Wenn ein Teammitglied wechselt, dann beginnt dieser Prozess erneut. Ein »Neuer« und das ganze System muss wieder neu geordnet werden. Es dauert seine Zeit, bis die alte Arbeitsfähigkeit wieder hergestellt und die Phase des Performing erreicht ist.

<small>Was für ein Aufwand! Mit der eigentlichen Aufgabenstellung ist man noch keinen Schritt weiter.</small>

Was für ein Aufwand, nur allein bis das Team sich gefunden hat! Mit der eigentlichen Aufgabenstellung ist man noch keinen Schritt weiter. Teams scheuen in der Regel diesen Aufwand. Aus der viel gepriesenen Teamarbeit wird eine Dauerkabbelei – und alle wundern sich, dass inhaltlich nichts herauskommt.

Gerade Problemlösungsteams versuchen gerne mal den Findungsprozess abzukürzen. Wo man doch eh nur für begrenzte Zeit zusammenarbeitet. Wenn ich Problemlösungsworkshops moderiere, reserviere ich in der Regel den ersten halben Tag für die Teamfindung. Ich kann mein Honorar darauf verwetten, dass am Ende des Workshops irgendeiner zurückmeldet: »Super Workshop, aber den ersten halben Tag hätten wir uns schenken können. Sie sehen doch, dass wir gut zusammenarbeiten. Also beim nächsten Mal bitte sofort zur Sache!«

Sofort zur Sache kommen, das geht leider in keinem Meeting und in keinem Team.

Aussitzen ist auch eine Lösung

Den Findungsprozess eines Teams zu unterschätzen ist das eine große Risiko, das Teamarbeit mit sich bringt. Das andere ist die Unverbindlichkeit.

<small>»Die drei Workshoptage werde ich schon überstehen.«</small>

Es gibt einen speziellen Typus von Teammitgliedern, die Aussitzer. »Die drei Workshop-Tage werde ich schon überstehen«, hat mir einmal ein Teammitglied in einer Pause gestanden, »deshalb werde ich zustimmen, abnicken und vergessen – wie immer.« Wenn mehrere Aussitzer in der Gruppe sind, dann geht nach kurzer Zeit gar nichts mehr.

Man kann das bereits in der Storming-Phase gut erkennen. Wenn es um nichts gehen soll, wenn man sich dem Team nicht verpflichtet fühlt, dann machen Auseinandersetzungen keinen Sinn. Eine bizarre Scheinharmonie entsteht mit einem brodelnden Untergrund. Eigentlich sitzen die stillen Aussitzer mit viel unterdrückter Unzufriedenheit und Aggression im Team. Ein wenig Provokation reicht und es kommt zur Explosion.

Nicht weiter schlimm. Entweder hat sich ein überflüssiges Team aufgelöst oder ein geklärtes Team geht in eine neue Phase.

Noch schlimmer als die Aussitzer sind unverbindliche und unpräzise Arbeitsaufträge. Sie können Teams nach kurzer Zeit lahm legen. Am häufigsten überfällt dieser Virus die Projektarbeit. Mit einem unpräzisen Auftrag kann kein Projektteam die Storming-Phase überleben. Und dann passiert etwas ganz Interessantes: Das Team präzisiert den Auftrag einfach selbst. Notfalls wird er auch umformuliert, damit er zum Team und seinen unterschiedlichen Interessen passt.

> Das Team präzisiert den Auftrag einfach selbst. Notfalls wird umformuliert.

Das Motiv ist für mich völlig akzeptabel. Wer geht schon gerne in der Storming-Phase unter? Das Problem ist nicht die Interpretation des Auftrags, sondern seine Unverbindlichkeit, die viele Interpretationen zulässt!

Fatal für die effiziente Teamarbeit ist auch eine unverbindliche Zusammensetzung des Teams – vor allem zu finden in Projekt-, Management- und Problemlösungsteams. Bei der Beratung von Change-Prozessen habe ich es immer wieder erlebt: In jedem Meeting sitzt mir ein neues Team gegenüber. Klar, offiziell sind feste Mitglieder bestimmt. Aber dann schickt jede Abteilung doch wieder einen anderen Vertreter. Mit dem Stand des Prozesses sind sie nicht vertraut. Und sie haben keine Ahnung von den bisher getroffenen Absprachen. Man fängt jedes Mal von vorne an – ein permanentes Stop-and-Go.

Es gibt sogar eine Teamform, da ist die Unverbindlichkeit Programm: bei den sogenannten Adhoc-Teams, die sich aufgrund von Sympathie oder eines gemeinsamen Interesses zusammenfinden. In der Start-up-Szene hat diese Teamform einen Ruf wie Donnerhall. Cluster sind angesagt. Wer Interesse hat, darf mitmachen. Der Zusammenhalt entsteht durch Attraktivität und spontanen Nutzen. Ideenproduktion kann so funktionieren, die Produktion von Leistungen nicht. Für mich einer der Gründe, warum Start-ups manchmal nicht aus den Startlöchern kommen.

Adhoc-Teams erzeugen eine viel zu schwache Verbindlichkeit, um tragfähige Ergebnisse zu produzieren. Aber Spaß machen sie.

Das mentale Gefängnis

Um alle Risiken und Nebenwirkungen bei der Teamarbeit in den Griff zu bekommen, reichen »Erwachsensein« und ein wenig guter Wille nicht aus. Professionelle Teamarbeit hat weniger mit gutem Willen als mit professionellem Steuerungshandwerk zu tun. Wie kann das gehen?

Professionelle Teamarbeit hat weniger mit gutem Willen als mit professionellem Steuerungshandwerk zu tun.

Eigentlich ganz einfach: Teams müssen Andersartigkeit akzeptieren und respektieren lernen. Andersartigkeit ist anregend: andere Sichtweisen, andere Kompetenzen, andere Erfahrung und andere Präferenzen. In manchen Teams fällt es den Teammitgliedern besonders schwer, die eigene Realitätskonstruktion aufzugeben. Der Grund ist häufig ein Mangel an Toleranz. Toleranz entsteht erst, das wird Sie überraschen, nach der Auseinandersetzung.

Ohne Auseinandersetzung keine Teameffizienz.

In Teams prallen Menschen mit unterschiedlichen Bedürfnissen von Nähe und Distanz aufeinander. Aus der Arbeitswissenschaft wissen wir, dass es eine hohe Quote von Mitarbeitern gibt, die Teamarbeit als Belastung erleben. Ich habe das selbst bei einem Forschungsprojekt erleben können. Wir hatten in einer Leiterplattenfertigung teilautonome Arbeitsgruppen eingeführt. Erwartungsgemäß stieg die Arbeitszufriedenheit der meisten Mitarbeiter. Bei einem kleinen Teil jedoch verhielt es sich genau umgekehrt. Interviews zeigten sehr schnell, dass sie mit der neuen Arbeitssituation überhaupt nicht zurechtkamen. Das viele Herumgerede, die fehlende Selbstbestimmung, der permanente Zwang zur Einigung erzeugte Unmut.

Natürlich ist das Urteil schnell bei der Hand: Die sind nicht teamfähig. Mag sein. Leider handelte es sich durchweg um engagierte, kompetente und leistungsbereite Mitarbeiter. Die prinzipiell auch bereit waren, mit anderen zu kooperieren. Was wir als Teamfähigkeit bezeichnen, ist bei näherer Betrachtung eine persönliche Verhaltensdisposition. Introvertierten Menschen mit stark reduziertem Resonanzbedürfnis kann ein euphorisches Arbeitsteam sehr schnell auf den Geist gehen. Sie benötigen Abstand, um zu sich selbst zu finden.

Teams müssen auch Mitglieder akzeptieren, die sich weniger eng mit der Gemeinschaft verbinden wollen. Teameuphorikern fällt genau das ziemlich schwer.

Zu viel Individualität und das Team fliegt auseinander. Zu wenig Individualität und ein Team wird zu einem mentalen Gefängnis.

Individualität und Autonomie sind für Teams prinzipiell bedrohlich. Vor allen Dingen, wenn sie gerade eine mühsame Norming-Phase hinter sich gebracht haben.

Individualität und Kollektivität müssen immer wieder ausbalanciert werden. Zu viel Individualität und das Team fliegt auseinander. Zu wenig Individualität und ein Team wird zu einem mentalen Gefängnis.

Zumindest für mich! Denn ich habe gerne eine abweichende Meinung und wenn alle nach rechts marschieren, dann entsteht bei mir sofort die Sehnsucht, zu erkunden, wie es wohl links aussieht.

Ohne Konfliktbereitschaft keine Einsicht in andere Sichtweisen und ohne diese Einsicht keine Toleranz.

Ohne Konfliktbereitschaft keine Einsicht in andere Sichtweisen und ohne diese Einsicht keine Toleranz.

Man kann Indikation und Nebenwirkungen mit professioneller Steuerung in den Griff bekommen. Natürlich muss die Bereitschaft vorhanden sein, auf einen Teil seiner Autonomie zu verzichten. Sonst ist man nicht anschlussfähig. Andererseits muss man auch die Bereitschaft haben, sich mit den anderen auseinanderzusetzen. Sonst kann man sich nicht abgrenzen.

Garantiert kein Mittelmaß

»Eine Diss ist es nicht, dazu fehlt die Tiefe in manchen Passagen, aber eine sehr gute Abschlussarbeit!« Ich muss schmunzeln. Ich habe dem Institutschef eine Arbeit vorgelegt und er sollte einschätzen, welches Kaliber er vor sich liegen hat.

Die Arbeit ist im Rahmen meiner Lehrveranstaltung Organisationsentwicklung entstanden. Thema: Chancen von Gruppenarbeit in der Produktion. Es ist keine Dissertation, aber auch keine Diplom- oder Masterarbeit, sondern eine schlichte Hausarbeit. Sie ist in Gemeinschaftsarbeit entstanden, sechzehn Teilnehmer meines Vertiefungsseminars waren daran beteiligt.

Wie ist es dazu gekommen?

Wir sind gerade dabei, die Themen für die Hausarbeiten zu vergeben. Da macht Sven – aus heiterem Himmel – einen Vorschlag: »Wir diskutieren die ganze Zeit über Gruppen, eigentlich haben wir uns doch selbst zum Thema. Es sollte doch möglich sein, mit dem, was wir besprochen und gelernt haben, eine gemeinsame Gruppenarbeit abzugeben, mit einer gemeinsamen Note.«

Wir machen aus der verrückten Idee kurzerhand Realität. Ein Experiment auch für mich, denn beim Thema Noten hört im Prüfungsamt schlagartig der Humor auf. Andererseits habe ich gelernt: Wer viel fragt, kriegt viele Antworten; und wer viele Antworten kriegt, hat auch eine abschlägige darunter. Also besser gar nicht fragen, sondern das Experiment starten.

> Wer viel fragt, kriegt viele Antworten; und wer viele Antworten kriegt, hat auch eine abschlägige darunter.

Mit sechzehn Menschen einen zusammenhängenden und schlüssigen Text zu erarbeiten ist ein halbes Hexenwerk. Dass es funktioniert hat, lag aber nicht daran, dass alle gemeinsam um den Kessel getanzt haben.

Schlüssel zum Erfolg war eine »Ingroup« rund um Sven. Eine kleine verschworene Gemeinschaft, neugierig und experimentierfreudig. Gleichzeitig aber offen genug, um andere einzubeziehen und an sich binden zu können. Ein positiv aufgeladener Solidaritätskern, der Selbststeuerung und Selbstorganisation erleichterte.

Die Arbeit wurde aufgesplittet und auf einzelne Subteams verteilt. Sie hatten nicht nur einen klaren Arbeitsauftrag, sondern auch Autonomie in der Bearbeitung. Das Grundprinzip: Jeder verantwortet seinen Job. Das Endergebnis verantworten wir gemeinsam. Erstaunlich war für mich auch, dass die Gruppe Führung als gemeinsame Aufgabe betrachtet hat. Jeder beteiligt sich an Führung und Steuerung, das erzeugte eine hohe Akzeptanz der notwendigen Steuerungsimpulse.

Die einseitige Fixierung auf Kooperationsbereitschaft ist für gute Teamarbeit tödlich. Das alles sind bekannte Interventions- und Steuerungstechniken für Arbeitsteams. Aber es gab noch etwas Besonderes: eine innere Stärke des Teams. Da ist sehr viel Neugier, Offenheit, Toleranz, Risikofreude, Courage, Lern- und Konfliktbereitschaft zusammengekommen. Vielleicht zufällig, vielleicht stimuliert durch den positiven Kern.

Diese Grundhaltungen sind es, die Teamarbeit richtig krachen lassen. In der sprachlich polierten Stellenanzeigen-Prosa werden Sie vergeblich danach suchen. Diese einseitige Fixierung auf Kooperationsbereitschaft ist für gute Teamarbeit tödlich. Man glaubt allen Ernstes, dass Teamarbeit funktioniert, wenn man die vermeintlich Teamfähigsten zusammenbringt. Wenn man Pech hat, dann bekommt man statt spannungsgeladener, produktiver Teamarbeit ein Laberkränzchen professioneller Salonopportunisten, die noch nicht einmal die Kraft für einen ordentlichen Konflikt aufbringen.

Teamarbeit ist irre anstrengend und erfordert einen hohen Einsatz. Nur dann sind Teams wirklich Einzelkämpfern überlegen und ich ziehe meine Einwände zurück.

Irrtum 15
Das Entscheiden sollte man Experten überlassen

»Vielleicht hätte er jemanden fragen sollen, der sich damit auskennt!« Kennen Sie das noch? Das ist ein alter Slogan der Werbeagentur Lintas aus den 1990er Jahren. Für die Gelben Seiten. Ein Werbespruch, der zwar schon einige Jahre auf dem Buckel hat, aber immer noch im Umlauf ist, wenn auch in anderen Variationen.

Neulich erst hat sich ein Berater-Kollege bei mir erbost: »Ein Fehler nach dem anderen! Es ist zum Aus-der-Haut-fahren! Das liegt an den politisch versierten Universaldilettanten, die man überall an der Spitze findet. Die sollten das Entscheiden besser Experten überlassen, die sich mit so etwas auskennen!« Die Gelben Seiten lassen grüßen. Ich habe etwas schnippisch mit einem weiteren Werbeslogan geantwortet, frei nach Verona Feldbusch: »Rufen Sie ihren Berater an. Da werden Sie geholfen!«

Immer wenn große Entscheidungen anstehen, wird der Ruf nach Experten laut. Warum lässt man da nicht echte Fachleute ran? Wenn man die entscheiden ließe, so die Idee, gäbe es weniger in den Sand gesetzte Produktkampagnen, weniger gefloppte Sanierungsvorhaben, weniger schlecht durchgeführt Standortverlagerungen ... überhaupt viel weniger Fehlentscheidungen in Unternehmen.

Ich frage mich: Was erhoffen wir uns eigentlich von den Experten? Sind die aktuellen Entscheider tatsächlich alle inkompetent? Und wenn ja, fehlt ihnen die Fachexpertise oder etwas ganz anderes?

Letzte Ausfahrt »Expertise«

Zunächst einmal: Ohne Entscheidungen geht in Unternehmen nichts. Gleichzeitig waren die Situationen, in denen entschieden werden muss, noch nie so komplex. Willkommen in der postmodernen Gesellschaft! Entscheider in Unternehmen haben unendlich viele Wahlmöglichkeiten und können immer weniger abschätzen, welche Folgen eine getroffene

Entscheidungskomplexität ist eine brisante Mixtur aus Möglichkeiten im Überfluss bei unklaren Folgen.

Entscheidung hat. Entscheidungskomplexität ist eine brisante Mixtur aus Möglichkeiten im Überfluss bei unklaren Folgen.

Parallel zur Komplexität wächst der Entscheidungsdruck. Entscheider müssen immer häufiger und immer schneller entscheiden. Sie versuchen sich von Sondergipfel zu Sondergipfel zu hangeln, von einer Aufsichtsratssitzung zur nächsten, vielleicht in der vagen Hoffnung, dass sich die Dinge von selbst erledigen. Die Situation wartet aber nicht auf eine Entscheidung; sie entwickelt sich automatisch weiter.

Man kann einige Möglichkeiten parallel verfolgen. Aber nicht beliebig viele.

Wie entsteht dieser Entscheidungsdruck? Bei Routineentscheidungen sind wir es gewohnt, über alle relevanten Informationen zu verfügen. Das gibt uns Entscheidungssicherheit. Und diese Sicherheit geht in komplexen Situationen verloren. Wer entscheidet, schließt Möglichkeiten aus; wer nicht entscheidet, hält sich Möglichkeiten offen, zumindest eine Zeit lang. Man kann einige Möglichkeiten parallel verfolgen. Aber nicht beliebig viele, weil auch das die Verarbeitungskapazität überfordert. Und irgendwann steigt dann der Druck auf die Entscheider, sich endlich auf eine Möglichkeit festzulegen.

Eines meiner Kundenunternehmen plante, sich auf einem weiteren Auslandsmarkt zu engagieren. Überraschenderweise zeigt eine Vorstudie, dass sogar sechs Länder für diese Expansion infrage kamen, alle mit spezifischen Risiken und besonderen Rahmenbedingungen. Die Unternehmensleitung beschloss, den Markteintritt mit einem Kooperationspartner aus dem jeweiligen Land durchzuführen. Also begann die Suche nach Kooperationspartnern. Die Idee: Wir halten die Auswahl des neuen Zielmarktes so lange offen, bis wir Kooperationspartner gefunden haben. Eine weitere Überraschung: In jedem Land gab es mehrere interessante und interessierte Partner. Aus einer Entscheidung wurden zwei, die sich jetzt überlagerten und die die Anzahl der Optionen multiplizierten. Die Mitarbeiter im Vertrieb wurden unruhig, denn sie wollten natürlich wissen, mit welchen länderspezifischen Fragestellungen sie sich in den nächsten Jahren herumschlagen müssten. Als dann bekannt wurde, dass auch der schärfste Wettbewerber ebenfalls in eines der Länder expandieren wollte, war schlagartig der Entscheidungsdruck da. Eine komplexe Situation ist schwierig genug, wenn dann auch noch der Entscheidungsdruck hinzukommt, dann wird es häufig kritisch.

Wen wundert es, dass dies genau die Situationen sind, in denen lautstark nach Experten und deren Expertise gerufen wird, als »letzte Ausfahrt« sozusagen? Sie sind Rettungsanker in einer komplexen und unübersichtlichen Welt. Navigatoren sind gefragt, Lotsen mit Revierkenntnis, Menschen, denen man vertrauen kann. Die spannende Frage ist, ob Experten genau die Navigatoren sind, die wir für komplexe Entscheidungsprozesse benötigen.

Navigatoren sind gefragt, Lotsen mit Revierkenntnis, Menschen, denen man vertrauen kann.

Dieser Gang ist mein Gang

Um diese Frage beantworten zu können, sollte man sich diese Experten etwas genauer ansehen. Was ist das für eine Sippschaft und wie arbeiten die eigentlich?

Wir haben in den letzten Jahren eine ungeheure Menge an Informationen und Daten gesammelt und horten sie im Netz. Tag für Tag kommen neue Daten im mobilen und stationären Internet hinzu. Es müsste doch mit dem Teufel zugehen, wenn sich in diesem ungeheuren Datenaufkommen nicht auch Lösungen für jedes noch so komplexe Problem finden würden.

Vorsicht! Daten sind noch keine validen Informationen und Informationen sind noch lange kein Wissen, also Fakten, Theorien und Regeln, über die Gewissheit besteht. Aber es ist unstrittig, dass auch das Wissen permanent wächst. Wissenswachstum allein bringt noch keine Lösungen. Das unergründlich hohe Wissensgebirge ist nur hilfreich, wenn wir es für eine konkrete Aufgabe erschließen können. Und jetzt kommen die Experten ins Spiel.

Wissensmurmeltiere graben lange Gänge und tiefe Stollensysteme in das Wissensgebirge, immer auf der Suche nach neuen Erkenntnissen.

Experten gehören zu den »Wissensarbeitern«. Peter Drucker hat diesen Begriff bereits vor mehr als einem halben Jahrhundert geprägt, um die neue Arbeitswelt zu charakterisieren. Stellen sie sich bitte diesen neuen Typus »Arbeiter« einfach als Murmeltier vor. Die Wissensmurmeltiere graben lange Gänge und tiefe Stollensysteme in das Wissensgebirge, immer auf der Suche nach neuen Erkenntnissen. Ob die Suche ökonomisch sinnvoll ist, das interessiert Wissensarbeiter nicht. Sie sind von der Suche selbst fasziniert.

Die Wissensmurmeltiere sind in verschiedene Stämme aufgeteilt. Wenn man es genau nimmt, sind Experten nur ein Stamm von vielen unter den Wissensarbeitern. Das lateinische »expertus« bedeutet so viel wie »erprobt«, und genau dafür stehen Experten: für erprobtes und daher überlegenes Wissen. Sie kennen sich in einem Fachgebiet wirklich gut aus.

Dann gibt es da noch den Stamm der Spezialisten. Sie verfügen über Wissen, das besonders wertvoll und selten ist. Einen Spezialisten, der sich so intensiv auf sein Spezialgebiet konzentriert, dass er alles um sich herum vergisst, nennt man auch gerne einmal Fachidiot. Stellen sie sich den Typus des zerstreuten Professors vor, dann haben sie die nette Variante; ärgert er uns, dann wird aus der Zerstreutheit schnell Idiotie.

Stellen Sie sich einfach den Stadtneurotiker Woody Allen als Programmierer vor.

Die moderne Variante der Fachidioten sind die Nerds, überwiegend in der IT zu finden. Das sind diese Menschen (zumeist männlich), die mit erstauntem Blick durch eine überdimensionale Hornbrille die Wunder der realen Welt bestaunen, sich aber mit einer Hand immer am Bildschirm festhalten. Stellen Sie sich einfach den Stadtneurotiker Woody Allen als Programmierer vor, dann haben Sie diesen Typus.

Experten, Spezialisten und Nerds, das ist die Sippschaft der Wissensarbeiter, denen man die Entscheidungen überlassen sollte. Das Problem ist nur: Alles an ihrem Arbeitsstil spricht dagegen, dass sie in der Lage sind, Entscheidungen zu treffen. Das hat meiner Beobachtung nach vier Gründe.

»Auch gut moderierter Mist bleibt Mist!«

Erstens: Wissensarbeiter lehnen Führung ab. Eine gute Community führt sich selbst; das ist für Experten der Idealzustand. »Die richtige Lösung ergibt sich in einem guten Gespräch unter Kollegen von selbst«, hat mir einmal ein Experte erklärt. Deshalb halte er auch Workshops, Meetings und ähnlich organisierte Veranstaltungen für reine Zeitverschwendung. Sie würden von denen da oben aus Gründen der Selbstbeschäftigung und bürokratischen Kontrolle durchgeführt. Ich solle dies bitte nicht persönlich nehmen: »Auch gut moderierter Mist bleibt Mist!« Zielführender seien unmoderierte Unterhaltungen von Gleichgesinnten mit Ahnung vom Thema. Auf meine Frage, woran man denn in einem solchen Gespräch erkenne, was die richtige Lösung sei, stutzte er einen Augenblick. Dies ergebe sich selbstverständlich aus den allgemein gültigen Regeln der Community, erklärte er mir. Auf mein Nachfragen, ob denn die Kriterien für die Richtigkeit einer Lösung unter Umständen von Community zu Community unterschiedlich sein können und somit im Unternehmen eigentlich ein Verständigungsprozess über die anzuwendenden Kriterien stattfinden müsste, erntete ich nur Kopfschütteln, verbunden mit dem Kommentar: »Das ist jetzt ein typisches Beispiel für bürokratische Verkomplizierung. Wenn jeder unpolitisch seinem Sachverstand folgt, dann kommt für das Unternehmen das Beste heraus.« Für mich läuft diese Haltung darauf hinaus, dass keine Community jemals die Entscheidung einer anderen Community akzeptieren wird.

Zweitens: Wissensarbeiter haben eine »Dieser-Gang-ist-unser-Gang-Mentalität«. Das liegt an dem elementaren Ziel der Wissensarbeiter. Experten, Spezialisten und Nerds haben eines gemeinsam: Sie wollen unvergleichliche Expertise anhäufen, mehr als alle anderen. Würdigen können das nur die Wissensarbeiter aus ihrem Fachgebiet – das sind die Murmeltiere aus dem gleichen Gang. Positive Rückmeldungen von Fachkollegen ist die höchste Form der Belohnung. Die anderen Gänge interessieren sie nicht. Wenn sie mit einer komplexen Entscheidung konfrontiert werden, dann interpretieren sie das Problem so lange um, bis es in ihren Gang passt und dort weiter bearbeitet werden kann. Leider richten sich komplexe Probleme nicht nach den Gängen der Wissensmurmeltiere. Meistens benötigen wir das Wissen aus mehreren Communities, und diese Form der gangübergreifenden Zusammenarbeit ist nicht die Stärke meiner Murmeltiere.

Wissensmurmeltiere interpretieren komplexe Probleme so lange um, bis es in ihren Gang passt und dort weiter bearbeitet werden kann.

Drittens: Wissensarbeiter haben ein hoch ambivalentes Verhältnis zum Teilen von Wissen. »Wissen ist das einzige Gut, das sich vermehrt, wenn man es teilt«, diese weise Regel der Marie Freifrau von Ebner-Eschenbach findet sich an den Pinnwänden der Creative-Class-Büros. Ich habe andere Erfahrungen mit Wissensarbeitern. Klar! Das Wissen soll schon nachgefragt werden; aber sie trennen sich einfach ungern davon; vor allen Dingen, wenn sie es an fachliche Ignoranten liefern müssen. Das sind zunächst einmal die Murmeltiere aus den anderen Gängen.

Die richtigen Ignoranten sind aber diejenigen, die von sehr vielem sehr wenig wissen. Die Generalisten. Sie müssen außerhalb des Gebirges ihr wissensfernes Dasein fristen, als Manager und Berater. Da in Entscheidungsprozessen leider nur das Wissen relevant ist, das auch geteilt und auf den Prüfstand gestellt wird, haben Wissensarbeiter schlechte Karten, wenn sie nicht teilen können. Sie werden bei Entscheidungsprozessen einfach nicht berücksichtigt. Und es fällt noch nicht einmal auf, weil sie ja nur selbst wissen, dass sie etwas wissen, was für die Entscheidung wichtig wäre.

> Je mehr Experten wissen, desto klarer wird, dass sie niemals alles wissen können.

Viertens: Wissensarbeiter sind risikoscheu. Das liegt am Fluch des Wissens, so habe ich dieses Phänomen getauft. Experten wissen sehr viel über sehr wenig. Und je mehr sie wissen, desto klarer wird, dass sie niemals alles wissen können. Wer viel weiß, weiß auch, was er nicht weiß. Und dieses Nichtwissen führt bei Wissensarbeitern zu einer ausgeprägten Risikoaversion in Entscheidungsprozessen. Sie treffen einfach keine Entscheidung. Sie suchen weiter nach der entscheidenden Information.

Markante Typen, diese Wissensarbeiter, oder? Ehrlich gesagt, ich mag sie und arbeite mit ihnen sehr gerne zusammen. Aber einige ihrer typischen Verhaltensweisen bereiten mir immer wieder ganz erheblich Kopfschmerzen. Denn leider tun sie sich in komplexen Entscheidungsprozessen mit dem Navigieren verdammt schwer. Thomas Meyerssen hat das schmerzhaft erleben müssen.

Meyerssens Dilemma

»Diese Fachidioten!« Meyerssen versteht die Welt nicht mehr. Irritiert starrt er auf die beiden umfangreichen Ausarbeitungen, die die Ordnung auf seinem Schreibtisch stören. Der Tisch ist sein ganzer Stolz: die Schlichte Optik, die gläserne Fläche, der filigrane Unterbau aus Stahl – unverkennbar die Handschrift seines englischen Lieblingsarchitekten. Meyerssen hat die Anschaffung des Tisches persönlich durchgesetzt; der hohe Preis hat ihn nicht so sehr gestört wie die Tatsache, dass er mit dieser Anschaffung gegen die Normen und Standards des Unternehmens verstoßen musste. Meyerssen mag es korrekt. Man weiß immer, woran man bei ihm ist. Berechenbarkeit und Verantwortungsbereitschaft sind für ihn wichtige Führungsprinzipien.

Und das ist genau das, was ihn jetzt irritiert. Zweimal 80 Seiten spiralgebundene Verantwortungslosigkeit liegen da vor ihm auf dem Tisch. »Rationalisierung durch Verfahrensentwicklung – strategisches Maschineninvestment zur Sicherung der Zielkosten« steht auf der einen Ausarbeitung; »Produktinnovation zur Absicherung der Kostenziele« auf der anderen. Die Produktionsabteilung will in neue Maschinen investieren, die Entwicklung dagegen in neue Produkte. Erforderlich ist nach seiner Einschätzung aber beides und zwar abgestimmt. Der Aufsichtsrat erwartet von ihm in der nächsten Woche eine eindeutige Empfehlung, wie die geplanten 50 Millionen investiert werden sollen. Aber wie soll er zu einer fundierten Empfehlung kommen, wenn sich die Experten uneins sind?

Vorgestern hat Meyersson ein ausführliches Gespräch mit Vertretern beider Abteilungen geführt. Mit 75 PowerPoint-Slides wurde er in die Tiefen der technologischen Möglichkeiten geführt. Eine Expedition in das Land der Wenn-und-Abers mit einem einzigen Ziel: Man wollte ihm zeigen, dass man zurzeit keine eindeutige Empfehlung abgeben konnte. Man benötige zusätzliche Informationen, damit weitere Szenarien erarbeitet werden könnten. Meyersson war fassungslos. Die glaubten allen Ernstes, man könnte den Aufsichtsrat vertrösten. Er gab dann explizit eine gemeinsame Ausarbeitung in Auftrag, um Klarheit herbeizuführen. Das Ergebnis liegt jetzt vor ihm auf dem Tisch. Ein Nicht-Ergebnis. Statt einer gemeinsamen Bewertung stehen ihm jetzt zwei zur Verfügung, die sich – natürlich ausführlich begründet – widersprechen.

»Diese Fachidioten treffen einfach keine Entscheidung«, hört er sich laut schimpfen. Meyersson hätte es wissen müssen. Experten verarbeiten Informationen und produzieren neues Wissen, aber keine Entscheidungen. Weil sie wissen, was sie nicht wissen, scheuen sie die Übernahme von Risiko und Verantwortung. Sie lassen sich nicht steuern, interpretieren Aufträge al gusto und sie lieben die intellektuellen Scheuklappen der eigenen Community.

> Wissensarbeiter lassen sich nicht steuern, interpretieren Aufträge als gusto und sie lieben die intellektuellen Scheuklappen der eigenen Community.

Was macht man dann nun mit diesen Experten? Braucht man sie überhaupt, um die Zukunft von Unternehmen zu gestalten?

Wissen orchestrieren

Ja, man braucht die Experten und man braucht ihre Expertise. In komplexen Situationen geht es immer um das Zusammenspiel von Experten und Entscheidern. In diesem Zusammenspiel entstehen drei kritische Baustellen. Jede einzelne ist tückisch, kann den Entscheidungsverkehr aufhalten und einen Entscheidungsstau verursachen.

Wer trägt das Risiko? Eine ganz kritische Baustelle. Experten liefern Informationen und Wissen. Die Bewertung des Wissens, die Überprüfung der Relevanz für den Entscheidungsprozess ist Aufgabe des Managements. Expertise und Risikobeurteilung müssen eine tragfähige Verbindung eingehen. Für das Management heißt dies, sich einigen unbequemen Aufgaben zu stellen.

Die Bereitschaft, die Verantwortung für eine Entscheidung zu übernehmen, ist davon die unbequemste. Aber in der Arbeitsteilung von Expertise und Risikobeurteilung ist dies nun einmal die zentrale Aufgabe des Managements. Nach meiner Beobachtung gibt es zunehmend weniger Bereitschaft, diese Kernleistung zu übernehmen.

Wer Risiken eingeht, kann scheitern. Dies liegt in der Natur komplexer Entscheidungen.

Das liegt an einem folgenschweren Missverständnis: Versagen und Schuld werden verwechselt. Wer Risiken eingeht, kann scheitern. Dies liegt in der Natur komplexer Entscheidungen. Selbst dann, wenn man die Entscheidung sorgfältig vorbereitet hat, verbleibt ein Restrisiko. Tritt es ein, dann muss der Entscheider die Verantwortung übernehmen, notfalls indem er die Verantwortung abgibt. Man kann ihm vorwerfen, dass er in der Risiko-Einschätzung versagt hat. Rechtlich oder auch nur moralisch schuldig ist er deswegen noch lange nicht. Es ist aber eine Art Kultur der Schuld-Vorwürfe entstanden, was man an den vielen rechtlichen Scharmützeln im Business von Breuer bis Wiedekind beobachten kann. Es macht zwar Spaß zu beobachten, wer wem was vorhält. Hilfreich ist das aber nicht. Ich führe einen Teil der Entscheidungsverweigerung, die wir immer wieder beobachten können, auf die Angst zurück, sich durch Risikoübernahme schuldig zu machen.

Diese Angst hat auch einen großen Einfluss auf die zweite unbequeme Baustelle: das richtige Timing bei Entscheidungen. Kritische Größe in Entscheidungsprozessen ist der Zeitpunkt einer Entscheidung. Am

Beispiel von Meyerssen kann man das verdeutlichen. Wenn er sich für den Vorschlag der Entwicklung entscheidet, dann sind die 50 Millionen Euro ausgegeben. Die zweite Alternative steht nicht mehr zur Verfügung – mangels Geld. Entscheidet Meyerssen das zu früh, dann kann er sich plötzlich auf dem falschen Pferd wieder finden. Entscheidet er zu spät, hat der Wettbewerb die Chancen besser genutzt. Es gibt dann nichts mehr zu entscheiden. Wann muss er sich spätestens für einen Weg entscheiden und wie hoch sind die Kosten, wenn er sich beide Optionen weiter offen hält? Oder gibt es eine Lösung, die beide Sichtweisen verbindet? Diese Unsicherheit müssen Topmanager aushalten. Es ist ein ganz und gar individuelles Risiko der Entscheider.

Unternehmen versuchen diesen individuellen Umgang mit dem Entscheidungszeitpunkt auszuschalten. Charakteristisch dafür sind Planungsprozesse und Abstimmungsrituale. Über Investitionen wird entschieden, wenn es der Planungskalender des Unternehmens vorsieht, und nicht wenn es die Situation erfordert. Das ist Meyerssens Problem. Sein Aufsichtsrat will die strategische Planung verabschieden; deswegen glaubt er, sich jetzt entscheiden zu müssen. Ist das wirklich der richtige Zeitpunkt für eine Entscheidung?

Komplexe Situationen kann man mit Expeditionen vergleichen. Amundsen zum Beispiel und seine Fram-Expedition zum Südpol. Er hatte diese Expedition geheim gehalten, um seinen Konkurrenten Scott im Unklaren zu lassen. Erst auf See informierte er seine Mannschaft über das wahre Ziel, und alle folgten ihm. Unternehmensführer müssten ihn allein dafür schon verehren. Scott hatte einen Vorsprung und den leichteren Weg gewählt. Amundsen glich das alles durch gute Vorbereitung aus. Und – das scheint mir das Wichtigste zu sein – er hatte ein gutes Gespür für die Lösung unvorhersehbarer Situationen. Er konnte sich anpassen und bestand nicht auf dem ursprünglichen Plan. Letztlich hat ihn das erfolgreich gemacht.

Es ist möglich, sich auf Gefahren einzustellen. Eine gute Ausrüstung (mit Experten) kann hilfreich sein. Eine Aufteilung der Strecke in Etappen ist sinnvoll. Aber sobald man sich auf den Weg begeben hat, wird die Situation selbst zum wichtigsten Lehrmeister. Alle potenziellen Schwierigkeiten vorweg zu nehmen, ist nicht möglich.

Wir unterwerfen uns dem »Als-ob-Regime«.

In industriellen Planungsprozessen tun wir aber genau das. Wir unterwerfen uns dem »Als-ob-Regime«. Wir tun so, als ob ... Als ob alle Risiken eines komplexen Bauvorhabens zum Start bekannt und finanziell zu bewerten sind. Wenn wir uns wieder einmal über die aktuellen Beispiele von Elbphilharmonie und über den Berliner »Fluch«hafen ereifern, dann sollten wir uns mit historischen Vorbildern trösten. Der Eiffelturm war mit 3,1 Millionen Franc taxiert und hat am Ende 7,7 Millionen gekostet. Der Widerstand gegen das Bauwerk hatte Stuttgarter Dimensionen: »Wir Schriftsteller, Maler, Bildhauer, Architekten und leidenschaftlichen Liebhaber der bisher unangetasteten Schönheit von Paris protestieren im Namen des verkannten französischen Geschmacks mit aller Kraft gegen die Errichtung des unnötigen und ungeheuerlichen Eiffelturms im Herzen unserer Hauptstadt« (»Protest der Künstler«, in *Le Temps*, am 14.2.1887). Der Turm wurde dennoch gebaut. Nach einem halben Jahr hatte man die Kosten durch Eintrittspreise wieder eingespielt. Heute besuchen ihn ungefähr 7 Millionen Menschen im Jahr. Plante man seinen Abriss, die nationale Katastrophe würde umgehend ausgerufen.

Planungsprozesse können ein sorgfältiges Timing nicht ersetzen. Schlimmstenfalls sind sie der Ersatz des Zufalls durch den gezielten Irrtum.

> Die An- und Verkaufsrambos, Sanierer und Ertragsfetischisten beeindrucken Wissensarbeiter nicht.

Die letzte Baustelle ist besonders unbequem. Experten wollen nicht entscheiden, aber ihr Wissen kann für den Entscheidungsprozess von großer Bedeutung sein. Daher müssen sie in Entscheidungsprozesse eingebunden werden, obwohl sie sich häufig nach Kräften dagegen wehren. Aufgabe des Managements ist es, unterschiedliche Experten und ihre Expertise zu verbinden. Ich halte dies für die zentrale Herausforderung, denn Wissensarbeiter führen sich am liebsten selbst.

Für die klassischen Management-Helden ist das eine Götterdämmerung. Die An- und Verkaufsrambos, Sanierer und Ertragsfetischisten beeindrucken Wissensarbeiter nicht. Ihre Helden kommen aus den eigenen Reihen. Man muss viel Wissen anhäufen oder besonders komplexe Probleme lösen; dabei aber bescheiden sein, ein wenig kantig und originell – kleine Schrullen sind erlaubt –, dann wird man zum Helden, zumindest im eigenen Gang.

Wer Experten beeinflussen und führen will, der muss sich legitimieren – etwas, was die Bosse immer wieder überrascht. »Ich bin jetzt seit sechs Jahren Vorstand und die Entwicklungsabteilung gehört genau so lange zu meinem Ressort. Dennoch habe ich jedes Mal, wenn ich ein Thema diskutieren will, das Gefühl, ich muss den Wert meiner Beiträge beweisen«, hat sich ein Kunde einmal bei mir beschwert. Ich musste ihn mit der Nachricht frustrieren, dass dies vermutlich andauern wird, denn in Experten-Communities zählen hierarchischer Rang und Status nicht.

Wissensarbeit findet zu einem ganz erheblichen Teil in einer geschützten Zone statt – dem Kopf des Experten. Wer die Ergebnisse nachvollziehen will, der muss selbst Experte sein oder er muss vertrauen, auch wenn dies eine »riskante Vorleistung« ist. Legitimation, Vertrauen und Akzeptanz sind Grundvoraussetzungen, wenn man Experten beeinflussen will. Sie an einen Tisch bringen, ihr Wissen vernetzen, sie umfassend am Entscheidungsprozess beteiligen und diesen Prozess moderieren, das sind die zentralen Führungsaufgaben. Ich nenne das Experten orchestrieren.

Experten sollten also besser nicht entscheiden. Sie wollen es auch gar nicht!

Experten sollten also besser nicht entscheiden. Sie wollen es auch gar nicht! Entscheiden müssen diejenigen, die bereit sind, Verantwortung zu übernehmen, ein gutes Gefühl für das Timing haben und mit Überblick und Überzeugung Experten orchestrieren können.

... und Meyerssen?

Sein Verhalten erinnert in fataler Weise an eine Geschichte, die Paul Watzlawick in seiner *Anleitung zum Unglücklichsein* erzählt. Ein Betrunkener sucht seinen Haustürschlüssel auf der Straße im Licht einer Straßenlaterne. Ein Polizist kommt hinzu. Gemeinsam suchen sie weiter. Dann fragt der Polizist vorsichtig, ob der Betrunkene denn sicher sei, den Schlüssel auch wirklich hier verloren zu haben. »Nein«, entgegnet der mit entwaffnender Offenheit; »aber hier ist einfach mehr Licht«.

Meyerssen hat unter seiner Laterne nach der Lösung gesucht und sich selbst zum Experten ernannt. Gründlich und systematisch hat er an einem langen Wochenende ein eigenes Konzept erarbeitet, gefärbt durch seine berufliche Vergangenheit als Produktionsprofi. Sein Assistent hat daraus eine beeindruckende Präsentation gezaubert, mit der Meyerssen vor dem Aufsichtsrat glänzen konnte. Leider hat sich in den folgenden Jahren herausgestellt, dass er auf das verkehrte Pferd gesetzt hat. Die neue Produktionstechnologie ist zu teuer und instabil.

Die Zeit war noch nicht reif. Er hätte wissen müssen, dass »Fachidioten« manchmal aus gutem Grund keine Entscheidungen treffen und dass es dann auch nicht weiterführt, wenn man sich selbst zum »Idioten« macht. Sein Vertrag ist nicht verlängert worden. Immerhin war er zwei Wahlperioden im Vorstand. Das liegt deutlich über dem Dax-Durchschnitt.

Den Schreibtisch hat er mitgenommen.

Irrtum 16
Die Marktforscher kennen den Markt am besten

Ohne Kunden geht gar nichts. Letztlich entscheidet das Kaufverhalten der Konsumenten über die Zukunft von Unternehmen. Wer nichts mehr verkauft, fliegt aus dem Markt. Die Pflege der Kundenbeziehung müsste folglich eine Topmanagementaufgabe sein. Ist sie aber nicht. Versuchen Sie einmal Managern die folgende Aufgabe zu stellen:

»Finden Sie ›ihre‹ Kunden! Wer sind sie? Wo halten sie sich auf? Was machen sie? Was kaufen sie? Was lesen sie? Mit wem sind sie in Kontakt? Was sind ihre Lieblingsgeschäfte und -cafés? Ihre zukünftigen Bedürfnisse?«

Für diese »Kundenexploration«, ein übliches Instrument für die Entwicklung neuer Geschäftsmodelle, können Sie Managern sogar ein professionelles Filmteam an die Seite geben. In aller Regel werden Sie, wenn Sie die Aufgabe vergeben, in erstaunte bis entsetzte Gesichter blicken: »Warum stellen Sie diese Aufgabe nicht unseren Marktforschern? Die kennen den Markt am besten!«

Mich überrascht die Reaktion nicht mehr. Im Arbeitsalltag großer Unternehmen kommen Kunden nur noch selten vor. Die Auseinandersetzung mit Marktentwicklungen und Kundenbedürfnissen ist komplett an Marktforscher und Agenturen delegiert worden. Immerhin lässt man sich das in Deutschland jährlich rund 5 Milliarden Euro kosten.

Diese Markterforscher kennen Kunden und Trends wirklich gut. Und trotzdem kommt es immer wieder zu gravierenden Fehleinschätzungen. Selbst bei Marktführern wie IBM, Sony, Universal Music, Nokia oder Microsoft. Was sie vereint, ist nicht nur ein großer Name, sondern auch ein großer Fehler: Sie alle haben Trends verpennt. Und das, obwohl die Trends nicht unsichtbar waren. IBM hat den PC nicht ernst genommen, Sony hat den Siegeszug der MP3-Player unterschätzt, Universal die Macht der Download-Communities, Nokia ist durch den Vormarsch der Smartphones überrascht worden und Microsoft hat das mobile Computing ignoriert. Für alle Unternehmen hatten diese Fehleinschätzungen schwerwiegende Folgen. So freut sich

Microsoft – der marktbeherrschende Gewinner von gestern – heute bereits über den bescheidenen Erfolg, ein funktionierendes Betriebssystem für Smartphones auf den Markt zu bringen. Alte Siege zählen nicht.

Die Frage ist nur: Woran liegt es, dass Unternehmen immer wieder Trends verpennen – und das trotz Marktforschung?

Geborene Ignoranten

»Das Beste oder nichts!«, haben sich die Verantwortlichen geschworen. Nach dem PR-Desaster der 100-Jahr-Feier und großen Qualitätsproblemen, nimmt sich Mercedes jetzt vor, mit dem neuen Spitzenmodell echte Wellen zu schlagen. Immerhin befindet man sich mit dessen Präsentation auf seinem ureigensten Territorium. Die S-Klasse war immer Trendsetter und Mercedes in diesem Segment unangefochtener Marktführer. Eine flächendeckende Medien-Kampagne sorgt für Aufmerksamkeit; kein Tag vergeht ohne die Silhouette des neuen Autos in der Öffentlichkeit. Die Pressevorführung wird zu einer fulminanten Exklusiv-Party.

Die Party war ne Wucht, nur das Auto hat gestört

Doch statt der erwarteten Jubelrufe folgen ganz andere Reaktionen: »Viel zu groß, viel zu wuchtig!«, »Wo bleibt die filigrane Ästhetik?« oder: »Einfach nicht mehr zeitgemäß«, so der wichtigste Vorwurf. Ein Teilnehmer der Pressevorführung gestand mir am nächsten Tag: »Die Party war ne Wucht, nur das Auto hat gestört!«

Dass ein Auto, das nicht einmal auf die Autoreisezüge der Bahn passte, bestenfalls Kopfschütteln auslösen würde, hätte man in den Chefetagen Anfang der 1990er wissen müssen. Der Trend zum Understatement war aus Marktstudien bekannt. Selbst aus dem eigenen Vertrieb gab es genügend warnende Stimmen. Das Management bei Daimler hat sich aber darüber hinweggesetzt.

»Wir wissen, wie man ein solches Fahrzeug in den Markt bringt!«, war die Antwort auf kritische Fragen. Man orientierte sich lieber an den eigenen Erfahrungen als am Rat der Forscher. Doch für Zukunftsfragen ist altes Wissen ein schlechter Ratgeber. Die Einsichtsfähigkeit war selbst nach dem Desaster begrenzt. Noch Jahre später tröstete man sich mit guten Verkaufszahlen. »So viel Fahrzeuge haben wir noch nie von einer S-Klasse verkauft«, hieß es. Ein genialer Selbstbetrug. Denn das Markt-Segment war deutlich gewachsen, und von diesem zusätzlichen Kuchen hatten sich die Konkurrenten ein viel größeres Stück abgeschnitten. Seit dieser Zeit gibt es mit BMW und Audi zwei Konkurrenten auf Augenhöhe in fast allen oberen Fahrzeugklassen.

Der Fehlgriff von Mercedes-Benz ist kein bizarrer Sonderfall, sondern ein typisches Beispiel für die Schwierigkeiten, mit denen sich jedes Unternehmen herumschlägt. Egal wie groß oder klein sie sind oder zu welcher Branche sie gehören: Unternehmen werden jeden Tag mit zahllosen Annahmen über Marktentwicklungen konfrontiert. Neue Kundentypen, neue Marktforschungsdaten, detaillierte Auswertungen der Verkaufszahlen nach Produktsparte, Zeitungsartikel über aktuelle Trends, Bücher, die die Arbeitswelt von morgen beschreiben, Kundenfeedback, die Produkte der Konkurrenz ... Will ein Unternehmen handlungsfähig bleiben, dann muss es diese Informationen filtern und strukturieren. Unwichtiges wird ignoriert, Wichtiges einkalkuliert. Und wer entscheidet, was wichtig ist? In den meisten Fällen die Erfahrung. Das, was bisher gut lief, wird auch künftig gut laufen, so das Credo. Dass ein Bestseller von heute auf morgen zum Ladenhüter wird, ist undenkbar. Man weiß ja, wie der Hase läuft und dieses Hasenwissen ist Teil der Identität. Alles Neue muss dagegen ankämpfen und oft genug gewinnen die alten Hasen. Aber eben nicht immer. Denn Fehler sind bei dieser Einschätzung einfach nicht zu vermeiden. Besonders anfällig dafür sind Marktführer, denn ihr bisheriges Erfolgsrezept ist Teil ihres Selbstverständnisses. Gefühlt haben sie ein Erfolgsabonnement. Nur: Die Ignoranz der Erfolgreichen blockiert die Offenheit für Neues.

Das mag sich zunächst verrückt anhören; immerhin geben Unternehmen eine Menge Geld für Marktforschung aus. Und das tun sie doch wohl nicht, um anschließend deren Ergebnisse zu ignorieren. Verlassen wir aber die rein rationale Ebene, ist das gar nicht verrückt, sondern verständlich. Das Ignorieren gewisser Informationen ist nur eine Routine, mit der sich Unternehmen von ihrer Umwelt abgrenzen. Alle sozialen Systeme sind sich in dieser Hinsicht ähnlich.

> Marktführer haben ein gefühltes Erfolgsabonnement.

Stellen Sie sich vor, eine junge Familie, stolz auf den gerade geborenen Nachwuchs, würde jeden gut gemeinten Ratschlag zur Kindererziehung umsetzen. Handlungsunfähigkeit wäre die Folge dieses Empfehlungsbombardements und natürlich ein Verlust an Identität. Das Eigene und Unverwechselbare geht verloren, wenn man allen Erwartungen entspricht. Und genau davor schützen sich auch Unternehmen unbewusst. Sie schützen ihre Identität indem sie alles ausblenden, was sie als irrelevant einschätzen.

Die Erklärung für das Trend-Verpennen ist also verblüffend einfach: Unternehmen filtern die Hinweise der Marktforschung, um die Komplexität zu reduzieren und sich zu fokussieren; eine Art von identitätsstiftender Ignoranz, die man ihnen nicht einmal übel nehmen kann. Aber das ist nicht die einzige Erklärung und das Filtern nicht der einzige Grund, warum Manager Marktforschungsergebnisse nicht berücksichtigen. Was ist mit den Trends, die so klein und scheinbar unbedeutend sind, dass sie es schaffen, unbeschadet durch den Filter zu kommen? Denen droht neues Ungemach ...

Vor dem Schloss

»Wir haben unserem Vorstand einen Kunden geschenkt, er kannte noch keinen!«, erzählte mir vor einigen Wochen ein alter Bekannter, Personalleiter in einem Großunternehmen. In einem Führungsworkshop mit dem Vorstand habe man die Aufgabenstellung bekommen, die Erwartungen an den Vorstand durch ein Geschenk auszudrücken. »Wir haben dann einen typischen Kunden aus einer Illustrierten ausgeschnitten, auf einen Karton geklebt, mit einem riesigen Fragezeichen versehen und überreicht!«

»Und, wie hat er reagiert?«, fragte ich.

»Er hat sich das sehr zu Herzen genommen. Jetzt sitzt er ständig im Callcenter, beschäftigt sich mit Beschwerden, besucht überfallartig unsere Filialen und bringt damit alle Prozesse durcheinander.«

Der Boss macht das, was man ihm nahegelegt hat. Aber jetzt stört er die Verhältnisse. Statt die Mitarbeiter ihren Job machen zu lassen, funkt er dazwischen und verunsichert die Teams. Ein Vorstand, der sich um Kunden kümmert? Ist in der arbeitsteiligen Welt nicht vorgesehen. Haben wir was falsch gemacht, oder was sucht der Schlipsträger hier in der ersten Etage? Mitarbeiter dürfen ihm zwar vorhalten, dass er von Kundenwünschen keine Ahnung hat, aber ändern sollte er sich besser nicht; allenfalls Besserung geloben. Der Direktkontakt zwischen Manager und Kunde wird von der Organisation als eine Art Bypass erlebt. Der Informationsfluss ist nicht mehr zu kontrollieren. Schließlich muss ein Vorstand nicht alles wissen. Eine verquere Welt. Aber dann auch wieder typisch für die Arbeitsteilung in großen Unternehmen.

Dabei hat Arbeitsteilung einen essenziellen Vorzug. Sie ermöglicht den Aufbau von Wissen und Expertise. Und Expertise wiederum schafft Vertrauen. Stellen Sie sich bitte vor, sie stehen vor der Praxis eines Spezialisten. Gut schaut sie aus, großzügig und modern. Aber da ist dieses merkwürdige Schild: Internist, Gynäkologe, Urologe, Orthopäde, Radiologe und Kieferchirurg steht da. Offensichtlich alles in einer Person. Ich wette, dass 90 Prozent von Ihnen sich irritiert abwenden und die restlichen 10 Prozent sich die Sache aus Neugier anschauen, nicht aus Zutrauen.

Experte ist man, wenn man über sehr wenig sehr viel weiß.

Experte ist man nicht, wenn man alles kann. Experte ist man, wenn man über sehr wenig sehr viel weiß! Die Konsequenz ist, dass Wissen nur noch fragmentiert zur Verfügung steht. Das gilt auch für das Wissen über Markt und Kunden. Es wird in unterschiedlichen Abteilungen »gebunkert«: Verkauf, Marktforschung, Marketing, Brandmanagement, Customer-Relationship-Management und vielleicht irgendwann Facebook-Infiltration-Management. Jede dieser Abteilungen sammelt ihre Informationen und entwickelt eine ganz eigene Sicht auf den Markt.

Und jetzt stellen Sie sich bitte einen jungen Markttrend vor: noch nicht groß und kräftig, aber durchaus attraktiv. Er klopft an die Tür dieses hochdifferenzierten Gebildes und wird ausnahmsweise bemerkt. Jetzt steht er da, klein und irgendwie mickrig, vor all dieser großartigen Expertise und stellt sich vor. Was denken Sie wohl, was passiert? Wird der Trend mit offenen Armen empfangen? Ich fürchte, nicht.

Der Brandmanager wendet sich entnervt ab: »Das ruiniert mir nur die Marke!«

»Kein Kunde hat bei mir nach so etwas gefragt«, ergänzt der CRM-Profi.

»Zu welcher Zielgruppe soll denn dieser Trend gehören?«, fragt der Marktforscher.

»Was sollen wir noch alles in den Markt bringen?«, stöhnt der Verkäufer.

Jeder beurteilt den Trend mit seiner Expertise, mit seinem speziellen Wissen über den Markt. Der Trend spürt, dass er gegen diese Macht des Experten-Vorurteils keine Chance hat und wendet sich ab. Vielleicht trifft er unterwegs ein paar junge Leute. Vielleicht laden sie ihn ein und er wird ganz groß. Vielleicht haben die Experten durch ihr Verhalten aber einen übermächtigen Konkurrenten von Übermorgen ermöglicht. Wer weiß?

Auf jeden Fall ist diese arbeitsteilige Sicht auf den Markt kombiniert mit einer identitätsstiftenden Ignoranz der Grund dafür, dass Unternehmen wichtige Hinweise aus dem Markt übersehen. Sind also Unternehmen selbst Schuld daran, dass sie Trends verpennen? Nicht ganz! Auch Marktforscher haben in den letzten 20 Jahren wichtige Entwicklungen nicht erkannt. Man fragt sich nur: Wie kann das passieren, bei all der Expertise?

Grobe Maschen

Abenteurer? Eine aussterbende Spezies, dachte ich bislang. Und jetzt? Volle 70 Prozent meiner Projektgruppe schätzen sich als Abenteurer ein. Ich stehe selbst mitten unter ihnen, in einer Ecke des großen, auf dem Fußboden unseres Seminarraums mit Klebestreifen markierten Quadrats, auf rotem und grauem Papier. Das Quadrat symbolisiert die Roper-Konsum-Stile, ein Systematik, die Marktforscher benutzen, um elementare Werteorientierungen zu Lebensstilen zu verdichten. Zum Beispiel »Häusliche«, »Realisten«, »Träumer«, »Abenteurer« oder »Weltoffene«.

Meine Methodik scheint aufzugehen: Eine Gruppe weltoffener Abenteurer, die innovative Marktstrategien erarbeiten will? Ja, das passt! Und so nicken sich alle wohlwollend zu.

Abenteurer? Passt. Aber dann passiert mir ein folgenschwerer Fehler.

Dann passiert mir allerdings ein folgenschwerer Fehler. Ich frage alle Rot-Grauen nach ihrem schönsten Urlaubserlebnis. Die Unterschiede sind erstaunlich – von einem Komfort-Club-Urlaub bis zur selbst organisierten Expedition ist alles dabei. Nächste Frage: »Was würdet ihr tun, wenn euch die gute Fee ein zusätzliches Lebensjahr schenken würde – einfach so?« Auch hier wieder eine ganz große Spannweite von Promotion, Zusatzqualifizierung bis hin zu unterschiedlichen Formen der Bewältigung des Fernwehs.

Meine Teilnehmer waren verblüfft. Eigentlich müssten sich die Antworten ähneln, wenn man zum gleichen Lebensstil gehört. Das würde man zumindest annehmen. Aber das tun sie nicht. Nicht bei den Teilnehmern des Touristikunternehmens und nicht bei den anderen vielen Teilnehmern, die ich mit diese Instrument konfrontiert habe. Und das liegt nicht am Instrument »Typologie« an sich; Modelle und Typologien brauchen wir, um die Realität irgendwie zu fassen und einzuordnen. Problematisch wird es nur, wenn die Typologie-Maschen zu grob sind, um die wirklich interessanten Unterscheidungen zu erkennen. So wie hier.

Der Grund, warum Marktforscher wichtige Entwicklungen nicht erkennen, ist also: Sie fischen nach den Trends mit einem grobmaschigen Netz. Schwache Signale und Mikrotrends, die in Subkulturen entstehen, können sie damit nicht fangen.

Überdies produzieren Befragungen dieser Art mehrheitlich Informationen darüber, wie sich Menschen gerne sehen würden und nicht wie sie im Alltag sind. Wer ist denn schon gerne eine häuslicher Realist? Dann schon lieber weltoffener Abenteurer – mit geschlossenen Augen, in einem Luxus-Ferien-Club mit Zaun darum herum.

Selbst das, was in dem grobmaschigen Netz hängen bleibt, ist daher nicht sonderlich hilfreich, weil ein Teil davon Wunschdenken ist. Außerdem ist eine Prognose des zukünftigen Konsumenten-Verhaltens ausgehend von diesem Wunschdenken ausgesprochen schwer.

Wer hätte Ende der 1990er gedacht, dass man sich durch weiße Ohrstöpsel vom Rest der Welt abheben könnte?

Menschen lassen sich mit Typologien gut beschreiben und ihre typischen Verhaltensmuster gut ableiten. Beispielsweise kann man sehr leicht identifizieren, ob jemand eine grundsätzliche Präferenz für das Neue hat. Vermutlich werden er oder sie sich immer das neueste Handy kaufen. Leider wissen wir dann immer noch nicht, welche technischen Features in drei Jahren so attraktiv sein werden, dass sie diese »first mover« begeistern. Wir wissen, dass bestimmte Menschen sich von anderen abheben wollen – um jeden Preis. Sie werden immer Produkte bevorzugen, die den höchsten »Distinktionsgewinn« versprechen. Wir wissen aber nicht genau, wer welche Sorte Distinktion anstrebt, und umso weniger, welche Produkte dies übermorgen ermöglichen. Ich meine, wer hätte Ende der 1990er gedacht, dass man sich durch weiße (Apple)Stöpsel-Kopfhörer vom Rest der Welt abheben könnte?

Der springende Punkt ist: Typologien können heutiges Verhalten erklären. Aber sie können nicht zukünftiges Verhalten prognostizieren. Denn Kunden wissen selbst nicht, welche Produkte sie zukünftig lieben werden. Wenn sich die Marktforschung an dem Kundenverhalten von heute orientiert, dann kann sie übermorgen ganz schön alt aussehen. Und das kommt immer häufiger vor, weil es zunehmend Technologiesprünge und Entwicklungsbrüche gibt, und die sind prinzipiell nicht zu prognostizieren. Klingt bedrohlich – und das ist es auch. Für die, die sich voll auf die Marktforschung verlassen. Für andere ist gerade die Unvorhersehbarkeit der Entwicklungen die richtig große Chance.

Erobern, nicht erklären!

Mein Studienfreund Maximilian hatte eine dieser ungewöhnlichen Ideen, die gleichzeitig so naheliegend sind, dass man sich fragt, warum man selbst nicht darauf gekommen ist. Maxi wollte partout nicht einsehen, warum seine Anwesenheit in Vorlesungen erforderlich sein sollte. In seinen Augen gab es viel interessantere Orte, an denen man einen Tag verbringen konnte. Im Rheinstrandbad, mit einem Buch auf der großen Schlosswiese, auf Skiern auf der Hornisgrinde, mit Schlittschuhen am Wiedenfelsen oder mit dem Schlitten vom Scherrhof nach Baden-Baden. Das alles am besten in weiblicher Begleitung, mit Charme aus der pädagogischen Hochschule entführt.

Das Leben in der Uni zu dieser Zeit war fast nostalgisch: PCs waren unbekannt, PowerPoint noch nicht erfunden, Kopierer wurden gelegentlich gesichtet. Fortgeschrittene Dozenten arbeiteten bereits mit OH-Projektoren, aber der Tafelanschrieb dominierte und die entsprechende Abschrift war das wichtigste Hilfsmittel für die Vorbereitung auf eine Klausur.

Schlechte Karten für jemanden, der nicht anwesend sein wollte. Maxi konnte seine Kommilitonen aber immer dazu bringen, dass sie ihm Abschriften ausliehen. Im Gegenzug hat er die Abschrift strukturiert und abgetippt. Er konnte das mit rasender 10-Finger-Geschwindigkeit auf einer halbprofessionellen Schreibmaschine mit kleinem Korrekturspeicher. Der Ausleiher bekam von ihm immer einen Durchschlag. Klar, dass seine strukturierten Abschriften besser und damit beliebter waren als das Original. Deshalb konnte Maxi aus einem Überangebot an Abschriften wählen. Und plötzlich war seine Idee in der Welt, eine Idee, die nur durch eine ungewöhnliche Perspektive entstehen kann. Böse Zungen nannten sie »Faulheit«. Ich spreche lieber von Maxis Vorlesungsaversion, welche die Idee erst ermöglicht hat: Warum nicht Kommilitonen gegen Bezahlung in Vorlesungen entsenden, mit dem Auftrag, noch umfassendere Mitschriften zu erstellen, diese dann strukturieren? Das konnte Maxi wirklich gut; besser als die meisten Dozenten: abschreiben lassen und dann verkaufen. Maxi-Script war entstanden und es funktionierte perfekt. Nachdem die ersten Hürden überwunden waren.

Zu Anfang hat Maxi seine gesamten Ersparnisse in die Idee investiert. Ich musste ihm sogar eine Zeit lang die obligatorische Abendpizza vorstrecken. Zum Schluss hat er aber 50 000 damit verdient und nebenbei auch noch ein Prädikatsexamen hingelegt. Klar, wer tagein und tagaus Inhalte aufbereitet, steht irgendwann so tief im Stoff, dass Prüfungen keine Herausforderungen mehr sind. Mit dem erwirtschafteten Geld hat Maxi den ersten studentischen Aktienfonds aufgelegt. Meine Pizzen habe ich ordentlich verzinst zurückbekommen, ausgezahlt in Franz Kellers badischem Gourmettempel in Oberbergen.

Ein iPhone und ein Maxi-Script haben zumindest eins gemeinsam: Niemand hat das Produkt gebraucht, bevor man es hatte.

Was soll diese alte Geschichte, werden Sie sagen. Sie ist alt, zweifellos, Maxi-Script hat das Zeitalter des PC und Internet auch nicht überlebt; deswegen ist die Geschichte aber noch lange nicht veraltet. Funktionierende Geschäftsideen oder coole neue Produkte entstehen heute immer noch so: Am Anfang steht die Beobachtung des Konsumentenverhaltens, möglichst aus einer unkonventionellen Perspektive heraus. Dann entsteht eine innovative Idee – vielleicht. Im besten Fall ist sie die Antwort auf eine Frage, die der Kunde noch gar nicht gestellt hat. So gesehen haben ein iPhone und ein Maxi-Script zumindest eines gemeinsam: Niemand hat das Produkt gebraucht, bevor man es zum ersten Mal in den Händen hielt. Aber es braucht dann auch die Bereitschaft, konsequent an der Realisierung der Idee zu arbeiten und ein unternehmerisches Wagnis einzugehen. Ohne zu wissen, ob es boomt oder floppt. Überraschungen sind das Salz in der Suppe der Marktwirtschaft! Nur Planwirtschaften glauben, alles vorhersehen zu können. Aber deswegen schmecken sie auch so fad.

Ist also König Zufall der heimliche Marktherrscher? Moment! Wenn man etwas nicht exakt planen kann, heißt das noch nicht, dass man sich dem Zufall anvertraut. Maxi hat auch nicht mit einer Ideen-Flinte in den badischen Nachthimmel geschossen in der Hoffnung, dass eine Adler-Idee herunter fällt. Er hat seine Kommilitonen genau beobachtet, ihre Gewohnheiten, ihre kleinen und großen Schwächen. Er war mit vielen im Gespräch, auch außerhalb unserer Fakultät. Er konnte also sehr gut das Allgemeine von dem Speziellen trennen. Und er hat sich bei all dem einen distanzierten Blick auf die beginnende Massenuni bewahrt. Nur wer diese Hausaufgaben macht, der hat überhaupt eine Chance auf ungewöhnliche Ideen zu stoßen. Nichts ist es also mit Zufall, Flinte und Adler.

Das Gleiche gilt für gute Marktforschung. Sie kann die Wahrscheinlichkeit erhöhen, dass ungewöhnliche und begeisternde Ideen entstehen. Wenn sie ihre Hausaufgaben gemacht hat – also die Maschen im Netz richtig eingestellt und die Trends nicht unbeachtet hat stehen lassen –, kennt sie den Markt von heute wirklich am besten. Sie kann Kundenpräferenzen erklären, Lebenswelten verknüpfen und daraus die Nachfrage nach vorhandenen Produkten ableiten. Auch wenn Sie Überraschungen nicht verhindern kann: Sie kann die Ideenproduktion anregen und sie ist hilfreich, wenn neue Produkte zielgruppengenau platziert werden müssen. Sie erklärt uns die Welt.

Allerdings haben selbst Erklärungen ihre Grenzen. Das zeigt das Beispiel des Cirque du Soleil, diese perfekt inszenierte Mischung aus Artistik und Theater, in den Anfangszeiten in weißen, wohltemperierten Zelten mit einer Prosecco-Bar am Eingang ganz ohne Tiere. Anfang der 1990er habe ich den Cirque mit seiner fantastischen Alegria-Show in Hamburg zum ersten Mal gesehen. Mehr noch als der ästhetische und artistische Genuss faszinierte mich die Geschäftsidee: diese geniale Neuerfindung einer Jahrhunderte alten Idee. Mittlerweile ist der Cirque ein milliardenschweres Unternehmen geworden. Klar, dass eine so erfolgreiche Geschäftsentwicklung Marktforscher und Strategieexperten auf den Plan ruft, auch wenn dem Unternehmen zwischenzeitlich nicht mehr alles gelingen will. Chan Kim, ein INSEAD-Forscher, hat die Logik dieses erfolgreichen Geschäfts in seinem Buch *Der Blaue Ozean als Strategie* (englischer Originaltitel: *Blue Ocean Strategy*) erklärt. Strategische Kunden-Nutzen-Innovation nennt er das Erfolgsrezept. Der Cirque habe sich ausschließlich auf das konzentriert, was für Kunden einen hohen Nutzen hat und sich gleichzeitig vom Wettbewerb unterscheidet.

Diese neue Sicht auf den Cirque musste ich meinen Beraterkollegen natürlich sofort erzählen. Fast alle waren beeindruckt. Nur Marc, mein alter Freund, Netzwerkpartner, ehemaliger Straßentheatermacher und Komödiant, der lachte aus vollem Herzen. Und dann erzählte er mir eine ganz andere Geschichte über den Cirque. Er hatte Guy, einen der Gründer, während einer langen Straßentheatersaison Anfang der 1980er auf den Plätzen von Québec kennen gelernt. Die Theatergruppe von Guy träumte immer von einem festen Varieté oder einem Zelt, um die Saison zu verlängern. Die große Chance kam dann mit der 450-Jahr-Feier Kanadas. Die Gruppe durfte eine Vorstellung gestalten und wurde über Nacht berühmt. Der Weg zum weißen Zelt war geebnet.

»Mit Business-Strategien hatte der wenig am Hut. Aber er hatte einen künstlerischen Traum!«, sagte Marc zum Abschluss.

Hat also Chan Kim Unrecht? Nein, er hat den spezifischen Blick eines Marktstrategen auf den Cirque. Seine Theorie zeigt, warum die Idee des Cirque von den Kunden so begeistert aufgegriffen wurde. Sie ist anregend und man kann sie auf andere Branchen übertragen. Marcs Geschichte erklärt, wie die Idee entstanden ist. Aber das ist auch wieder nur *seine* Sicht auf den Cirque und den Gründer. Sie ist anders, aber dadurch nicht wahrhaftiger. Sie zeigt eine neue Facette des Phänomens Cirque du Soleil.

<small>Soll es am Ende nur eine ganz banale Beziehungskiste gewesen sein?</small> Und jetzt stellen Sie sich bitte vor, was mir neulich passiert ist. Im Zug traf ich eine Franko-Kanadierin, die ungefähr gleich alt war wie ich. Sie saß neben mir in einem überfüllten ICE-Bistro. Ihr Blick fiel auf meinen Laptop. Zufällig war eine Ticket-Agentur aufgerufen, die auch den Cirque du Soleil vermarktet. So kamen wir ins Gespräch. Nach wenigen Minuten stellte sich heraus: Sie war eine langjährige Bekannte von Guy und kannte die Theaterszene in Québec genau. »Ich habe ihm damals den Kontakt zum Büro des Ministerpräsidenten vermittelt. Mein Schwager arbeitete dort. Ohne seine Fürsprache wäre das alles nichts geworden!« Sollte es am Ende eine ganz banale Beziehungskiste gewesen sein und die beiden anderen Erklärungen damit falsch?

Nein, meine kleine Zug-Geschichte ist von vorn bis hinten erfunden. Ich will damit nur zeigen, dass es prinzipiell auch immer anders gewesen sein kann. Selbst bei Erklärungen sind Zweifel angebracht. Denn Erklärungen klären nichts. Sie sind nichts anderes als das verdichtete Ergebnis einer bestimmten Sicht auf die Wirklichkeit. Sie sind aber nicht die Wirklichkeit selbst!

Je mehr Erklärungen wir aber sammeln, umso größer ist allerdings die Chance, Marktphänomene wie den Erfolg des Cirque du Soleil überhaupt zu verstehen.

Ich sage es nochmal deutlich: Marktforscher verfügen über wirklich professionelle Sichtweisen und Erklärungsmodelle. Wer sich mit ihnen auseinandersetzt, hat bessere Chancen, die Marktwirklichkeit zu verstehen und auf neue Ideen zu stoßen, die morgen erfolgreich sein können. Marktforscher stellen uns eine gute Landkarte zur Verfügung, mit der wir uns in bekannten Märkten orientieren können. Das ist hilfreich und damit müssen wir zufrieden sein. Niemand sollte allerdings eine Landkarte für die Landschaft selbst halten und eine erste Orientierung nicht für die tatsächliche Reise!

Stichwortverzeichnis

A Abgrenzung 36
Achleitner, Paul 54
Adhoc-Team 198
Agent 180
Allport, Gordon 146
Als-ob-Regime 212
Amundsen, Roald 211
Anti-Stress-Verordnung 26
Arbeit
– Flexibilisierung der 19
– als Menschenrecht 16
– mit reduziertem Engagement 51
Arbeitsavantgarde 18
Arbeitsplatz 83 f.
Arbeitsprozess
– fragmentierter 192
Arbeitsstrukturierung 130
Arbeitsteam 195
Arbeitsteilung 31
Arbeitszufriedenheit
– resignative 42
Archimedes 166
Aufmerksamkeitsökonomie 103
Auftragsausweitung 117
Ausgeliefertsein 30
Authentizität 57
Autonomie 51, 126

B basic belief 86
Baumann, Zygmunt 101
Baumgartner, Ekkehardt 98
beautypeachiii 92
Benediktiner 16
Benz, Carl 85
Beratung 111, 116
Beteiligungsverarschung 80
Big-Haul 92
Billard 119
Bindung 41
Black Box 48
BMI-Lab 144
Breuer, Rolf 54
Bryant, Kobe 55
Büschemann, Karl-Heinz 96
Burnout 26 f.

C Campbell, Joseph 101
Changemanagement 135
Charisma 101
Charisma-Hoffnung 101
Cheops-Irrtum 70
Christo-Strategie 105
Cirque du Soleil 225
Cluster 198
Commitment-Falle 183

D daily reality soap 50
DAK 36
Deckelung 61
Deformationsrisiko 101
DGB 26
Dickson, William J. 129
Digital Natives 25
Distinktion 92, 222
Doppelbelastung 28
Drohen 44
Drohung
– indirekte 39
Druck 39
Drucker, Peter 205
Druckmacher-Quintett 40
Durchlässigkeit 36

E Eames, Charles 176
economic man 130
Edison, Thomas Alva 85
Effizienzbremse 182
Egomane 36
Ehrgeiz 83, 85
Eigentum 77
Eigenzeit 134
Einflussnahme
– strategische 77
Einlullen 42
Empörungsrausch 98
Entertainment 57
Entgrenzung 20, 35
Entscheidung 203
Entscheidungsdruck 204
Entscheidungsfindung 70
Entscheidungsfokus 151
Entscheidungshorizont 58

Entzauberung 32
Erkrankung
– psychische 26
Erwartung
– eingefrorene 104
Erwartungs-Konfusion 114
Erwartungs-Söldner 105
Erwerbsarbeit 21
Eto'o, Samuel 55
Experte 203

F Fachidiot 206
Faulheit 19
Faulpelz 179
Feedback 110f.
Feedback-Scheiße 112
Filterfunktion 141
First Mover 92
Flatz, Wolfgang 56
Fließbandarbeit
– mentale 31
Flow 51
Fonda, Henry 160
Fortschrittsmaschine 163
Fragmentierung 31
Fram-Expedition 211
Franck, Georg 103
Freiheit 125
Freizeit-Arbeit 21
Fremdbestimmung 126
Führung 81
Führungs-Perpetuum-Mobile 42

G Geheimniskrämer 178
Generalist 208
Gerechtigkeitsparadigma 160
germanischer Gully 95
Geselligkeit 49
Gestaltungsmöglichkeit 125
Gewerkschaft 19
Gewohnheit
– Macht der 146
Glaubwürdigkeitsrisiko 57
Gleichbehandlungsgebot 54
Gleichheit 64
Gleichheitsparadigma 160
Google 25
Grandiosität 105
Great-Place-to-Work 25
Großmannssucht 85

Gründgens, Gustav 104
Grundannahme 86
Gruppe 196
Gruppenarbeit
– teilautonome 130, 194

H Handlungsfreiheit 125
Hawthorne-Effekt 130
Heldenfallen 101
Heteronomie 127
Heuschreckendebatte 165
Hoffmann, Werner 169
Human-Relations-Bewegung 129

I Idee 137
Ideenmanagement 143
Ideenproduzent 142
Identifikation 51
Incentivierung 44
Innovation 91
IT-System-Logik 131

J Jackson, Peter 45
Jahrmarkt-Prinzip 103
Jaques, Elliott 57
Jobs, Steve 86
Jung, Carl Gustav 146
Juvenal 56

K Kalmar 130
Kaltstarter 180
Karriere 50, 149
Karriereillusion 135
Karriereopportunismus 133
Kim, Chan 225
Klartext 161
König Zufall 224
Kompetenzmodell 159
Komplexität 162
– kulturelle 164
Konkurrenzkampf 21
Kontrollverlust 30
Kooperation 192
Krankenstand 26
Kunden-Nutzen-Innovation 225
Kundenexploration 215

L Lady Gaga 55
Lahm, Philipp 55
Leben
– das Wahre 15

Lebensphasen-Modell 27
Lebron, James 55
Legitimationsdruck 59
Lehmschicht 137
Leistung 151
Leistungsbereitschaft 48
Leistungsmotiv 48
Leistungsverhalten 51
Leisure Class 17
Lösungszuversicht 34
Loyalität 41, 93
Luhman, Niklas 91

M Macht 73 f.
Macht-Sharing 78
Machtbildung
– Prozesse der 79
Machtmotiv 48
Madonna 55
Mainstream 86
Managementkalender 133
Managementteam 195
Marktforscher 215
Maslow, Abraham 127
Mayo, Elton 129
McClelland, David 48
McGregor, Douglas 47
Meeting
– Zeitverschwendung 175
Midlife-Crisis 27
Mill, John Stuart 126
Mill-Limit 126
Mitarbeiterbefragung
– jährliche 25
Mitbestimmen 80
Mitgestalten 80
Mobbing 26
Morgan, Gareth 169
Müntefering, Franz 161
Müßiggang 16
Multioptionalität 162
Muße 16

N Narration 169
Nerd 206
Netzwerk 158
Newton, Isaac 45
Nietzsche 17
Nonaka, Ikujirō 186

O Organigramm 70
Organisation
– informelle 74
Orientierungsbedarf 102

P Panem et Circenses 56
Phase 196
Planungsprozess 212
Polyfokalität 169
Prangerprogramm 61
Problemlösungsteam 195
Projektteam 195
Psychologie
– humanistische 47
Pyramide 70

R Raab, Stefan 56
Ratgeberillusion 117
Ratschlag 116
Realitätscheck 57
Regression 102
Reorganisation 33
Resonanz 78
Resonanzbedarf 37
Reuter, Edzard 83
Riemann, Fritz 127
Risikoaversion 90
Roehrlich, Jay B. 21
Roethilisberger, Fritz Jules 129
Rohrlich, Jay B. 184
Rollensplit 140
Rosenkrieg 96
Russell, Bertrand 17

S Sabbatical 19
Salon-Sozialist 54
Schein, Edgar 150
Schnäppchen 92
Schumacher, Michael 55
Schumpeter, Joseph 87
Schweinsteiger, Sebastian 55
Seilschaft 158
Selbstbedienung 59
Selbstbestimmung 18, 23, 125
Selbsterneuerung 90
Selbstinszenierung 37
selbstreferenziell 47
Selbststeuerung 193
Selbstverwirklichung 127
Sennett, Richard 95

Sitzungswichtel 178
Skaleneffekt 131
social man 130
Social-Media 93
Sounding Board 78
Soziale Verwahrlosung 110
Spezialist 206
Spiel
– narzisstisches 97
Steinbrück, Kavallerie-Peer 55
Steuerungstechnologie
– soziale 112
Stiefel, Rolf 159
Stressfaktor 33
Stresspotenzial 33
Strukturchaot 181
Systemtheorie 47

T Tacid Knowledge 186
Tagesgeschäft 138
Takeuchi, Akio 186
Talleyrand 117
Tavistock Institut 130
Taylor, Frederick Winslow 128
Taylorismus 129
Teamarbeit 192
Teameuphoriker 200
Teamfähigkeit 191
Theorie X 47
Theorie Y 47
Theorie Z 47
time span 57
Tobias, Ronald 170
Toleranz 199
Topverdiener 54
Toyota-Produktionsmodell 131
travail 17
Trend 218
Trivialisierung 167
Trivialmaschine 48, 166
Tuckmann, Bruce 196
Türsteher 88
Twain, Mark 97

U Überreden 43
Überzeugen 47
Uminterpretation 116
Ungerechtigkeiten 53
Unternehmertum 87

V Veränderung 88
Verarbeitungskapazität 34
Verbrüderung 41
Verfahrensvorschrift 40
Vernetzung 193
Verpackungskünstler 105
Verrücktheit 85
Vertragsfreiheit 54
Vertrauen 78, 157, 188
Vettel, Sebastian 54
Virtualität 30
Visibility 133
Vitamin B 149
Vogts, Berti 181
Volksverdummung 56
Vorstandsgehalt 54

W Wagnisbereitschaft 139
Watzlawick, Paul 119, 213
Weber, Max 102
Weisungsmacht 70
Wertschätzung 41
Wichteltag 178
Wiedeking, Wendelin 54
Willensfreiheit 126
Winterkorn, Martin 53
Wissen 75
Wissensarbeiter 205
Wissensforscher 186
Wissensmanagement 77
Work-Life-Balance 18
Workaholic 26

Z Zeitautonomie 134
Zufriedenheit 42
Zugehörigkeitsmotiv 48

Christian Zipfels Business-Fabeln

CHRISTIAN ZIPFEL
Jour fixe um 6
Mitarbeiterführung mal anders

2008. 211 Seiten. Broschur.
ISBN: 978-3-527-50357-5
€ 16,80

CHRISTIAN ZIPFEL
Die tägliche Mutprobe
Rückgrat zeigen, Entscheidungen treffen und gemeinsam bestehen

2009. 228 Seiten. Broschur.
ISBN: 978-3-527-50483-1
€ 16,80

Viele Menschen leiden unter dem Verhalten ihrer Vorgesetzten. Aber die wenigsten äußern offen ihren Frust. Christian Zipfel erzählt die Geschichte eines Chefs, der während einer Betriebsversammlung zufällig mitbekommt, wie sich drei Mitarbeiter aus anderen Abteilungen über das Verhalten ihrer Vorgesetzten aufregen. Er gerät ins Grübeln: Sprechen seine Mitarbeiter auch so über ihn? Es entspinnt sich eine spannende Business-Fabel, die 20 Lektionen für gute Mitarbeiterführung einmal ganz anders präsentiert.

„Die tägliche Mutprobe" verfolgt die Abenteuer von Thomas weiter:

Dieses Mal muss er erleben, wie das Unternehmen, in dem er arbeitet, in Schieflage gerät. Chefs werden am laufenden Band ausgetauscht, Strukturen verändert. Entscheidungen werden kaum kommuniziert, oder gar nicht erst getroffen – stattdessen brodelt die Gerüchteküche und Sorgen um die Zukunft machen sich breit. In diesem Buch zeigt Christian Zipfel auf, warum couragiertes Handeln in Unternehmen häufig verloren geht und wie es sich wieder beleben lässt – ohne die eigene Karriere zu riskieren.

Wiley-VCH
Postfach 10 11 61 • D-69451 Weinheim
Fax: +49 (0)6201 606 184
e-Mail: service@wiley-vch.de • www.wiley-vch.de

Das Heilmittel für schlechte Meetings

PATRICK M. LENCIONI

Tod durch Meeting

Eine Leadership-Fabel zur Verbesserung Ihrer Besprechungskultur

2009. 231 Seiten. Gebunden.
ISBN: 978-3-527-50465-7
€ 22,90

In Lencionis Leadership-Fabel **Tod durch Meeting** begegnen wir CEO Casey McDaniel, der die katastrophale Meetingkultur in seinem Unternehmen unbedingt verbessern muss, aber nicht weiß wie. Ihm hilft schließlich der respektlose, junge Berater Will Petersen – mit einigen unkonventionellen und radikalen Ideen.

In seinem Bestseller bietet Patrick Lencioni ein Heilmittel für das wohl schmerzhafteste und dennoch unterschätzteste Problem im heutigen Geschäftsleben: schlechte Meetings. Was er vorschlägt, ist simpel und revolutionär zugleich.

»Nachvollziehbar schildert Lencioni die übelsten Irrtümer über Meetings, die zum Einfallstor einer fehlgeleiteten Besprechungskultur werden. ... Ein nützliches Buch voller konkreter Handlungsanweisungen, das Führungskräfte nicht im Regal liegen lassen sollten.«
changeX, 23.09.2009

Wiley-VCH
Postfach 10 11 61 • D-69451 Weinheim
Fax: +49 (0)6201 606 184
e-Mail: service@wiley-vch.de • www.wiley-vch.de

WILEY